Connecting Across Differences
Finding Common Ground With Anyone, Anywhere, Anytime

非暴力沟通·
详解篇 上

[美]简·马兰茨·康纳（Jane Marantz Connor）
戴安·基利安（Dian Killian）著
于娟娟 译　陈海燕 审核

华夏出版社
HUAXIA PUBLISHING HOUSE

图书在版编目（CIP）数据

非暴力沟通. 详解篇：全二册/（美）简·马兰茨·康纳(Jane Marantz Connor)，
（美）戴安·基利安(Dian Killian) 著；于娟娟译.—北京：华夏出版社有限公司，2021.3
书名原文：Connecting Across Differences：2E
ISBN 978-7-5222-0030-9

Ⅰ.①非... Ⅱ.①简...②戴...③于...Ⅲ.①心理交往－通俗读物 Ⅳ.①C912.11-49

中国版本图书馆 CIP 数据核字(2021)第 017319 号

Translated from the book Connecting Across Differences, 2nd Edition
ISBN: 9781892005243 / 1892005247, by Jane Marantz Connor and Dian Killian.
Copyright © 2012 PuddleDancer Press, published by PuddleDancer Press.
All rights reserved. Used with permission.
For further information about Nonviolent Communication ™ please visit the Center for
Nonviolent Communication on the Web at: www.cnvc.org.

北京市版权局著作权合同登记号：图字 01-2018-8656 号

非暴力沟通·详解篇

作　　者	[美]简·马兰茨·康纳　　[美] 戴安·基利安
译　　者	于娟娟
审　　核	陈海燕
责任编辑	马　颖
责任印制	刘　洋

出版发行	华夏出版社有限公司
经　　销	新华书店
印　　刷	三河市少明印务有限公司
装　　订	三河市少明印务有限公司
版　　次	2021 年 3 月北京第 1 版　 2021 年 3 月北京第 1 次印刷
开　　本	710×1000　 1/16 开
印　　张	25.25
字　　数	290 千字
定　　价	89.00 元（全二册）

华夏出版社有限公司　　地址：北京市东直门外香河园北里 4 号　邮编：100028
网址：www.hxph.com.cn　　电话：（010）64663331（转）
若发现本版图书有印装质量问题，请与我社营销中心联系调换。

非暴力沟通
感受词汇卡
Nonviolent
Communication

需要得到满足的感受：

亲切　慈悲　友好　喜欢　心态开放　同情　温柔　温暖　自信

赋予力量　开放　自豪　安全　有保障　启发　惊讶　敬畏　奇迹

吸引　全神贯注　警觉　好奇　着迷　陶醉　沉迷　感兴趣　投入

被迷住　刺激　精神振奋　活跃　恢复活力　焕然一新　精力充沛　恢复

复苏　感激　赞赏　感动　深受触动　兴奋　吃惊　生机勃勃　热情

受到驱动　热切　精力充沛　满腔热情　眩晕　受到鼓舞　鲜活

充满激情　令人激动

需要未得到满足的感受：

害怕　　忧虑　　惊慌失措　　吓呆　　恐惧　　可疑　　惊恐　　小心**翼翼**　　担忧

不安　　紧张　　混乱　　坐立不安　　惊吓　　忧虑　　不舒服　　摇摆不定　　困惑

矛盾　　为难　　犹豫　　茫然　　昏昏沉沉　　进退维谷　　愤怒　　生气　　暴怒

狂怒　　勃然大怒　　愤慨　　愤恨　　尴尬　　羞耻　　丢脸　　被冒犯　　局促不安

疲劳　　疲惫不堪　　心力交瘁　　枯竭　　筋疲力尽　　疲倦　　心烦　　烦躁

灰心丧气　　不耐烦　　焦躁　　恼火　　厌恶　　心寒　　恶心　　不喜欢　　憎恨

讨厌　　排斥　　悲伤　　沮丧　　绝望　　气馁　　低落　　心情沉重　　难过　　脆弱

虚弱　　不安全　　缺乏自信　　戒备　　敏感　　渴望　　惦念　　嫉妒　　羡慕

思念　　期望　　紧张　　焦虑　　暴躁　　急躁　　易怒　　紧绷　　难以承受

压力过大　　断开连接　　格格不入　　冷淡　　厌倦　　脱离　　疏远　　漠不关心

麻木　　痛苦　　极度痛苦　　悲痛　　心碎　　受伤　　孤独　　悲惨　　遗憾

非暴力沟通
需要词汇卡
Nonviolent
Communication

连接　接纳　认可　欣赏　归属感　亲近　沟通　陪伴　关怀　体贴

一致　合作　同理倾听　融入　亲密关系　爱　滋养　互惠　安全

尊重/自尊　安全　保障　共享　稳定性　支持　了解和被了解　信任

看到和被看到　理解和被理解　温暖　诚实　真实　正直　和平　美好

情感交融　放松　平等　和谐　灵感　秩序　玩耍　娱乐　幽默　冒险

物质幸福　空气　食物　运动/锻炼　休息/睡眠　性的表达　住所

安全（在危及生命的情况下受到保护）　触摸　水　意义　觉察　庆祝

挑战　清晰　能力　贡献　创造　发现　有效性　效率　成长　整合

学习　哀悼　进步　参与　目标　自我表达　激发　理解　自主权

选择　尊严　自由　独立　空间　自发性

目 录
CONTENTS

下篇 场景应用

引言　生活中的觉察和选择

　　你根本不理解我。你从来不肯听我说话，不是吗？

　　我怎么会又一次犯下这么愚蠢的错误？我好像永远不会汲取教训。

　　我不知道该怎么做，有太多的选择了。

　　他就是个蠢货。他只关心他自己。

　　读到这些话时你有何感受？如果让你站在讲话者的立场，你注意到自己的身体产生了什么感觉？你是否感到紧张僵硬？你是否感到焦虑、悲伤、愤怒或困惑？如果你确实出现了这些感受，也不足为奇。上面每句话虽然针对的是不同问题，但都涉及了某种评判。每句话都代表一定程度的错误沟通、断开连接或责备。没有人喜欢被评判，哪怕是被自己评判。此外，这些话都没有点明产生紧张和误解的根源，因而无法给出清晰的、解决这些令人不快的问题的方法。

　　现在读一读下面这些话，它们依次对应上面的话。下面每一句话都充分表达了讲话者的想法和感受。

　　我感到很沮丧。我记得我当时不是这么说的，我真的认为准确理解这一点很重要。

　　这是我今年第二次忘记还信用卡账单。我讨厌交滞纳金，我真希望自己能更细心地处理个人事务。

看到有 22 种不同的课程符合要求，我感到不知所措。我想知道我该参加哪一个。

我很生气。我的室友刚才洗澡洗了 25 分钟，现在一点热水都没有了。我真希望他能更体贴别人！

当你读到第二组话时，产生的反应可能完全不同。你是否感到更加放松、安心？你是否发现自己更能理解和欣赏对方，尤其是你会了解每个讲话者想要的是什么（准确、细心、明确和体贴）？你是否发现自己更愿意了解讲话者的期望，更愿意和他们相处？

后面这一组话的每个讲话者都对自己的感受负责。讲话者不再进行评判（这样做往往提供不了多少信息），而是清楚地描述了是什么困扰他们、他们有何感受以及他们想要的是什么。

这两组句子展示了我们将在本书中探讨的实践问题：怎样抛弃评判？怎样表达自己的感受才能够使对方更好地倾听和关注各方（包括我们自己）认为重要的事情？这属于非暴力沟通（Nonviolent Communication，NVC）实践，也称为慈悲沟通实践。[①] 我们为你介绍这些实践时，也会提供一种看待这个世界和人际关系的新方式。它对于实现个人之间和群体之间的和谐相处有着重要的意义。本书中介绍的沟通工具及其隐含的世界观是相互支持、彼此促进的。它们共同培养出

---

① 有些人也喜欢将 NVC 称为真诚沟通或协作沟通。非暴力沟通这个术语是从甘地使用的梵文单词 ahimsa 翻译而来，字面意思是 "爱的行动" 或者 "恶意消散后产生的力量"。这些定义来源于 http://www.mettacenter.org/definitions/ahimsa，此网址也给出了关于这些概念的进一步阐述。

同理的心态和意识，支持我们以慈悲的态度看待世界并生活在这个世界上。

人类的共同特性

采用非暴力沟通的做法，我们检验了人类的共同特性。作为有机生物体，我们都有大量生理需要，包括食物、空气、水和休息。我们需要衣服和住所来保持舒适和远离自然灾害的侵袭；我们需要相信自己可以抵御疾病和其他身体伤害；我们也需要温暖、接触、亲密关系，还有温柔、关心和性表达。

除了生理需要，还有很多其他品质和价值观也是人们希望体验和表达的，比如诚实和正直；集体感和连接；空间权、自主权和选择权。我们大多数人都很重视（至少在某些情况下很重视）效率、效益、进步和安心。还有其他很多需要如果能得到满足，也会为我们的幸福做出贡献，比如对秩序、美和意义的需要。还有其他数十种品质，如相互关系、陪伴和体贴，可视为人类的基本需要。

在自己的生活中，你重视的是什么，一生想要信奉的是什么，尤其是与别人有关的方面？也许你重视善良、关心、体贴、自主权，以及决定你生活方式的自由。也许你同样重视自我表达、权力和责任。也许你还重视尊严、理解、诚实和信任。还有其他几十种价值观也都是你可能会关注的。仔细想一想，如果人生中完全不存在这些品质，那么生活会非常艰难，就像独自穿越干燥的沙漠。这些品质帮助我们充实地生活，经历完整的人生。

> 毫无疑问，人们一致认同我们每个人都有需要。

现在停下来想一想。想一下你的家人、朋友、同事以及街头与你擦肩而过的路人。他们之中是否有任何人不喜欢我们上面提到的各种品质？世界上是否有人不喜欢食物、水、温暖、住所、体贴、关心、支持、放松和尊重？这一切都是所有人欣赏和渴望的东西，无论他们生活在哪里或者推崇哪一种文化。尽管人们以各种不同的方式满足了这些基本的通用性需要，并在不同时间和不同环境中体验需要得到满足的过程，但毫无疑问的是，这些需要是我们都有的。这是我们在这本书中反复探讨的一项主题。

我们有那么多共同点，为什么还会有分歧、误解和冲突

毫无疑问，人们一致认同我们每个人都有需要。这一点是最简单的部分，应用这一认识创造出更慈悲的世界，则是个更加复杂的过程。我们怎样才能以我们喜欢的、符合我们价值观的、与我们想要的生活一致的方式，来满足我们的需要？我们怎样才能坚信，每个人的需要，包括我们自己的需要，都能得到满足？那么，问题就来了：如果我们有这么多共同点，为什么我们还会经常遇到分歧、误解和冲突？

这就是我们在这本书中探讨的问题，我们根据两项基本原则对此进行研究。第一项原则是，如果我们与别人出现意见分歧或者感觉彼此的连接断开了，那是因为我们想要满足那些共同需要的方式不一致，以及特定情况下我们对要做的事情看法不一致。如果我们希望与其他人重新建立连接、解决冲突，就要首先确定自己希望采取这些方式背后的需要是什么。要做到这一点，关键是真正倾听并理解彼此，关注每一个人的

与他人的幸福有连接并为之做出贡献是人类的本能行为，
这种行为本身就能带来内心的满足。

需要。只要能做到这一点（这正是本书中希望实现的目标），我们就能自由寻找到更令人满意、彼此一致的新措施。事实上，只要相关各方都感受到有人愿意倾听他们的意见、重视他们的需要，往往就能从根本上逐渐形成实现相关各方共赢的措施。

第二项原则是，与他人的幸福有连接并为之做出贡献是人类的本能行为，这种行为本身就能带来内心的满足。如果我们愿意相信这第二项原则，找到满足每个人的需要的方法就变得更加容易。各方共赢的解决方案对我们来说属于超级大奖。

为他人的幸福做贡献

你是否对第二项原则感到怀疑？如果是的话，请你在自己的人生实验室里试试看。现在花点时间回忆一下，你上一次为他人的幸福做出贡献是什么时候。也许是你为迷路的人指路、教孩子做作业、好好照料你的宠物或是帮朋友跑腿办事；也许你在别人需要你陪伴时认真倾听他的诉说；也许你讲了个笑话，让听到这个笑话的人一整天都充满了乐趣和创造力；也许你向另一个人表达了感谢、爱或者欣赏之意。

现在想一想，在你通过这些方式为他人做出贡献时，自己有何感受。当你回忆那件事时，你注意到自己体内出现了什么感觉？你感觉怎么样？也许你会觉得温暖和心胸开阔，有一种喉咙、胸口或四肢舒服极了的感觉；也许你会感到快乐、平静、满足或安心；也许你享受着一种充实、和平、完整的感觉。从这项练习中可得出一项非常重要的结论：这些感受是当我们的需要得到满足时我们体验到的典型感受。由此我们

> **我们所有人都渴望为生活做出贡献，让生活变得更加丰富和美好。**

知道，为他人做出贡献是人类最基本、最迫切的需要之一，也就是说，当我们这样做的时候，我们会感到开心。我们所有人都渴望为生活做出贡献，让生活变得更加丰富和美好，从而使所有人获益。

现在想象一下，如果你认识的所有人都能体验到你刚才的感觉，如果世界各地的人都能更多地体验到满足人类的需要后所产生的这种感觉，这个世界会变成什么样子？我们的日常生活会发生怎样的变化？如果大家都认同每个人的需要都很重要，将会发生什么？沟通和决策会出现怎样的变化？人们对于分歧和误解一般会有怎样的反应？我们的工作方式会有何不同？我们的邻里、集体和学校会怎样？

考虑到当今世界中有多少人的需要还没有得到满足，甚至有多少人相信自己的需要无关紧要，我们就可以想象这个世界会是什么样子以及如何运转。怎样才能保证每个人的需要都会被人们关注和认真考虑？

非暴力沟通可以创造丰饶的生命

非暴力沟通模式为我们描绘了一幅蓝图（几十年来，该蓝图已在全世界范围内经受住了考验），让我们在自己的生活中和周围的世界里创造丰饶。

这种方法是马歇尔·卢森堡博士创造出来的，他十分关注一个基本问题：是什么导致人类有时候喜欢深入连接、慈悲对待彼此，而有些时候则缺乏慈悲，甚至表现出厌恶和蔑视？马歇尔小时候就目睹过这两种情况。他目睹了 20 世纪 40 年代底特律种族暴乱时有很多人被杀，也看到了很多慈悲的行为，包括他叔叔精心地照料年迈的老人。

他希望能理解慈悲之心，并学习如何培养这种品质，于是他向人本主义心理学家卡尔·罗杰斯等人学习心理学。完成学业之后，他在各种各样的环境下应用自己的观点，很多环境中充满了暴力和冲突，包括身体方面和制度方面的。他在与帮派、囚犯、公司和其他组织机构一起工作时，创造打磨出的非暴力沟通模式，现已应用于促进理解与合作，解决世界各地不同群体之间的冲突。

你会发现，非暴力沟通的应用存在无限可能。非暴力沟通技巧可以促进自我觉察、与他人建立连接，同时也有助于做出决策、居间调解、评估需要。非暴力沟通在会议中也有作用，它能使每个人在相处时都感到自己被包容了、真正参与了。你在本书中学到的实践（马歇尔·卢森堡无数次直面冲突核心的成果）能够改变你的体验。这些实践可以帮助你活出自我，建立与他人的良好互动关系，包括家人、老师、同学、同事以及其他与你有着亲密关系的人。

听上去很棒，学起来也并不难

非暴力沟通的原则并不难理解。你会看到，这个模型包括四个基本步骤，可以缩写为"OFNR"：确定观察结果（*observations*），找出与某个特定观察相关的感受（*feelings*），根据你的感受体会相关需要（*needs*），为了满足需要提出请求（*request*）。然而，要想学习这种新的沟通方式，你必须愿意走出自己的舒适区，成为一个初学者。首先，这要承担一定的风险，了解你自己，相信为了"真正的你"（以及你所有的感受和需要），你有一些有价值的东西可以贡献出来，传递给他人。

要学习非暴力沟通，关键在于实践。学习沟通技巧不同于学习历史或数学，因为沟通技巧不仅仅是一些原则或理论，你要将它融入日常生活中。只有将非暴力沟通应用到你的生活中，你才能看到它是怎样起作用的，从而对它产生信心。实践非常重要。在本书中你能找到很多练习帮助你实践，而且所有的练习都可以反复进行。当你再次练习时，可以考虑另一种你希望改善或加深理解的情况。

在阅读这本书学习非暴力沟通的过程中，你也可以记录日志。你可以做些笔记，记下你自己的见解、一些观察练习的答案以及对自己一些互动行为的评论。你可以研究一下自己做出的选择，或者你感兴趣的、想要理解或者改变的行为。你也可以重新记录、重新处理以前的一些情况，如果当时的你未能实现自己希望的连接、觉察或效果的话。

当你前往另一个国家旅行时，对于该国语言，即使你只会几个词也很有用。同样，虽然把非暴力沟通融入你的生活中需要时间，但只要你愿意着手去做，立即就能从中获益。仅仅是学习体会感受和需要，即前两章的主题，都能产生很好的效果。随着时间的推移，你的信心不断增强，你会发现自己逐渐能够有效应对最具挑战性的人与事。

关于本书的措辞

因为我们希望同时指代男性和女性，并且读起来简洁方便，所以在本书中，我们不使用"他"来指代某个人，而是使用第三人称复数"他们"。

本书有两位作者，当我们中的一位提到自己的经历时，会使用第一人称单数"我"。如果你感到好奇，想了解具体是哪位作者，那么可以大致了解一下两位作者在本书中会予以叙述的个人经历：简·马兰茨·康纳住在华盛顿特区附近，她在本书中提到的故事描述了非暴力沟通怎样影响她与女儿和前夫的互动，以及她在曾经教过书的大学里的经历；戴安·基利安住在纽约布鲁克林区，本书中介绍了她骑自行车、教授非暴力沟通和调解夫妻关系、与她的母亲对话时进行的非暴力沟通实践。

关于本书措辞，另一个值得注意的方面是：你可能会注意到我们经常说"我现在想要"而不是"我想要"，或者"你现在感觉"而不是"你感觉"。这是因为我们的感觉和需要不是固定不变的，而是发生在这个特定时刻。例如，如果我们说"你感到快乐吗？"意思可能是你始终感到快乐。我们知道其实并不是这样，所以我们用"你现在感到快乐吗？"这种说法来强调当下的这一事实。在非暴力沟通实践中这是一种常见做法；你会看到，经典模型都遵循这一惯例。

开启旅程

现在，是时候开启这段旅程了，目标是为你的生活和你周围其他人的生活带来更多的理解、慈悲和满足。后面十章的内容将为你全面介绍非暴力沟通的原则和实践，引领你走过这段旅程。

在第一章中，我们向你介绍一种看待这个世界的新方式，并开始全面探索人类的感受。第二章是关于生命的根源——需要的，需要始终伴随着我们。在第三章中，我们将向你介绍同理心的力量，探讨如何整合觉察到的感受和需要。第四章探讨评判与观察的区别，以及清楚客观地观察和描述我们自己和他人的经历是多么重要。

第五章讨论了提出请求产生的力量，能够最大限度地确保需要得到满足。第六章讨论的是一种重要的工具——自我同理心。在第七章中，我们探讨了愤怒这种激烈的情绪。第八章描述了在不可能对话的情况下怎样保护性使用武力。在第九章中，我们学习表达赞美和感激而不是进行评判。最后，在第十章中，我们将探讨怎样把非暴力沟通融入你的日常生活中，包括这一模型的口语化（不标准的）实践。

我们的目标和愿望是，这本书能够启发你了解并培养出一些品质，一些你一生中最希望获得的品质。通过学习非暴力沟通的技巧，你将体会到不断加深的连接：与你自己、你的同事和朋友、你的爱人、你所在的集体以及这个世界之间的连接。

第一章

用非暴力沟通的方式看待
这个世界

| 暴力的语言会带来很多伤害和痛苦。

感受和渴望是人类所有努力和创造力背后的动力。

——阿尔伯特·爱因斯坦（Albert Einstein）

棍棒石头可以打断我的骨头，而话语从来都不能伤害我。

——儿歌

人们第一次听到"非暴力沟通"这个术语时，可能会感到惊讶和困惑。我们习惯于把暴力视为一种身体上的强制力，想到沟通（仅指语言沟通）具有攻击性会令人感到困惑。事实上，沟通往往被视为代替暴力的一种选择。为了避免身体冲突，人们通常会在战争或采取行动之前尝试谈判。比如警察（理想情况下）看到武装犯罪分子，会在开枪之前说："别动！放下枪！"如果家长看到他们的孩子打了小伙伴或者用暴力抢走玩具，可能会提醒孩子"好好说话"。就像一首儿歌里说的，"棍棒石头可以打断我的骨头，而话语从来都不能伤害我"。

但我们都知道，暴力的语言会带来很多伤害和痛苦。虽然这种伤害也许不是身体上的，但我们的思想和话语预示了我们可能采取的行动。如果我们对另一个群体或个人存有批评性的想法或印象，身体暴力或破坏性行为就很容易发生。

如果思考一下身体暴力及其产生原因，在每种情况下，也许你都会首先指责一种身体行为或刺激——"他先打我的"或者"他半路拦住了我！"但如果你进一步思考，你会发现一个人真正动手之前，甚至在意识到报复行为发生之前，话语或思想要出现得更早："你怎么敢！""真是个混蛋！""我会给你个教训。"暴力行为产生于这样的自我对话之后。

　　暴力最广泛的定义是对人类之间连接和理解的破坏。当双方产生这样的裂痕时，就更可能出现身体暴力。相反，如果我们对别人抱有爱和关心，我们最不希望发生的就是他们遭受痛苦、经历伤害。虽然我们可能无法投入同样的精力和注意力去关心和爱所有人，但是学习怎样慈悲地与他人建立连接有助于在发生冲突时解决问题，以及促进更深入的理解。我们在本书中讨论的就是这样的非暴力沟通（或称慈悲沟通）。

改变正确—错误的思维方式

　　有一个领域，超越了是非对错。我会在那里与你相遇。

——鲁米（Rumi）

　　在我们与人类同胞的日常互动中，同理心占据了很重要的位置，因为那是我们的核心属性。同理心是我们创造社会生活和文明进步的工具。

——杰里米·里夫金（Jeremy Rifkin）

非暴力沟通需要我们改变思维方式，对一项影响人类文化数千年的基本假设提出质疑：将人与事划分为"正确的"或"错误的"。按照这种思维方式，有些人是好的，有些人是坏的；有些人是聪明的，有些人是愚蠢的；有些人关心他人，有些人麻木不仁。这种正确—错误的思维方式，出现在我们社会中每一个层面上：漫画书里的英雄和反派战斗；电视和电影里警察要抓"坏人"；乔治·W.布什总统发动伊拉克战争时多次提到"邪恶轴心"。畅销的保险杠贴纸上写着"卑鄙者令人作呕！"这个说法假设有些人是卑鄙的，有些人是正派的，而且还蕴含着潜台词，那就是刻薄的人永远都是卑鄙的。卑鄙就是这些人的本性。如果是这样的话，何必为他们费心呢？按照这种想法，应该对卑鄙的人避而远之，甚至控制或惩罚他们。

　　谁是正确的？谁是错误的？谁值得同情、理解和支持？谁应该被排斥、评判、惩罚、解雇、处决或进攻（发生在国与国之间）？我上大学时，一连几个小时和同龄人讨论这些问题。我们讨论人际关系、家庭和政治，希望能理解这个世界和人们做出的选择。即使到了今天，我也对这些问题充满兴趣。我希望能理解造成某种情况的原因，知道谁应该对此负责。我希望获得信息、了解情况，能在这个世界上拥有安全感，相信这里存在责任、重建、希望和改变。我知道我在这方面并不孤单。"忏悔"类脱口秀和《法官朱迪》这类司法剧的流行，证明了人们在解决问题的时候，以及理解这个世界、我们自己和周围人的时候，仍然抱有正确—错误的思维方式。

> 人们鼓励你相信正确—错误的评判，但现实要比那复杂得多。等你真正理解了伦理、精神、社会、经济和心理在塑造个体时起到的作用，你会认识到人们做出选择的基础不是希望去伤害别人。相反，他们的选择与他们的见识和世界观是一致的。考虑到他们接收的信息和他们面对的问题，大多数人已经尽了自己最大的努力。
>
> ——迈克尔·勒纳（Michael Lerner）

这种想法有着悠久的传统（至少在西方是这样），是西方主流文化规范和信仰的核心。按《旧约》所述，人类历史最初就起源于此：亚当和夏娃被逐出天堂（受到惩罚）是因为他们犯下了错误。根据沃尔特·温克的说法，这种赎罪暴力的神话可以追溯到更早的时候，即约公元前 1250 年的巴比伦创世故事[1]，之后所有关于惩罚性暴力的神话都建立在这个基础上。这个神话至今仍对美国文化有很大的影响，几乎影响了美国社会所有的制度、信仰和实践。人们认为这种事情是正常的、明摆着的，并且就是事实。温克指出："（一个）故事如果经常被人讲述，在日常生活中经常被证实，那么它就不再是一个传说，而会被视为现实本身。"[2]

所以，如果正确—错误的思维方式如此流行、如此普遍，并且已经延续了数千年，那我们为什么还要做出改变？很明显，这种思维方式满足了某些需要，能为我们带来一种安全感、意义感、公平感和秩序感。这是一种做出选择、分辨价值的有效方法。而且我们十分熟悉这种思维方式，觉得它让我们舒适放松，甚至可以说这种思维方式是人性的本质。

> 我们的行为主要取决于我们对自己的处境有何想法。

> 我讨厌必须选择阵营的情况。去年，跟我关系很好的一对夫妻离婚了，他们彼此心怀芥蒂。他们俩都希望我支持一方、指责对方，认为分手这件事完全是对方的过错。我希望与他们俩都能继续保持朋友关系，但那时候我搞不明白该怎么做，最后还是失去了其中的一位朋友。我真希望能改变这种处事方式。
>
> ——葆拉（Paula）

但正确—错误的思维方式会削弱人类之间的连接，使我们彼此分离，也使我们与自己分离。就好像在沙滩上画下一条线：你要么站在我们这边，要么与我们对抗；要么清白，要么有罪；要么值得奖赏，要么应受惩罚；要么得到拯救，要么受到诅咒。这意味着以固定的眼光看待人类及其行为，否定了生活和人类经历的复杂性。根据这种思维方式，"坏"人总是做"坏"事，"好"人或"正义"的人必须阻止或控制"坏"人。这种观点混淆了一个人的行为（他选择的具体行动）与这个人本身是个什么样的人。如果有的人本质就是邪恶的，那学习、连接、慈悲或改变又能有什么作用？正是这种思维方式导致了各种形式的冲突和暴力。

实证研究描绘了一幅截然不同的画面，表明人类行为是不稳定的，我们的行为主要取决于我们对自己的处境有何想法。如果我们周围的环境和文化条件允许，我们都有可能做"坏"事。例如，有超过90%的大学生承认做过可判处重罪的行为（例如破坏他人财产、向未满18岁的人提供非法药物或者盗窃他人物品）。当向学生们提问，如果100%保证不会抓住，他们是否会犯下各种违法行为时，有很多学生说自己可能会偷窃、作弊，或者让曾经伤害他们的人受到身体伤害。事实上，如果你想让别人作弊，只要好处足够多、被抓住的可能性足够低，就能做到。

特定环境和我们的需要，而不是我们本质上是什么人，决定了我们将采取的行动。

正如作家豪尔赫·路易斯·博尔赫斯（Jorge Luis Borges）观察到的，我们人类唯有靠正当理由才能活着，即使只是把一杯水端到我们嘴边。博尔赫斯的意思是，我们所做的事情都有其理由。特定环境和我们的需要，而不是我们本质上是什么人，决定了我们将采取的行动。比如，我们完全可以确定绝大多数人痛恨吃人肉。但如果发生意外被困住，要么饿死，要么吃掉死去同伴的尸体，你可能就会选择吃人肉。有详实的文件记录了曾经有人做出过这种选择，当时发生了攀岩事故和飞机失事。如果你反思一下自己曾经做过而现在感到后悔的事情，很可能会发现是当时的某种需要或重要的价值观促使你做那些事情，即使你对这一选择或其产生的影响并不完全满意。

研究也表明，正确—错误的思维方式是当今社会的准则，与早年人类以慈悲和连接为基础的生活完全不同。里恩·艾斯勒（Riane Eisler）在《圣杯与刀刃：我们的历史和未来》一书中阐述了近期的研究证据，描绘了现代人类出现以前的历史，那完全不同于人们对拿着木棍的穴居人的刻板印象。历史学、人类学和考古学资料表明：不应将原始社会中的人，比如班布蒂人（BaMbuti）和昆格人（Kung），描绘成抓住女人的头发把她拖走的好战穴居人形象。现在看来，旧石器时代是一个非常平静的时期。事实上，人们对早期人类社会普遍具有侵略和暴力的印象，更多的是我们把当前看待这个世界的方式进一步延伸所产生的结果，并不能准确描述早期人类的实际生活方式：

旧的观点认为，最早的人类亲属关系（以及后来的经济关系）是从男人狩猎和杀戮发展而来的。新的观点认为，社会组织的基础来自母亲和孩子的分享。对于史前时期，旧的观点是男人是猎人勇士，新的观点则是男人和女人都通过人类特有的能力支持和改善生活。[3]

生物学和认知研究证实了这一观点：所有的哺乳动物，尤其是人类（我们的大脑新皮质更发达），"容易产生同理心的这种特质根植于我们的生物学特性中"。例如，新生儿"能分辨出其他新生儿的哭声，也会用哭声回答"；幼童"看到另一个孩子很痛苦，往往会不安地皱起眉头，可能会过去和他分享玩具、给他一个拥抱，或者把他带到自己的母亲那里寻求帮助"。[4]

正确—错误的思维方式的局限性在于，它会伤害我们天生的同理心，削弱我们对自己和他人的慈悲之心。这会使我们难以专注当下，无法把注意力放在具体的需要和处境上，使我们看不清自己可以做出的完全符合我们价值观的选择。它也会使我们实现共同设想和创造美好世界的可能性变低。在本书中，我们将探讨怎样用不同的方式进行分析，专注于感受和需要，从而使我们更全面地理解人类行为，促进更好的慈悲和连接，为了关怀人类地球上所有的生命。这种方法以同理心和慈悲为基础，可以改变我们与自己和他人的关系，让我们更接近于艾斯勒所谓的"以伙伴关系为基础"的文化，"让我们的世界从争斗不断转变为和平共处……让冲突不再是破坏性的，而是建设性的"。[5]

练习 1：力量和感受

（1）花点时间思考一下你曾经考虑过、幻想过或者实际做过的暴力行为。也许只是把书使劲扔在桌子上，也许是打破了什么东西，或者使他人受到了身体上的伤害。你打算采取或实际采取那种行动的刺激因素是什么？当时你有何感受或想法？你的思想和行动之间的联系是什么？那是真实的还是你想象的？

（2）列出一些社会机构的信念和实践，例如学校、司法系统、宗教信仰、医疗保健等等。它们的信念和实践是如何体现正确—错误的思维方式的？例如，在学校里，打分是一种常见的做法，可以视为一种奖励形式。

（3）思考一下最近发生的和历史上的事件，比如战争或公开审理的法庭案件。正确—错误的思维方式怎样体现在语言（辩护）和行动中？是否其中一方比另一方表现得更像"敌人"、更不道德或者违背道义？

感受：同理心的核心

我们以怎样的方式进行沟通，才能在避免评判和责备的同时，表达和分享我们对其他人言行的感受，以及我们在这个世界上看到了什么？同理心连接的核心要素在于觉察我们自己和他人的感受。同理心的定义就是"理解并体会他人感受"的能力。[6]同理心的英文empathy的词根pathos来源于希腊语中的"感受"一词。同理心连接意味着"对别人感同身受"，心胸开阔，站在别人的角度上理解他们的观点，即使只是暂时的。

虽然体验感受的能力使我们具有关键的社交技能，但大多数人并不习惯关注自己的感受，除非我们接受过这方面的某种培训（例如情商培训）。我们在这方面疏于练习。例如，每天有多少次有人问你"你好吗？"当你遇到邻居、同事或朋友时，都可能被问到这个问题。就像大多数人一样，你很可能随便回答一句："很好。""挺好的。""非常棒。""还不错。"但这些回答都不是感受，与我们的真实感受相比，这些就像摩尔斯电码或速记，不能为我们提供多少信息。也许只有被医生、咨询顾问或最亲近的人问到这个问题时，我们才会给出完整准确的回答。但即使与我们最亲密的人交谈，我们可能也不愿展示所有的体验和感受。在我们的文化中，我们不习惯谈及自己的情绪。我们被教导要"礼貌"，要记住"言多必失"，不要想当然地认为别人对我们或我们关心的事情感兴趣。我们学会了谨言慎行、深藏不露。我们把感受和无力、脆弱联系起来，而不是与力量、内在根基、觉察、足智多谋联系起来。

　　某种程度上，这是因为在西方，至少从理性时代开始，随着实证科学的发展，感受被视为主观的和不可信的。别人告诉我们要"动脑筋"而不要情绪化。哲学家勒内·笛卡尔（René Descartes）认为，我们的存在源于我们的思考能力："我思故我在。"有人告诉我们，如果我们相信什么事情，尤其是看法或感受这种主观的东西，那么我们需要"证明它"。逻辑思维，比如数学方程式，确实可以写下来一步步验证。然而，我们如何验证人类的情感和感受？如果我们从科学的角度理性看待这个世界，感受几乎毫无价值。

　　尤其对于很多男人来说，感受在很大程度上是个未知而危险的区域。在成长过程中，男孩们被要求"像个男子汉一样"、"只有娘娘腔才哭"。男人不应该有什么感受，尤其是悲伤、恐惧或脆弱。也许人们唯一允许甚至期望男人们表现出来的感受是愤怒。美国得克萨斯州的一位非暴力沟通培训师艾克·拉萨特（Ike Lasater）说，学习非暴力沟通之前他能觉察到自己产生的感受只有好、坏以及愤怒。如果有人问他对什么东西有何感受时，他的回答要么是"好"要么是"坏"。而"好"和"坏"可以代表很多不同的体验。事实上，这两个词指的根本不是感受，而是表示赞同或不赞同的形容词。

虽然社会更容易接受女性表现出自己的感受，但她们表现出来的东西仍然不受重视。历史上，女性一直因为人们期待她们展现出的特质而受到歧视。英语中的 hysteria（歇斯底里），也即"狂野，无法控制的激动或感受"，源于希腊语中表示子宫的词 hystera，暗示女人容易变得歇斯底里。一般而言，女性的特征是过于情绪化、缺乏理性和不稳定，是"两性中的弱者"。几个世纪以来人们都告诉女人，她们不适合从事很多职业，包括司机、医生、士兵和科学家。当然，女性已经在所有这些职业中证明了自己。例如，从统计数据上看，女司机的事故发生率比男司机的要低。然而，正如英国第一位女首相"铁娘子"玛格丽特·撒切尔（Margaret Thatcher）这个典型代表所表现出来的，女性如果想要成功，往往还是会表现得强硬、"头脑清醒"和冷漠。

对于感受的这种看法在英美文化中尤其明显。法语中表示感受的词 sentiment 不是贬义的。表达感受在法国社会中是可以接受的，甚至是人们希望发生的。在英语中，sentiment（感受）与 sentimental（多愁善感）源于同一个词根：装模作样、反应过度、肤浅和陈词滥调。我们会听人说"不要太敏感"，不要"反应过度"。我们不应该"敏感"（觉察自己的感受以及我们目前有何体验），而是应该脸皮厚一点，面不改色，隐藏情绪。我们仿效的历史英雄是朝圣者、开拓者和牛仔，全都是那种坚强、沉默、适应性强、坚韧不拔的人。现代的英雄人物同样强大而无情。比如体育明星和参加《幸存者》节目的人，他们身上受人推崇的往往是极强的忍耐力和用"精神力量战胜物质问题"的能力。同样地，城市"帮派"文化也是冷酷无情的。

在我们的快餐文化中，我们习惯于积极主动，以结果为导向。我们追求效益和即时结果。如果有什么事情是"错误"的，尤其是不愉快的、紧张或痛苦的，我们就想要个解决方案，而且是现在、马上就要。就像换个电视频道或者吞下一片止痛药，我们试着"修复"这些感受，告诉别人和我们自己应该和不应该有怎样的感受："克服它。""忍一忍。""控制住自己。"这样做的话，我们就无法充分理解自己所产生的感受及其产生原因。

我一直觉得，无视自己的情绪是一种很好的做法。我相信我们的感受是非理性的，听凭它的引导行事以后会感到后悔。

——亚瑟（Arthur）

我爸爸他是当兵的，他教过我，如果情况不顺利，也只能"熬过去"。

——杰西卡（Jessica）

我上一次哭是我六岁的时候。

——罗伯塔（Roberta）

如果我感到难受，我会告诉自己要摆脱这种感受，不要表现出来。

——哈罗德（Harold）

真实存在于生活以及我们的身体中

> 相信你的感受，卢克……
>
> ——欧比旺·肯诺比（Obi Wan Kenobi）

我们忽视自己的感受，认为那是不合理、不真实的。但事实上，感受与我们的身体密切相关。如果我们的身体需要什么东西，感受就会告诉我们。如果我们饿了、累了、热了或者冷了，我们的身体会产生相应的感觉。我们的身体会变得紧绷，头发根根直立，肚子咕咕叫或者出现胃痉挛。就像我们出现生理需要时一样，当我们感受到愤怒、幸福、悲伤或满足的情绪时，身体也会告诉我们。我们生气时，可能会感到紧绷发热；悲伤时，可能感到沉重僵硬；快乐或满足时，可能感到轻松、开朗、心胸开阔。我们每个人体验情绪的方式不同，可能会产生不同的感觉。但毫无疑问，我们的情感（感受）与我们的身体感觉直接关联。当我们体验到一种情绪时，其实我们身体的每一个细胞都会出现化学反应。事实上，我们对于身体感觉和情绪状态使用同一个动词"感觉"（感觉"快乐"、"害怕"、"悲伤"、"发痒"、"热"或者身体上的冷），说明这两种类型的体验紧密相联。

我们习惯于开动脑筋，却无视自己的感受和感觉，这在某种程度上导致我们与自己身体的其余部分断开了联系。也许我们甚至未能充分了解自己的身体需要，更不用说情绪了。我知道我自己大半辈子就是这样生活的。我忽视自己的感受，或者试图控制或压抑这些感受。我不理解自己的感受，认为它会令我分心，我甚至十分讨厌它。作为一个拥有博士学位的人，我认为理性思维的价值高于一切。多年以来，我对自己的身体和感受的看法，现在被我形容为生命中那些年里的"吉祥物"，如图1-1所示。

图1-1　全是脑袋没有身体（当我们忽视自己的感受时会发生什么）

绘图：哈达萨·希尔（Hadassah Hill）。

我的生活大部分都靠头脑，缺乏自我连接，这一点现在我已经意识到了。感受是麻烦的、无聊的、令人困惑的。是什么引发了这些感受？这个问题有时候我很清楚，有时候则不。是什么导致我的感受突然发生变化，仿佛上一刻还阳光明媚，这一刻就已经乌云笼罩？对此我经常感到无法理解。我发现有些感受令人痛苦（比如悲伤或恐惧），我以为可以通过"精神力量战胜物质问题"来缓解这些感受："你为什么这么紧张？你知道一切都会没事的。乐观一点！"然而以这种方式贬抑我的感受（试图说服自己摆脱当时体验到的感受）完全没有效果。我在应对自己体验到的感受时会寻求理解和宽慰，希望提升这方面的技巧。如果试图强迫我的感受服从我，只会增加我的痛苦和困惑，加深与自己断开连接的程度。

感受能够告诉我们，我们在当前环境中有何体验，
以及我们喜欢什么（想要更多）或需要什么（想要调整或改变）。
感受与我们的感觉密切相关，它意味着我们完整地活着。

我和很多人讨论过他们的感受与他们自己观察到的身体感觉有何联系，逐渐认识到我不是唯一一个这样"否认"感受的人。如果问到人们对某件事的感受，很多人给出的答案不是感受，而是评价或意见，那是来自头脑，而不是心灵或身体的信息。我给别人培训时，如果要求参与者注意他们有何感受或者眼下身体状况如何，他们经常茫然不知所措。除非接受过这方面的培训指导或者某种身体疗法（比如瑜伽或按摩），我们大多数人，往往不习惯关注以及评价我们身体和情绪的内在状况。

然而，我们的感觉和感受是重要的指示器，可以反映出我们身上发生了什么事。因为我们会感到热，所以才能在被烫伤之前躲开滚烫的炉子。因为我们会感到口渴和饥饿，所以才知道什么时候需要为身体提供营养和水分。快乐和恐惧等情绪状态同样为我们提供了一些关键信息。感受能够告诉我们，我们在当前环境中有何体验，以及我们喜欢什么（想要更多）或需要什么（想要调整或改变）。在下一章中，我们将进一步了解感受与需要之间的联系。

现在，我希望你考虑一下感受的价值。感受与我们的感觉密切相关，它意味着我们完整地活着。具有感知能力的生物能够了解我们周围的环境以及我们在这个世界上的体验。由"情绪"的英文"emotion"的词源可看出，感受会令我们感动（move）。感受引导我们采取行动、促进自我觉察。如果我们只关注自己的思想而忽视感受，那就相当于手里只有半副牌。我们为什么只打半副牌呢，尤其是人生的牌局中最有价值的一些牌还在另外半副里面？

建立非暴力沟通模型的马歇尔·卢森堡曾经前往世界各地的数百个国家，与人们分享调节冲突的技巧。他曾经说，在他去过的每个国家

里，人们最初的问候都是一样的："你好吗？"对我们人类来说，问这个问题意在获取至关重要的信息（旨在了解我们和他人感受如何），是建立连接、产生信任的基本方式之一。

练习2：情绪测量仪

我们的身体就像"情绪测量仪"——一个非常精密复杂的仪表，可以帮助我们着眼于此时此刻，了解我们当前的感受和需要。追踪我们的感受与身体感觉之间的关联，我们就可以实现更好的觉察，通晓各种感受词汇。

（1）花几分钟时间开动脑筋，列出一些描述身体感觉的词语。尽可能具体一点。例如，感觉包括刺痛、发痒、麻木、受压、脉动或发热。（这些感觉会出现在你身体上的不同部位，例如你的脚、胸口、手指或头部，强度也存在区别。有些词语会与感受重叠。例如，"温暖"可以描述情绪反应/状态，也可以描述身体体验。）看看你能否想出至少20个描述感觉的词语。等你开动脑筋给出自己的列表之后，可以查阅附录中的列表。

（2）观察你此时此刻的身体感觉。你注意到了什么？与这些感觉有关的感受（情绪）是什么？例如，我感到快乐（情绪）；我的身体感觉放松，胸口有一种轻松、开阔的感觉（感觉）。或者，我感到疲劳，我注意到自己眼睛发酸、眼皮沉重。关注自己的感受时，你会发现参考附录中的感受词语列表会给你带来不少帮助。

（3）学着体会我们的感觉和感受时，从"强烈"的反应开始会很有帮助，因为这时我们接收到的由身体发出的信号声音最大。例如，想象一下恐惧、沮丧、愤怒、惊讶、快乐、震惊、和平或者兴奋。你会注意到特定身体部位，如胸部、头部、手或四肢，出现什么感觉。回忆一下你上一次体验到这些感受时强度如何。在你的笔记上画个表。表 1-1 是一个例子。

表 1-1　感受与感觉示例表格一

感受	感觉	位置 / 强度
恐惧	刺痛	手 / 轻微
	憋闷、紧绷、无法呼吸	胸部 / 强烈

为了增强这项练习的针对性和趣味性，你可以画一幅人体草图，然后把描述感觉的词语写到上面，描述你在自己的身体上注意到的情况。例如，如果你脑袋后面和头皮感到刺痛，就在人体草图中的头部区域标记"刺痛"。这项练习有助于建立感官觉察和自我连接。

练习 3：涌现的感受

为什么人们喜欢看某些类型的电影？显然，看电影这种娱乐方式可以满足多种需要，包括消遣、学习、放松和陪伴。每一种电影风格都会引发特定的感受，比如担忧、焦虑和恐惧（恐怖电影），或者温柔、温暖和希望（浪漫电影）。游乐场的游乐设施也会引起某些身体和情绪反应：过山车和其他冒险类的游乐设施宣传"惊险刺激"；"爱的隧道"

> 当感受被唤醒时，我们的心脏加速跳动，血压上升，胃部发沉，
> 身上起了鸡皮疙瘩——我们可以由此意识到自己完整地活着。

唤起的感受则类似于浪漫电影给人带来的感受。运动也能让我们产生强烈的情绪。打比赛或看比赛之所以对人们有吸引力，部分原因在于随着"我们"的队伍失误、得分、赢得或输掉比赛，我们会体验到担忧、兴奋、失望、喜悦或宽慰的情绪。

我们为什么喜欢这些能引起情绪反应的活动？我们为什么喜欢感受到焦虑、兴奋或欣喜若狂？因为感受是我们的生命根源。当感受被唤醒时，我们的心脏加速跳动，血压上升，胃部发沉，身上起了鸡皮疙瘩——我们可以由此意识到自己完整地活着。如果我们在"受控"环境中（几乎没有遇到危险或能让我们受到伤害的风险，例如面对电影中可怕的怪物而不是在街上被人抢劫）体验到这些鲜明强烈的情绪，我们既有活力又有控制权，就会产生一种能够自由选择而又安全的感觉。

列出你最喜欢的一些活动，可以是你的爱好、运动、娱乐或其他你喜欢的消遣，比如和朋友散步或聚会。你上一次参加这些活动时有了什么感受？你注意到自己的身体有何感觉？画个表格，如表 1-2 所示。

表 1-2　感受与感觉示例表格二

活动	感受	感觉
骑自行车	快乐、开心、兴高采烈	轻松、开放、放松、活力十足

完整的一副牌：通晓所有的感受

英语中有数百个单词可以用来描述各种感受。就像颜料盒中的一大堆颜色，有一系列不同的亮度和色调。例如，快乐包括感到开心、心满

意足、喜气洋洋和欣喜若狂；悲伤包括心碎和悲痛欲绝，也有程度轻一点的忧郁或者仅仅"有点低落"。可以说，我们大多数人只用过这些词汇的大约10%。在所有可用的颜色中，我们或许偏爱涂白色和灰色。

一开始，你可能会发现很难区分不同的色调，即确定自己的感受。在我最初开始学习非暴力沟通时，我经常搞不明白自己有何感受。我记得我当时想：我永远学不会怎么了解自己的感受，至少没办法10分钟内搞明白！实际上，通过练习，我们都可以增强这方面的能力。

看一看附录中的感受列表，你有没有看到熟悉的词语？哪些感受属于一组或"同一家族"？确定一组感受，然后按照不同强度和程度把它们整理一下。你也可以记下自己定期出现的感受，或者随身携带感受词语列表以供参考。你也可以问问自己："在家里，我最喜欢用、最满意的感受词语是什么？和朋友在一起呢？在工作或学校呢？"在你下一次用"好"或"不好"回答"你好吗？"这个问题时，也许你可以停下来问问自己："此时此刻我真正的感受是什么？"

练习4：情绪的变化

你有没有注意过小孩子的感受变化有多快？孩子可能这一刻还在笑，下一刻就哭了。没有证据表明儿童会比成人体验到更多的感受。无论年龄大小，我们所有人体验到的感受很可能都是类似的。区别在于孩子们与自己的感受接触更深，更趋向于表现出来，较少去隐藏感受。

作为成年人，我们的感受在强度和程度上也会发生变化——从担忧到害怕再到恐惧，从满足到快乐再到兴高采烈。我们的感受随着我们此

> 感受不是无意义的或非理性的，而是像指示器一样反映出我们对此时此刻的刺激有何反应。

时此刻的经历，以及我们如何解读这种经历而发生变化。我们在阳光下出发，打算到海滩上度过这一天时，我们可能感到非常兴奋、快乐和满足。随后，堵车一个小时，又被一辆大型越野车超车，我们的感受可能会变得完全不同——又热又沮丧，还很烦！感受不是无意义的或非理性的，而是像指示器一样反映出我们对此时此刻的刺激有何反应。感受很容易突然发生变化，这说明周围的环境以及我们对环境的看法发生变化的速度非常快。了解我们的感受可以帮助我们有效应对此时此地发生的事情。

　　回想一下这一天或者刚过去的三个小时。在这段时间里有什么感受出现了又消失？看看你能不能把这些感受和你对环境中某些特定刺激的想法联系起来。这周找一天或半天的时间试着写一本"感受与感觉日志"。记下当天的时间、你有何感受、注意到什么感觉以及你产生这些感受的地点。你也可以注意一下是否能识别出一项刺激（触发这种反应的环境、事物或你的体验）。表 1–3 是一个例子。

表 1–3　感受与感觉示例表格三

时间	感觉	感受	想法 / 刺激
晚上 7 点	胸口发紧	焦虑	两天内要缴纳税款——现在还没开始做

感受的复杂性

　　除了关注一系列不同的感受以及感受在一天内的变化之外，你很可能也会注意到，自己经常同时感受到不止一种情绪，有时甚至是一些区别很大的情绪。你是否曾感到充满希望、非常兴奋（满怀期待），同时又觉得紧张害怕？（我第一次去玩高山滑雪时就有这种感受！）如果我所爱的人被病痛折磨，而后去世，我会感到悲伤、平静和喜悦：我为他不再在我的生活中出现感到悲伤，也因为他现在摆脱了肉体疼痛而感到平静和喜悦。如果你仔细思考一下生命和人类经历的复杂性，也会在你自己的生活中找到很多这样的例子。甚至在日常生活中也经常出现这种情况，比如早上起床时，我对今天计划的活动感到疲惫不堪又满怀期待。

我们在任何时候都可能会体验到各种感受混合在一起，一种感受"后面"或"下面"还藏着其他感受是很常见的。例如，如果你感到受伤，其中可能包含悲伤、失望甚至害怕的感受；如果你感到嫉妒，其中可能包含心情沉重、恐惧和悲伤的感受；有时激动兴奋中也会埋藏着希望。

练习 5：刺激和反应

（1）读一读下面这些话。对于每一种说法，注意你身体上出现了什么感觉，又有何感受。一定要注意感受的复杂性，例如，你是否既兴奋又担心。

① 收到关于你梦寐以求的工作的面试邀请。

② 购物时，你遇到一位好几个月没见的朋友。

③ 你在街上捡到一张 50 美元的钞票。

④ 你花了 15 分钟走到地铁站后，才发现你把钱包（里面装着钱和

地铁卡）忘在了家里。

（2）从附录的感受列表中选择一种感受，回忆一下你上一次体验到这种感受时，是否还有其他感受和这种感受混合在一起？

（3）我们看到、听到、触摸、品尝、记住、想象或思考的东西，都会刺激我们产生感受。这些反应往往与之前的体验或者基于之前的体验所产生的期望存在联系，即使我们没有充分意识到这些体验，或者此刻脑海中并未出现这些体验。我们可能认为"触发器"是此时此刻发生的事情（我们看到或听到的），但其实是我们对这些体验的想法触发了我们的感受和身体感觉（反应）。

第一部分

看看下面 6 张照片中的其中一张。

（1）当你看到这张照片时有何感受？你注意到自己的身体出现了什么感觉？同样，你可以参考感觉和感受的词语列表。

（2）现在，花几分钟时间思考一下你脑海中出现的想法或联想。你的想法和联想与你看到照片时产生的感受是否有关？触发感受的是你在照片上看到的东西还是你对所看到的东西的想法？

例子：看到村子里孩子们站在一起微笑的照片，我感到心胸开阔而放松，很快乐，充满期待。我想到自己喜欢旅行，很想去非洲旅行。看着孩子们的微笑，我也产生了一种充满渴望的感受，因为我希望自己的生活中能有更多娱乐和快乐。他们看起来玩得很开心。但是看到他们背后的房屋，我也感到有些悲伤，想不到世界上有这么多人生活得如此贫困。

照片来源：bigfoto.com。

照片来源：bigfoto.com。

照片来源：bigfoto.com。

照片来源：bigfoto.com。

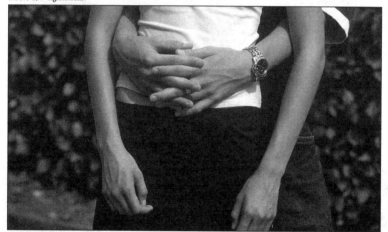

照片来源：bigfoto.com。

照片来源：bigfoto.com。

第二部分

找份报纸，在上面选几张你感兴趣的照片。和上文一样，分析一下你在照片中看到了什么，看到这样的画面你有何感受，你会出现怎样的想法和联想。

第三部分

参观美术馆或者欣赏书中的画作，选择一幅令你感动的艺术作品。看到这幅画你有何感受？具体看到了什么刺激你产生这些感受？你和你所看到的内容之间有何关联？

将思想与感受解绑

一开始我们很难确定自己的感受，也很容易混淆感受和想法。正如我们之前讨论过的，动词"感觉"（feel）有不同的用法。我们可以用"感觉"表达涉及身体感觉和情绪的感受，也可以表达想法、意见和评判。例如，当我们说"我感觉死刑是错误的"，我们要表达的是我们对死刑的想法或信念，而不是我们想到"死刑"有何感受。如果我们体会一下这句话中的感受，就会发现讲话者正感到愤怒、悲伤或害怕。

往往有强烈的感受藏在我们的意见后面，只是我们不曾提及。在一种意见前面使用动词"感觉"就是想努力表现出这种强烈的感情。例如，"我感觉总是发生这种事！"可以表达讲话者的沮丧和疲惫，他认为某种特定行为或事件以前就发生过。"那是种族主义！"可以表达恐惧和愤怒，而且说明了一个人怎样看待某些词语、描述或行动。不管怎样，如果我们听到英语表达中有"觉得好像"这种措辞，那么可以肯定我们听到的是一种意见、评价或评判。为了更好地实现理解和连接，这种时候我们可以选择倾听对方此刻的感受。

有时候，我们说"我感觉……"其实是想用一种比较温和、不那么尖锐的方式发表意见（以这种措辞承认或强调我们所说的内容是主观的）。例如，"我感觉她确实想帮忙。"在这种情况下，我们也完全可以用"我个人认为（或相信）她确实想帮忙"来代替"我感觉"。不管怎样，在这种语境中使用"感觉"这个词，最好记住不同于我们在非暴力沟通中使用"感受"这个词。用这个词来表达思想或意见时，我们又回到大脑中（分析和评判的领域），而不是进入我们的身体或情绪中。我们怎样确定动词"感觉"后面跟的是一种想法而非感受？在英语中，最简单的方法是看单词"feel"后面是否跟着"like"、"that"、"that if"或"as if"，要么明示要么暗示。如果这些词可以插在"feel"这个词后面，我们讨论的就是想法和意见，而非感受。例如，"她感觉他没有心，因为他离开了她。""汤姆感觉应该在中午之前做完。""我感觉这样包装会更安全。"在英语中，我们也可以看有没有代词，比如"我"、"你"、"他"、"她"、"他们"、"它"或其他词语跟在谓语后面。我们可以注意一下动词"感受"后面的词是否确实是指体验到感受或感觉，如"热"、"恼火"、"快乐"、"兴奋"等等。表1-4总结了用"感觉"这个词表达想法的句子。

表 1-4　句子里用"感觉"这个词来表达想法

我感觉你穿蓝色衣服更好看 = 我个人认为穿蓝色衣服更好看
（"感觉"后面跟代词，例如"你"、"我"、"他"，表示一种想法）
我感觉自己一文不值 = 我相信自己一文不值
（"感觉"后面跟代词，例如"你"、"我"、"他"，表示一种想法）
我感觉约翰很伤心 = 我相信约翰很伤心
（"感觉"后面跟名词，例如"约翰"，表示一种想法）
我感觉我是个失败者 = 我认为我是个失败者
（表示一种想法）
我感觉你恨我 = 我敢肯定你恨我
（表示一种想法）
我感觉我很胖 = 我认为我很胖
（胖是一种评价，不是一种情绪）

练习 6：真实感受

用评判或观点将以下句子补充完整，然后重新体会你思考这个问题时产生的感受。

示例："我感觉我对他来说不重要，因为他没有给我打电话。"感受：悲伤、失望、孤独。

意见：＿＿＿＿＿＿＿＿＿＿＿＿＿＿＿＿＿＿＿＿＿＿＿＿＿

感受：＿＿＿＿＿＿＿＿＿＿＿＿＿＿＿＿＿＿＿＿＿＿＿＿＿

（1）我感觉就像_____

（2）我感觉_____

（3）我感觉当你_____

（4）我感觉那个_____

（5）我感觉因为_____

找到披着羊皮的狼

我们也会以另一种方式混淆感受。就像"感觉"这个词可以用于想法一样，一些我们经常使用的词语看似描述感受，实际上混合了感受与想法、评价和评判。这些词语和描述感受的词语用在同样的位置，我们很容易把它们理解为感受。但如果仔细思考，我们就会看到其中混合了想法或评判。例如，感觉"被误解"是指一个人或一个概念未能得到准确理解。这里存在感受吗？我们不太确定，只能说给出这种评价的讲话者可能感到沮丧、失望或痛苦。我们唯一能确定的就是他们认为存在误解。下面是另一个例子："我感觉被忽视。"这里的感受是什么？我们也不确定。我们能知道的就是讲话者没有得到想要的关注或认可。这是一种评价。

怎样才能区分？感受是指我们内心深处发生的事情（我感受如何？）或者另一个人内心深处发生的事情（你感受如何？），属于内在体验。我们无法与之争论或表示反对。如果你悲伤、痛苦、平静或兴奋，总之无论你有何感受，那都是你的感受。相反，如果你说"你误解了我"或者"我感觉被误解了"（被动语态），另一个人很容易表示反对："我没有误解你！是你根本没有听我说话！"从最基本的语法来看，描述感受的词语不带宾语。我们不会说"你难过了我",但可以说"你误解了我"（这是一种评价,而非感受）。"我感觉被误解了"也同样属于评价（被动语态）,暗示你相信别人对你做了什么事情。相反,感受是我们自己内心体验到的东西。

让我们来看一个例子。如果我们说"我感觉被抛弃了",这其中包含一部分感受,即我们很可能正感到悲伤和孤独。然而,"被抛弃"远远不止是一种感受,藏在其中的想法是一种评价,是有人（或环境）对我们造成了影响。因此,"我感觉被抛弃了"可以更直接地表达为"我很孤独,这是你的错,因为你离开了我",或者意味着"我感到害怕、不知所措,因为没有人关心我"。事实上,"被抛弃"这个词是把我们的内在感受归咎于某个人或某种情况的简略说法。这是把内在体验（感受）与我们想象、思考或看到的事物（对世界的感知）混合在了一起。

有很多评判—感受的词语将感受的信息与评判或解释混合在一起,包括:

被虐待	被打断	被激怒
被攻击	被恐吓	被压制
被出卖	被遗漏	被拒绝
被欺骗	被爱	被压迫
被爱护	被操纵	被勒索
被击败	被误解	被威胁
被贬低价值	被忽视	未被赏识
被区别对待	得到培养	未被理睬
被强迫	被迫过度工作	被排挤
被骚扰	被庇护	被消耗

| 使用基于评判的词语也会掩盖我们拥有自主权、选择权和个人能力这一事实。

在每一个这类词语中，你都会同时发现感受和评判。例如，"不被感激"可能意味着悲伤和失望，并结合了"你没有表达谢意"；"被迫过度工作"可能意味着不满和烦恼，再加上"这周你让我每天都工作到很晚"。有一种简单的方法可以识别这些评判—感受词语，问问自己："在这种情况下是否有人对我做了什么？""是他们令我产生这种感受的吗？""这是谁的错？"如果你认为要对你的感受（和环境）承担责任的不是你自己，那么这很可能是一种混合了评判和感受的表达。

因为评判—感受的词语包含了责备（别人对你所做的事情），所以运用它们沟通很容易导致沟通失败。在我们希望能得到理解的时候，如果使用评判—感受的词语，会导致对方抵触和否认。这种反应不足为奇，因为没有人喜欢被评判。如果我们希望能彼此理解，描述感受的措辞最好只反映我们的感受而不包含评判，这样更容易实现这一目标。

使用基于评判的词语也会掩盖我们拥有自主权、选择权和个人能力这一事实。即使我们经常说"这让我感觉……"，但其实没有人的行为能令我们产生任何感受。明确表达一种感受而不进行批评和责备，意味着我们对自己的反应负起了全部责任。这样做可以让我们实现更好的觉察和选择，以及与他人之间的连接和理解。

练习7：把感受和评判从混合状态里"挑"出来

回顾一下上面混合了感受和评判的词语列表。从这些词语中选择5个，解释一下其中的感受和评判是什么。例如，"被骚扰"可以诠释为"愤怒和压力"以及"你在给我施压"。

	评判—感受	感受	评判词语
（1）			
（2）			
（3）			
（4）			
（5）			

练习 8：表达我们的感受

为了更好地觉察到你产生的评判、是什么刺激导致感受的产生以及这些感受在你身体里如何被体验到，你可以在这周花一两天的时间做一下感受记录。在一天内记录自己的情况 10 ～ 15 次，或者每隔一两个小时记录一次。写下你自己此时此刻的感受，然后检查一下：你脑海中是否出现了评判—感受的词语？如果出现了的话，其中蕴含着什么刺激（想法、评判或评价）：你认为什么人或什么事要对你的这种体验负责？你也可以注意一下，你是否告诉自己"这令我感觉……"，然后把它改为"当我看到或听到……时，我感觉……（感受词语）。"

继续前进

在这一章中，我们探讨了怎样超越正确—错误的思维方式，从而加强与自己和他人之间的连接。为了摆脱这种思维方式，我们最好与自己情绪上的感受和身体告诉我们的事情建立连接，因为这两方面都会支持我们从本质上觉察自己真实的亲身体验。在下一章中，我们将探讨怎样通过感受把我们与自己的需要连接起来，怎样专注于需要而非评判或评价，以找到更有效、更令人满意、与我们更广泛的信念相一致的解决方案。

整合：进一步探索第一章的问题和练习

你认为下面每一句话属于感受（标为"F"）还是想法（标为"T"）。如果你把它标为"T"，就写下你认为可以表达讲话者感受的另一种说法。我在这项练习后面给出了对每一句话的看法。

（1）_____"我感觉他不在乎我。"

（2）_____"我很高兴你能和我一起去。"

（3）_____"你那样做的时候，我感到非常紧张。"

（4）_____"他离开时没带上我，我感觉被遗忘了。"

（5）_____"你太荒谬了。"

（6）_____"我对我的成绩很满意。"

（7）_____"我感觉想吻你。"

（8）_____"我感觉被人操纵了。"

（9）_____"我感觉我在比赛中的表现很不错。"

（10）_____"我感觉自己很胖。"

我对这项练习的回答：

（1）如果你标为"T"，我表示同意。在我看来，"他不在乎我"表达的是讲话者对另一个人感受的想法，而非讲话者自身的感受。表达感受的例子包括"我很孤独"或者"我感到难过，想和你在一起"。

（2）如果你标为"F"，我表示同意，这确实表达了一种感受。

（3）如果你标为"F"，我表示同意。

（4）如果你标为"T"，我表示同意。我认为"被遗忘"是一种混合了评判的感受，表达的是讲话者认为另一个人对他做了什么。表达感受的措辞可以是"我感到悲伤"。

（5）如果你标为"T"，我表示同意。我相信"荒谬"表达的是讲话者对另一个人的想法，而非讲话者的感受。表达感受的措辞可以是"我很生气"。

（6）如果你标为"F"，我表示同意，这确实表达了一种感受。

（7）如果你标为"T"，我表示同意。我相信"想吻你"表达的是讲话者想象自己正在做的事情，而非讲话者的感受。表达感受的措辞可以是"我感觉自己被你吸引"。

（8）如果你标为"T"，我表示同意。"被人操纵"表达的是讲话者认为另一个人已经做了某件事情，并且评判了对方的意图。表达感受的措辞可以是"我感到怀疑"。

（9）如果你标为"T"，我表示同意。"不错"经常用来形容感受，事实上，在这句话中它只表示赞同——你为自己的感受而开心。这种情况下，感受可能是"满意、满足、兴奋"。

（10）如果你标为"T"，我表示同意。"胖"表达的是讲话者对自己的想法，而非讲话者的感受。表达感受的措辞可以是"考虑到我的体重，我感到心情不佳"或者"一想到我的体重，我就感到焦虑"。

第二章

找到生命的原动力——需要

需要：生命的原动力

正如我们在第一章中探讨的，我们通过关注自己的感受，也即身体感觉和情绪，可以开始把自己完整地呈现给自己和别人。这样做的时候，我们会关注自己此时此地的内心体验，以及我们的思想和我们周遭的世界。然而，觉察我们的感受（以及是什么激发了这种感受）只是第一步。我们的感受就像一面红旗，提醒我们注意生活中的原始体验，即我们的需要。觉察自己的感受，就能知道我们的需要是否得到了满足。关注别人和我们自己的需要，认识到每个人的需要都很重要、值得悉心关注，会使我们的生命更加丰富多彩。

想一想，所有人都有同样的基本需要。我们有生理方面的需要：空气、食物、水和接触。我们也有非物质或心理和精神上的需要，比如诚实、连接、自主和意义。我们需要空气和水才能生存。我们也需要尊严、选择权、目的、集体和创造力（这里只列出了几种非物质需要）才能作为个体和物种生存和繁荣。这些共同的需要的列表请参见附录。

食物、性和睡眠——不一定是这个顺序！

——匿名学生

每个人的偏好肯定会有所区别，我们可以采用无数种措施来满足自己的需要。但在各种不同的民族和文化中，我们可以观察到不同的行为后面隐含着相同的需要。以人对食物的需要为例：很多美国人喜欢吃海鲜，而很多南非人觉得这种东西不可食用、十分恶心；欧洲裔美国人可能对鸡爪毫无兴趣、感到厌恶，而在中国和其他一些亚洲国家中，鸡爪被视为美味佳肴。同样，所有的文化都很重视尊重，但人们在沟通中体现尊重的方式各不相同。在一些文化中，尊重体现为眼神接触、人与人之间保持距离或者保持沉默；在另一些文化中，尊重体现在垂下眼睛或回避对方的眼神、互相靠近，或者大声说话。无论如何体现，对食物和尊重的需要以及其他共同的需要，在全世界都得到重视，人们始终乐意为之付诸行动。

共同的需要是普遍的，而不是具体的，人们可以采用不同的措施来满足。例如，当你感到口渴时，可以通过喝水、牛奶、其他饮料或者吃点多汁的水果，来满足你对水分的需要。如果你选择喝水，可以买瓶装水、接点自来水或者找台饮水机。我们选择如何满足自己的需要，取决于非常多的变量，包括此时此刻有什么别的需要"浮现"出来，我们习惯的和社会普遍接受的做法是什么，以及当时满足特定需要的容易程度或可行性。例如，考虑到环境和健康原因，我一般不会买瓶装水。但如果我非常渴，要从苏打水或瓶装水里选一种，那我就会选瓶装水。我们所有人每时每刻都是以这种方式引导我们的需要：识别哪些措施能够最好地满足我们的各种需要。

无论我们采取怎样的做法，所有的需要都是至关重要的。没有哪种需要本身比另一种需要更重要或更有价值。食物和睡眠对于人类生存来说至关重要，但并不能认为睡眠比食物更重要。为了生存，这两方面都是我们需要的。身体需要似乎比非物质需要更加重要，然而人类行为却表明情况并非如此。有时候我们都愿意放弃睡眠完成项目、为考试复习、与朋友聊天或者参加聚会。在工作和复习的时候，我们是在努力满足自己工作高效、表现出色的需要。在聚会的时候，我们是在满足自己玩耍、娱乐、放松以及与他人连接的需要。身体对食物的需要是难以抗拒的，但有时，人类会为了满足非物质需要选择不进食。例如，在很多文化中，作为仪式的一部分，人们会自愿斋戒，以满足关于意义、集体、目的、沟通、自我发展或者属于更大群体的需要。在某些情况下，人们希望得到自由、尊严、选择的时候，会为此绝食。例如，20 世纪80 年代，作为政治犯的爱尔兰共和军鲍比·桑兹提出了 5 项要求，希望得到英国政府的认可。这种认可对他来说无比重要，所以他愿意为此绝食而死。另一些与他有着相同需要的人，也跟随他的脚步做出了同样的选择。

　　有时候我们很难意识到需要具有共通性，因为我们为满足需要而采取的措施区别很大，有时甚至彼此冲突。另外还有一个很重要的原因是不同的需要会在不同的时间"浮现"出来，我们可能会因为某项需要经常通过某一特定措施才能得到满足，从而混淆了需要和措施。我们都需要运动、休息、食物和水。在某一刻，我们感到口渴；在另一刻，我们感到饿或感到累。在特定情况下，也许我们需要关心和体谅；而处于同样环境中的另一个人可能需要宽裕的时间、玩耍和放松。虽然每个人都会产生不同的需要，但我们都能理解人类基本的、通用的需要。也许"玩耍"或"宽裕的时间"不是我们这一刻"浮现"出来的需要；但同时我们也可以理解、体谅这些需要是有价值的，它们能够令生活丰富多彩。

所有的需要都是为了造福生活，可视为积极的、有益的。例如，对食物的需要是一种积极的能量，能够激励我们寻找并消耗营养来维持健康。同样，所有的文化都重视庆祝活动，以纪念个人和集体的重要事件。生命历程中的每一步，比如出生、死亡和结婚，都关系到人类对生活、希望、集体和连接（以及其他方面）的根本需要。看一看附录中的需要列表，你很可能会发现表中所有的词语都有其内在价值。例如，全世界所有人都希望在生活中体验到一种目的感，都欣赏正直、爱、和平、安全和乐趣。需要会激励和鼓舞我们的行为，也有助于维持和提升我们的生活质量。

包括人类在内的所有生物体，都处于持续响应自身需要的过程中。植物和树木吸收水分，朝着太阳的方向生长，以满足它们对营养和能量的需要。有了足够的水分和阳光，植物才能生存。植物得到除草、施肥和修剪等悉心照料，就能有效满足其对能源和食物的需要，从而茁壮成长。人类也一样。如果我们的物质需要和非物质需要都能得到充分满足，我们就会体验到"满足"的感受，比如快乐、心满意足、安宁；就像一株植物获得了最合适的水分和阳光，我们处于满足与活力的"顶峰"。如果我们的需要没有得到满足，我们就会体验到"未满足"的感受，比如担忧、恐惧、焦躁或愤怒。

将所有的需要视为积极的、可以令生活丰富多彩的、同等重要的，这一点对悉心应对我们与他人的所有需要是至关重要的。此外，将需要与措施区分开来，首先关注需要（而非立即转向措施），我们可以建立连接、相互理解。如果希望所有正在商讨的需要都能得到满足，我们选择的措施适用于所有人，那么把注意力集中在需要上能够增加成功的概率。也许你不喜欢古典音乐，而我不喜欢重金属音乐，但我们都能理解音乐在我们生活中的价值，都知道听音乐能够满足我们的需要，例如审美享受、表达、集体、放松或活力。我们也明白，我们都有选择的需要，可以选择自己倾听和演奏哪种音乐。

与此形成对比的是，如果我们重视一种需要胜过另一种，我们其实是在进行道德评判，认为一种需要比另一种更好或更重要。这种评判（特定措施的附加产物）可能导致冲突、误解或连接断开。从根本上来说，我们都希望其他人能关注我们的需要，也想要相信我们的需要对他们来说很重要。同样，我们自己内心也想要相信，我们所有的需要都很重要。如果我们以牺牲某些需要为代价满足另一些需要，或者认为某些需要是"更好"的、"正确"的或"错误"的，就会导致连接断开、产生冲突（包括内在和外在两方面）。探索如何在任何特定情况下满足所有的需要，第一步就是重视所有的需要。这是为我们自己和我们在生活中做出的选择找到"双赢"解决方案的第一步。

能否觉察到共同的需要，会带来完全不同的结果。例如，在一所高中里，欧裔、非裔和拉丁裔美国学生对于舞蹈音乐有着不同的偏好，学校舞会组织方决定播放这三类人喜欢的所有风格的音乐。他们认识到所有的学生都希望自己的音乐喜好得到尊重，希望别人能知道他们的需要很重要。相反，在另一些学校，组织方缺乏这种理解，演奏的歌曲由投票中占多数的决定。那些音乐偏好占少数的学生就听不到他们最喜欢的音乐。在我看来，这不利于合作、培养团队意识、相互学习和接受差异等。

练习1：将感受的能量与令生活丰富多彩的需要连接起来

（1）读一读附录中共同需要的列表。如果在你的一生中，至少在生活中的某些时候，这些需要未能全部得到满足，会怎样？

（2）看看需要列表，选择一项对你来说最突出的需要。在你的生活中，这项需要可以通过哪些不同的方式得到满足？

（3）从列表中选择一项需要。你生活中不同的人或者你熟悉的不同文化，都是怎样满足这项需要的？例如，我哥哥和我都有体育锻炼的需要：他喜欢打网球和壁球；我喜欢骑自行车和游泳。在一些文化中，人们用布裹住头部表达对他人的尊重和敬意；在另一些文化中，人们摘下帽子来表达同样的意思。

（4）看一看需要列表，你是否希望生活中哪一项需要更经常地得到满足？有哪些方法可以满足这种需要？例如，休息和消遣的需要可以通过看电影、和朋友聊天、听音乐、园艺、烹饪、旅行或听音乐会来满足。关照自己的需要，可以通过这周某几天早点上床以便多睡一会儿或者在饮食方面做些改变来满足这些需要。

（5）回忆你最近一次体验到一种需要得到满足的感受，如附录中的感受列表所示。

① 你有何感受？

② 具体发生了什么事情刺激你产生这种感受？

③ 你体验到哪些需要（参见附录中的列表）得到满足，与这种感受有关？

形式与本质：措施与需要

正如前面讨论的，所有的需要都是为了造福生活、是积极的。然而，对于哪些措施是可以造福生活的，我们可能意见不一致。也许某种特定措施满足了我的一些需要，未能满足另一些。也许某种特定措施满足了我自己的一些需要，而未能满足其他人或其他群体的需要。对一些人来说，吃快餐可以满足他们对快乐、轻松、选择以及营养的需要。对另一些人来说，选择吃当地的有机食物可以满足健康、关照自己、保护环境、可持续性和完整性的需要。关于采取哪种措施，我们可以争论几个小时：我们要去麦当劳还是新鲜素食餐厅吃饭？我们能不能某些日子吃快餐，另一些日子吃健康食品？但无论你喜欢什么时候在哪里吃饭，你都可以理解并体谅其中体现的需要，即使你选择以不同于其他人的方式满足这些需要。

练习 2：连线——措施和需要

（1）回忆一下你上周采取的五项选择或行动（措施）。当时你希望哪些需要能够得到满足？最后你是否成功满足了这些需要？

（2）回忆一下你与他人发生冲突的情况。你们每个人是否都坚持某种特定的措施或判断？如果答案是肯定的，那么是哪些潜在的需要在发挥作用？

考虑一下你目前正要做出的决定。列出每一种选项（措施）能够满足哪些需要。如果认真考虑你自己所有的需要会怎样？

搞清楚我们需要什么

在美国文化中，混淆措施与需要是常有的事。这种困惑很容易理解。如果未能采取措施满足我们的需要，会给我们留下不满意、沮丧、失望或不完整的感受。这项需要以及我们满足这项需要的急迫性，也可能让我们体验到焦虑、愤怒或恐惧。例如，对人身安全的需要很容易触发这些"强烈"的感受。因为我们将如何满足需要（措施）与需要本身联系到一起，很难区分这两方面。然而，需要而非措施，才是生命中最重要的能量和力量。措施只是我们尝试体验和满足需要的各种方法。明确区分这两方面，能够帮助我们理解自己的需要，拥有更多的选择和连接，也使我们做出的选择效果更佳。

> 我最初开始思考关于需要的问题时，感到很困惑。我不习惯认为自己有需要。我可以自然而然地在一些句子里使用动词"需要"，比如"我需要一杯咖啡"、"我需要睡觉"、"我需要学习"。我以为我"需要"那些东西。后来我意识到，隐藏在"我需要咖啡"后面的共同需要可能是很多完全不同的东西，取决于具体情况。有时候我想要杯咖啡，但我真正想要的是休息一下，到外面待几分钟。我会把需要和措施混为一谈。当我这样做时，我无法关注真正的需要本身。
>
> ——莎拉（Sarah）

我们很容易混淆措施和需要，因为我们谈到措施时经常使用"需要"这个词。例如，我们会说"我需要一辆新的自行车"，"我需要一间更大的公寓"，"我需要开得更快的汽车"，"我需要更好的工作"，"我需要一次长假"。你可以把无数对象代入这个句式中，比如一件新夹克、一本书或一张唱片。你也会在提到结果和行为时（措施的另一种形式）使用动词"需要"，比如"我需要少吃点"，"我需要找份新工作"；"我需要更好的成绩"。

但在非暴力沟通中，我们想到的这些东西都不属于需要，而是用来满足需要的特定方式。在每个事物或目标后面，你会发现有真正的共同需要在起作用，比如期盼活力、乐趣、学习（一本新书），或者温暖和美丽（一件夹克）。根据其定义，需要是内在的、无形的，就像价值或特质一样，不拘形式，可以通过无数种方式呈现出来（以及被人体验）。

相反，措施是具体的、有形的、现实的，且存在于"外在"世界中。你可以拿起一件外套或一张唱片；你正在做或打算做一份新的工作。但你不能拿起、持有或购买爱、理解、同情、自主、选择，以及需要列表上任何其他特质。它们不是"事物"或行为，而是能以多种方式呈现出来的特质或能量。

也许你对某种特定措施的渴望极其强烈，仿佛是一种迫切的需要。我们经常听到这样的话："我必须得到某某！"或者"如果得不到某某，我会死的！"然而事实上，我们对特定结果的那种强烈的渴望，来自我们正在体验或想要体验的需要产生的能量，而非措施本身。

你是否曾经迫切想要什么东西，并相信它能为你带来一些特质（比如简单或轻松），而你得到它后却只感觉到失望，因为它终究未能满足那些需要？事实上，也许这种措施反而会使你的生活变得复杂！如果我

真正的"真理"是需要的内在价值以及我们满足需要的愿望，
它使我们生活得更加令人满意、更加丰富多彩。

们能从货架上买到"简单"或"陪伴"，或者吃颗药丸就能得到这些东
西，生活也许会变得很简单。然而，满足生活中的需要显然更具挑战
性。生活中有那么多不同的措施，生活是丰富多彩、变化万千的，我
们可以做出不同的选择。需要是内在的（我们内在体验到的特质）、无形
的，这一点的美妙之处就是，我们可以通过很多不同的方式来满足它们。

有时候，我们总是通过某种特定活动或措施来满足自己的需要，从
而混淆了需要与措施。措施似乎是绝对的，或者说是一种"真理"。然
而真正的"真理"是需要的内在价值以及我们满足需要的愿望，它使我
们生活得更加令人满意、更加丰富多彩。圣雄甘地曾说："能满足大多
数人类需要的东西，是最接近真理的。"

我和朋友聊天时不会讨论感受和需要。但我现在注意到，
如果我认真倾听他们的话，努力搞明白他们有什么需要，我对
他们的理解就会完全不同且更加丰富。

——加里（Gary）

学以致用

难以区分需要和措施的另一个原因是，我们大多数人不习惯考虑共
同需要。我们没有在家里、从朋友那里、从媒体上或者在学校里学过区
分二者。在美国文化中，我们习惯于讨论措施，而非驱动它们的需要。

我认为，很多父母对孩子说话的方式导致他们向孩子传达的大部分
信息都与措施有关，包括孩子们正在做的事情（"别再打你弟弟！"）或

者父母希望他们去做的事情（"现在是时候刷牙睡觉了！"）。其中也包括作为惩罚的措施，例如，"苏，马上吃完晚饭，否则就没有甜点吃"。和孩子一起练习非暴力沟通的父母会针对需要提出要求，例如，"我关心你的作息，这样你明天才能好好享受学校生活，所以我希望你十分钟内上床睡觉"。除此之外，我几乎不曾听过其他针对措施背后的需要提出的请求。我们小时候在家里学到的东西，对我们如何看待并体验这个世界有着深远的影响。考虑到我们大多数人的成长方式，我们经常混淆需要和措施也是可以理解的。

如果你打开收音机或翻开报纸，你所听到或看到的一切都是措施：已采取的措施（已发生的事件）、潜在的措施（正在考虑或进行讨论的决定），以及对于措施和相关负责人的意见和评估。你也会发现人们分析是什么影响了事件或做出的选择，而这种分析是另一种形式的评估。有时人们会拐弯抹角提到需要，例如，"今天，总统为了增强消费者信心，决定降低税收和基准利率"。"信心"可视为人类的一种基本需要，但在这种情况下，也许还有其他需要正在发挥作用，例如经济安全和利于可持续发展。所以在这里，消费者信心属于满足这些其他需要的措施。

心理学课程中曾纳入了关于需要的研究，主要是亚伯拉罕·马斯洛（Abraham Maslow）在 20 世纪 50 年代撰写的著作。但当代美国心理学并没有充分关注需要的概念及其如何激励人类行为。我查看了过去 10 年中出版的 6 本畅销心理学入门教科书，平均每本 600 页以上，涉及需要这一主题的页数从 0 到 1 页不等；相比之下，涉及认知和思考的页数平均为 25 页。宾厄姆顿大学的动机心理学课程包含对需要的研究，但自 1990 年开始，研究生和本科均不再开设此课程。我们几乎不怎么关注人类的需要，所以我们很难意识到，也很难顺利讨论这个问题。

在商业中混合需要与措施

然而，并非所有学科都对需要缺乏关注。最近我在当地一家书店里闲逛，发现有一门学科中，研究人类需要的书籍放满了一整个两米高的书架！你能猜到哪个研究领域关于需要的内容会占用这么大的书架吗？商业！这组书架的标签是"商业动机"，书籍内容涉及在营销、雇佣、解雇、做广告、管理或试图影响他人时，如何利用人类的需要。然而，所有这些需要都明显与管理员工和销售产品等措施存在关联。

在商业中，措施和需要是怎样混合起来的？想一想：广告公司的主要工作就是说服我们，购买某种产品能够满足我们的一系列需要。可事实上，他们销售的是一种措施。产品（广告中的特定措施）及其宣称能够满足的需要，二者之间真的存在关联吗？例如，你可能认为，在选择购买哪种饮料时，最重要的是饮料的味道以及你喜不喜欢这种味道，但很多公司给饮料做广告时会突出与味道无关的文字和图像。广告中描绘人们与同伴在一起聊天、欢笑、运动、接吻，或者在海滩上放松。这样的画面暗示这种产品与一些基本的共同需要存在联系，比如乐趣、休息、轻松、亲密、连接、时间宽裕和归属感。我们将快乐、满足、轻松和喜悦等积极的感受与这些需要联系起来，也和正在做广告的产品联系起来。

很多广告暗示，只有购买了他们的产品，你的需要才能得到满足。如果你饮用产品甲，或者用产品乙洗头发，你就会大受欢迎、得到尊重、"很酷"、性吸引力强以及属于某个"圈子"。这一切都要靠选择"正确"品牌的汽水或洗发水！当然，我们理性上知道这是不可能的。

汽水怎么可能满足集体归属感、尊重、性表达和欣赏的需要，还有乐趣、刺激、玩耍和兴奋的需要？很多不喝汽水的人也能让自己的这些需要得到满足，也有很多人每天晚上独自坐在电视机前喝可乐。

很多被"出售"给我们的需要可以通过其他方式得到满足，并不局限于某种产品或者任何相关产品。例如，奔驰汽车作为一种交通工具，可以视为满足出行需要的一项措施。如果这是奔驰汽车唯一能满足的需要，人们是出于什么动机在这上面花费 100 000 美元？明明价值 25 000 美元的本田汽车同样能满足这项需要。如果你想推销奔驰汽车，你需要说服人们，除了满足单纯的交通需要，奔驰汽车还能满足其他需要。奔驰汽车可以是满足舒适美观需要的措施（审美愉悦），或者是满足连接或归属感的需要的措施（属于驾驶该品牌汽车或者重视汽车造型和速度的特定群体）。这个品牌的汽车也可以用来体验和表现能量、力量和自我认同。

当然，除了买一辆奔驰汽车之外，还有其他方法可以满足这些需要。说到底，这辆汽车可能无法满足你期待的所有需要。我曾经读过一个男人的故事，他为了应对中年危机，抵押房子买下一辆跑车。他希望再次感受到年轻时的那种激动、率性和活力。最终，他为了还车款只能拼命加班，反而感到比以前更累、压力更大，产生了更强烈的"中年危机"。显然，跑车是一种措施，而非一种需要，这种措施并没有产生预期的效果。

就像跑车的故事一样，购买奔驰汽车是否属于满足声望或地位需要，或者给别人留下深刻印象的需要的一种方法？高端汽车的广告中肯定会暗示这些概念。所有的需要都是积极的、共通的、普遍的。根据这一定义，我不认为给别人留下印象属于一项共同需要。所有人都需要很高的地位才能拥有高质量的生活吗？对地位的需要是大千世界的芸芸众生都有的吗？一个没有很高的社会地位的人，是否也能过上高质量的生活？我想是可以的。所以，如果社会地位不是一种需要，那它是什么呢？在非暴力沟通术语中，我们可以说对社会地位的渴望是一种措施：一种满足特定需要的方法。它满足的需要因人而异：对某些人来说，社会地位是一种得到接纳的措施；对另一些人来说，也许是一种获得自尊、安全感、归属感或选择权的措施。

练习3：尝试购买爱

　　浏览流行杂志上的广告，寻找一些针对重要潜在需要的广告。例如在汽车广告中，照片上有个美女。对于每个广告：

　　（1）确定你看到这个广告有何感受。

　　（2）如果你购买了这种产品，会满足你的什么需要？哪些需要可能无法得到满足？

　　（3）根据广告的标题和视觉信息确定广告试图"推销"给你的一项或多项需要。

　　（4）哪些图片或文字刺激你产生这些感受和需要？

　　（5）如果这些需要可能无法满足，你有何感受？

　　示例：

　　（1）我正在看百威淡啤酒的广告，上面有一群人欢笑着一起出去玩。我觉得他们所有人都很有魅力、很性感。看着这个广告，我感到悲伤、嫉妒、紧张、害羞、怀疑和不安。

（2）我看到这个广告试图推销的需要是自我接受、乐趣、性表达、连接、刺激、归属感和美感。

（3）每个人的姿势动作都显得非常自信和开放。每个人都体型苗条、肌肉发达、线条优美。这群人包含了各种不同的性别和种族，这意味着如果喝百威啤酒，我会在形形色色的人群中感到舒适自在。广告暗示着该产品会让我变得性感迷人，认识其他充满魅力的人，他们从容地接受自己的身体，以开放的态度结识其他人。

（4）如果自我接受、乐趣、性表达、连接、归属感和美感的需要未能得到满足，我会感到非常难过，因为这些都是我高度重视的基本需要。但我也有些怀疑，并不相信购买百威淡啤酒能够满足所有这些需要。我真希望这能像买某种饮料一样简单！

权力的需要

就像混淆了需要和对社会地位的渴望，我也曾听到这种说法："鲍勃需要掌握权力。他喜欢发号施令。他是个控制狂，总是贪图权势！"但以权力凌驾于他人之上是一种需要吗？所有人都需要这种权力吗？我不这么认为。就像社会地位一样，将"以权力凌驾于他人之上"视为一种措施最为准确。对某些人来说，这种工具可以满足安全、尊重、选择或接受的需要。对另一些人来说，拥有权力也许是为了满足对和平、秩序、信心、自我接受或安全的需要。我们都需要力量和授权，以及自主、选择、运动和独立。拥有权力可视为有能力满足我们的需要。如果我们在这个世界上没有力量，早晨都无法从床上爬起来，更别提采取其他措施来满足我们的需要了。以权力凌驾于他人之上属于一种措施。我们这样做是为了得到其他东西，比如接受或尊重。以权力凌驾于他人之上也会使很多需要无法得到满足，包括融入、相互关心和公开透明的需要。

以权力凌驾于他人之上的本质是相信稀缺性，相信世界上不存在足够的力量，而我们希望确保自己的需要首先得到满足。以权力凌驾于他人之上的组织一般都具有等级制度；他们假定某些人的需要比其他人的更重要，当权者知道对于"下面"那些人来说什么是最好的。老师决定学生的分数，老板决定员工的表现，主教有权管辖神父。

与之相反的是"权力分享"模式，即各方的需要被视为至关重要和相互依存的。这里的假设是不存在力量稀缺性，因而各种需要之间也不存在内在冲突。因此，老师和学生都希望能学习和成长，也都重视秩序、和平与和谐。对话中需要所有的声音，通过合作，我们有极大可能找到可以满足所有需要的措施。有时，由于时间的限制或想象力的局限性，我们无法找到可以满足所有需要的措施。如果发生这种情况，我们就对任何未能得到满足的需要进行哀悼。权力分享的模式始终关注和重视所有的需要。

认可和自尊——谁需要这些

还有另外两个伪装成需要的词语，它们并不在共同需要列表上，而在日常谈话中往往被人们表达为需要，那就是对认可和自尊的渴望。来自别人的认可包括肯定你是个"好"人，做了一些令人满意或者"好"

的事情。这看似一种需要，但事实并非如此。

我们都有在生活中做出自己独特贡献的需要，以及被重视、被欣赏、被看见的需要。但认可其实是一种混合了需要的评判：对你和你的行为进行评判。虽然在得到认可的情况下，评判是"积极的"，但这仍然属于一种评判。如果得到认可涉及被别人评判，我们又怎么会产生满足感？如果我们根据自己的价值观和需要，而非别人的认可，来调整自己的行为，那么我们能够更好地满足这些需要、提高生活质量。

同样，共同需要列表上并不包括自尊，因为自尊也涉及评判，对我们自己的评判。如果我经过考虑，认为自己"是个好人、有价值的人、重要的人"，那么我描述的不是我所做的、给自己带来快乐的事情。相反，我关注的是对于自己的想法，即我认为自己是个什么样的人。虽然在这种情况下，评判是针对我自己的，而且同样是"积极的"，但仍然是一种评判、"好—坏"连线上的一个点、"正确—错误"思维的一个例子。如果我们某些时候是"好"的，那么另一些时候就可能是"坏"的。非暴力沟通实践引导我们忘掉道德评判，关注通过特定言语或行为满足或未满足的需要。与其将我们是谁或我们"一直"在做什么"全球化"，不如将我们的行为和行动"本地化"，通过特定言语或行为满足此时此刻的特定需要。

我想做爱，而她不想。我当然很沮丧！

——马修（Matthew）

我最好的朋友一直在跟一个男人约会，我觉得他操纵欲和控制欲太强了。我一直告诉她最好跟那个人分手，我努力想让她离开那个男人，因为我认为这段关系对她没好处。最后我们彼此之间几乎不说话了。仔细考虑之后，我意识到我对她所做的事情和那个男人是一样的——想让她按我的想法去做。我们坐下来好好谈了谈。她告诉我，她希望我能陪在她身边，即使我不赞成她选的男朋友。她希望我能尊重她做出的选择，因为这是她自己的生活——即使我不赞成，即使她在人生道路上确实犯了一些错误、受了一些伤。好在现在我已经不再强迫她做什么，愿意接受她拥有选择权；她也更愿意敞开心扉，告诉我她自己也对这段关系感到不确定和困惑。

——希拉（Sheila）

我们的行为有时符合我们最重视的价值观，有时则不然，这导致某些需要未能得到满足。评估我们的选择是否符合自己的价值观，可以让我们从这些选择中汲取教训。然而，评估我们的行为是否符合自己的需要，完全不同于评判我们自己是什么样的人。自尊与这种评估有关。这是对我作为一个人的价值进行道德评判。即使是积极、道德的自我评判，例如"我是个诚实的人"，也是对我们自己和人类行为产生的一种静态的观点。

与自尊的概念相关的一些需要是自我接纳和自我尊重。自我接纳就是接受自己的选择，重视自己的需要，即使我们做出的选择与我们的价值观或需要不一致。第 6 章中更详细地探讨了这一主题。类似地，自我尊重就是保持尊严，关心自己；这样做不涉及自我评判。自我接纳和自我尊重都可视为共同需要，不涉及其他人对我们行为的评价。

我们评估一项行为或行动有多么符合我们的需要，相当于做出基于需要或基于价值的评判。不同于道德评判，基于价值观的评判会识别出一项行动能否满足需要，是否符合我们更大的价值观。这种基于需要的评判或识别不同于正确—错误的思维或道德评判，它对于清楚认识到什么能满足我们的需要、什么不能是至关重要的。马歇尔·卢森堡用一个给狗喂苹果的故事来说明这项原则：狗对苹果不感兴趣，显然，吃苹果无法满足它的需要。同时，这只狗也不会想："真是个白痴——你刚给我喂了个苹果！你什么都不懂吗？"这只狗知道：虽然你的言行未能满足它的需要，但这并不意味着你是"错误的"或者你是个坏人。

平衡每个人的需要

我们所做的每一项行为都是有目标的，是为了满足一项或多项令生活充实美好的共同需要。当然，有时我们会发现一项行为产生了意料之外的后果，导致另一些需要未能得到满足，我们可能会为此感到后悔。这就是为什么在生活中做出选择颇具挑战性，因为我们要应对的不止一种需要，也并非始终都有信心满足所有的需要。也许我们满足了某些需要，却没有意识到我们的行为未能满足其他群体或个人的需要，或者我们生活中其他领域的需要。同样，我们进行评估时主要关注需要是否得到满足，这不同于道德评判，后者关注的是我们自己或他人的价值。

不是炸药而是引爆装置

非暴力沟通中最重要的概念之一就是，我们要对自己的感受和需要负责。其他人的行为有助于满足我们的需要，会刺激我们产生感受。但最终，我们要对自己的情绪反应负责，对我们的需要是否得到满足负责。正如我们希望摆脱正确—错误的思维方式，我们也希望跳出"因果"进行思考，区分刺激和原因。

区分刺激和原因这两个概念最终会令人感到拥有权力和自由，但最初却很难理解或接受。如果你触发了我的感受，你不就是原因所在吗？这仿佛是显而易见的，你就是那个让我生气的人！我本来好好的，直到你半路超车或者提出那个愚蠢的意见！刺激产生的需要和痛苦越多，人们就越想要责备别人、找到他们的责任。因为我们自己的情绪反应产生得如此自然、迅速、剧烈，所以我们很容易认为是别人点燃了导火索或打开了开关。

一辆汽车从你前方驶过时，刺激你感到挫折和愤怒（以及对于体贴、觉察和安全的渴望）是可以理解的，但那辆车和开车的司机不会"导致"你产生任何感受。没有人能进入你的大脑、激活你的感受。你的感受是你自己的感受，你的需要也只是你自己的需要。而且如果你能对此承担起责任来，你的担忧就更可能得到关注，你的需要也就更可能得到满足。

就像前面讨论的，我们对于自己的需要是否得到满足产生反应，从而产生了感受。当我看到别人的汽车闯红灯时，可能会感到愤怒或沮丧，但反应不仅仅限于这些。最强烈的感受可能是恐惧、悲伤或担心。

在每个特定的时刻，我们每个人都会体验到一系列情绪反应；我们对特定环境的反应，与我们自己的感受、需要、更广泛的生活经历有关。有些情绪反应对我们每个人来说都非常熟悉、非常令人舒适。我们过去都曾出现满足或未满足的需要，而我们当前的体验会再一次激发这些需要。当然，刺激我们产生感受和需要的环境也会迅速发生变化。

验证这项原则的一种方法是，考虑你在不同的时间对同样的刺激会产生怎样的反应。例如，考虑当天发生的其他事情，同一刺激对我产生的影响会有很大区别。如果我已经感到疲倦焦虑，有人说了些我不爱听的话，我很可能会比别的时候更生气。如果这些话令我想到一些给我带来压力的事情，情况会格外严重。相反，如果我正感到自我连接、满足和放松，这些话可能就像"苍蝇的嗡嗡声"一样，完全不会刺痛我。我的反应不仅取决于此时此刻的体验，也取决于我的经历——我曾经的体验和评判。

练习 4：区分蜜蜂和蜂刺

回忆一下你经常遇到的一种刺激：也许是你关心的人所说的话，你开车时在路上看到的行为，你的工作环境或学习环境，甚至是你的计算机或其他电子设备出现问题。现在回忆一下最近三次发生这类事件时，你有何反应。也许你对这三次情况的回答都差不多，看看能否分辨出细微差异。然后思考一下，你的反应性质和强度是否受到大背景的影响。

示例：

现在你来试一试……

刺激	反应	环境 / 脑海中的想法
我骑自行车路过某辆汽车时，车里的人忽然打开了车门。	轻度刺激，可以容忍	这是今天第一次发生这种事，我已经一星期没骑自行车了，我很开心能出门享受一下好天气。
一辆汽车没有亮转向灯就在我前面右转，我为了避免撞上它而紧急刹车。	挫败感、生气、沮丧	这是今天第二次潜在事故！这一次真是好险！我真的可能受伤！
建筑工地旁边的路上有积水，一辆卡车紧挨着我的自行车驶过，把泥水溅到我全身的衣服上。	愤怒和绝望	我真的希望司机们能注意路上骑自行车的人，并且多点体贴和关心！为什么司机不能先减速等我过去再开过水坑？

选择、自主和责任

我们对刺激的反应是我们自己的责任，但这并不意味着其他人对我们的行为没有责任。也许我们会对他人的所作所为产生非常强烈的感受，认定某种特定行为并不能造福生活，而且相信很多人（可能不是大多数人）会同意我们的看法。但即使我们不喜欢自己看到的事情，也并不意味着我们必须做出"正确—错误"的道德评判。关注具体行为以及这种行为是否能满足我们的需要，这样我们的需要得到满足、感受发生变化的可能性更大。没有人喜欢被评判、被指责，即使他们能看到他们所做的选择为别人带来了痛苦或灾难。我们都希望能得到理解，希望别人能看到我们的意图和我们的人性。

所以我们都要对自己的行为负责。我们可以让人们知道一项具体行动是否能满足我们的需要。我们也要对自己的感受和需要负责。这并不意味着你要改变或无视自己的感受，而是指你可以选择怎样满足或不满足自己的需要，以及你会做出怎样的反应。觉察到这一点：你在应对生活中各种事件时拥有自由和自主权。这意味着你可以选择如何解释这个世界以及其他人的行为。你会看到，所有人都希望自己的需要得到满足，即使他们采取的行为无法满足你的需要。

练习 5：责任、行动和反应

回想你曾经采取的一项行动，那令你感到有些悲伤或后悔，并且未能充分满足你的需要或者为别人的幸福做出贡献。写下这项行动、影响或结果、当你想到这件事会有何感受，以及这项行动满足和未满足的需要。

行动	影响 / 结果	感受	满足的需要	未满足的需要
决定出去吃晚餐和看电影	没有回复一些工作上的电子邮件，影响可能签订的合同	沮丧、失望、恼怒	休息、乐趣、连接	工作效率、心情平静、对于持续性的信心

进一步了解情绪解放

对自己的感受和需要负责，意味着我们无须对别人的感受和需要负责，那是他们自己的事情。思考一下这个句子："你上周没有打电话给我，我感到孤独和沮丧。"这句话暗示着是你导致他感到孤独和悲伤。因为你没有打电话，所以你要对讲话者的感受负责。你真是个坏蛋，不体谅别人，只考虑自己，因为你"毁了他的一天"。

从非暴力沟通的角度来看，更准确的说法是："上周你没有打电话给我，我感到孤独、悲伤和沮丧，因为我真的很渴望有人陪伴。"这句话清楚地表明了感受和需要之间的关系，并对感受和需要都负起了责任——你没打电话只是刺激因素。悲伤来自希望有人陪伴，这是讲话者的需要。如果讲话者当时没有感受到自己对陪伴的需要，他们可能会说："上周你没打电话给我，我松了一口气，因为我需要休息，我一直以来希望能摆脱这些社交活动，好好喘口气。"要注意，事件本身是完全相同的——在两种情况下，你都没有打电话。讲话者对自己的感受负责，也会觉察到自己的需要。在第二个例子中，你没有打电话，其实反而满足了讲话者的需要。

把特定情况下得到满足的需要表达出来是非常重要的。令别人的生活丰富多彩，通过为别人服务找到生活的目的或意义，这种需要是最强烈的共同需要之一（不是绝对的）。然而，满足任何需要的方法都不止一种，需要并不是跟某项特定措施绑定的。例如，有人希望得到连接和陪伴，但这并不意味着必须由你在此时此刻提供这些东西。如果听说朋友存在这些需要，你可以在当天晚些时候或者周末与他们见面，你也可以建议他们找另一位愿意马上去陪伴他们的朋友。也许只要从你那里得到感同身受的回应，对方对陪伴的需要就能得到满足。如果让别人对我们的感受和需要负责，并且只考虑通过一项措施（或一个人）满足这些需要，就像自愿穿上约束衣——用有限的选项把我们自己限制得动弹不得。这样我们也会引起不必要的分歧和冲突。

整合：进一步探索第二章的问题和练习

（1）如果我们为自己的感受和需要负责，并清楚地表达出来，会怎样？对于下面每一句话，如果你认为讲话者负起了责任，就标"是"；如果你认为讲话者没有负起责任，就标"否"。

_____ ① "你没锁宿舍的门，这令我生气。"

_____ ② "你这么说真让我难过，因为我希望得到理解，而你的话在我听来是一种侮辱。"

_____ ③ "我发现我说话时你没有看着我，这令我愤怒。"

_____ ④ "你不能和我一起参加比赛让我很失望，因为我希望我们能一起追平分数。"

_____ ⑤ "我很生气，因为你说你会帮我学物理，但你没有。"

_____ ⑥ "我感到气馁，因为我本来应该安排好游泳的时间，为救生员考试做准备，但我没有。"

_____ ⑦ "有时候我妈妈吹毛求疵令我感到受伤。"

_____ ⑧ "他赢得了选举，我感到松了一口气。"

_____ ⑨ "我听到你提高嗓门，你所说的话在我听来亵渎了神灵的，我感到害怕。"

_____ ⑩ "我很感激你多带了一把伞，因为雨越来越大了。"

我对这项练习的回答：

①如果你标为"否"，我表示同意。在我看来，这句话暗示另一个人的行为要对讲话者的感受负责，没有表明是讲话者自己的想法或需要引发了那些感受。讲话者可以说："看到你没有锁门就离开宿舍时，我很生气，因为我担心我的东西会被偷。我希望你能重视我的感受。"

②如果你把这条标为"是"，我表示同意。讲话者承认对自己的感受负责。讲话者表达了自己的感受（悲伤）和需要（理解），也指出，他们对理解的需要是由对方所说的话"是一种侮辱"这种诠释或评判刺激产生的。但讲话者"承认"那是他们的评判，表明在他们听来对方的话属于侮辱，而没有宣称属于侮辱是一项事实。

③如果你把这条标为"否"，我表示同意。为了表达潜在的需要或想法，说话者可以说："我发现我说话时你没有看着我，这令我感到愤怒，因为我希望被人注意到。"

④如果你把这条标为"是"，我同意讲话者承认对他的感受负责。

⑤如果你把这条标为"否"，我表示同意。为了表达隐藏在感受下面的需要或想法，讲话者可以说："你说你会帮我学物理，但你没有，我感到生气，因为我对可信和靠谱有着强烈的需要。"

⑥如果你把这条标为"是"，我同意讲话者承认对他的感受负责。讲话者解释了藏在气馁背后的需要——希望能留出游泳的时间。也许有些人不同意，因为留出游泳的时间可视为一项措施，用以满足胜任、接受、包容或尊敬的需要。但在我听来，讲话者负起了责任。

⑦如果你把这条标为"否"，我表示同意。为了表达感受背后的想

法或需要，讲话者可以说："有时我妈妈吹毛求疵，我会感到受伤，因为我希望得到欣赏和认同。"

⑧如果你把这条标为"否"，我表示同意。为了表达感受背后的想法或需要，讲话者可以说："我听说他赢得了选举，感到松了一口气，因为我不相信前一届政府会维护我们的最大利益。"

⑨如果你把这条标为"否"，我表示同意。为了表达感受背后的想法或需要，讲话者可以说："我听到你提高了嗓门，所说的话在我看来亵渎了神灵，我感到害怕，因为我觉得自己可能处于危险之中，我希望能感到安全。"

⑩如果你把这条标为"否"，我表示同意。为了表达感受背后的想法或需要，讲话者可以说："我很感激你多带了一把伞，因为雨下得越来越大了，我希望不要淋湿、保持舒适。"

（2）措施和需要就像洋葱一样，一层又一层包裹住核心需要。核心需要与措施混在一起时往往会变得模糊。选择你想要的一个东西或结果，假设它是一个东西、一辆汽车，然后完成这个等式："我需要一辆车，因为我需要 X。"然后前往下一层："我需要 X，因为我需要 Y。"然后是："我需要 Y，因为我需要 Z。"一直继续下去，直至你抵达基本的或核心的需要。以汽车为例，这个过程可能是：

· 我需要一辆车，这样我就能受欢迎。

· 我需要受欢迎，这样我就能交到朋友。

· 我需要有朋友，这样我就能有人陪伴。

· 我需要有人陪伴，这样我就不会感到孤独。

换而言之，我希望得到陪伴、舒适和自信，不会感到孤独。抵达这一层次之后，你也可以再问问自己："如果我感到孤独会怎样？会发生什么?"如果你很孤独,也许你会感到与别人之间不存在连接,或者缺乏安全感。在这项练习中,你会看到汽车、"受欢迎"和交到朋友都属于措施。核心需要是连接、安全和归属于集体。

接下来的关键问题是:我可以通过其他哪些方法来满足同样的需要?

现在用你希望达成的目标或结果来试一试这项练习:

我需要＿＿＿＿＿＿这样我就能＿＿＿＿＿＿

我需要＿＿＿＿＿＿这样我就能＿＿＿＿＿＿

我需要＿＿＿＿＿＿这样我就能＿＿＿＿＿＿

或者:

如果我得不到＿＿＿＿＿＿或＿＿＿＿＿＿呢?

会发生什么?

以及:

可以满足同样需要的另外三种方法是什么?

(3)我们的感受和需要可以通过直接接触个人和环境刺激产生,也可以通过听、看或者思考更广泛世界中的事件和情况刺激产生。

示例:

情况	感受	满足/未满足的需要
美国在伊拉克	悲伤、愤怒、担忧	安全、体谅、诚实、觉察、关心

(4)阅读以下引文。第一段来自约瑟夫·戈培尔(Joseph Goebbels),他在第二次世界大战期间加入纳粹党。第二段来自理查德·佩尔(Richard Perle),他曾为美国联邦政府工作人员。

所以整个战争需要时间……我们面临巨大的危险。我们为此做出了巨大的努力……欧洲其他国家至少应该努力支持我们。如今不理解这场战斗的人，以后会跪下来感谢我们这样做！

——约瑟夫·戈培尔，1943 年 2 月 18 日

　　如果我们放宽眼界看待这个世界，完整地接受这个世界，我们就不会玩弄外交手腕，而是发动全面战争。几年后，我们的孩子会为我们唱赞歌。

——理查德·佩尔，2002 年 1 月 31 日

现在回答以下问题：

① 每个讲话者采取了什么措施（行动方案）？

② 你阅读每项措施时，有何感受？他们的措辞和陈述使你"浮现出"什么需要（满足或未满足）？

③ 你认为讲话者试图刺激观众产生什么感受？你对他们的话产生的反应是否与此不同？如果是的话，为什么？

④ 你认为戈培尔和佩尔讲这些话时会"浮现出"什么感受？

⑤ 你认为他们想要满足什么需要？

⑥ 这两段引文相隔近 60 年，在影响听众（措施本身）方面以及建议的措施（倡导的具体行动方案）方面，讲话者怎样参考应用了类似的措施？

第三章

实现真正倾听

先寻求理解，再寻求被理解。

——史蒂芬·柯维（Stephen Covey）

我以为我了解那位女士，但事实并非如此

年轻女孩苏珊和她母亲住在一起。她在办公室做兼职工作的同时，也在当地社区学院就读。在一次采访中，她告诉我：

我妈妈是个非常挑剔的人。无论我怎么做，她都觉得不够好。她不喜欢我的穿着打扮、我的朋友、我的约会、我在业余时间做的事、我开车的方式。我快要爆炸了。我根本不想回家，她太烦人了。甚至每时每刻她都觉得我会怀孕。她总是控制我、盯着我、监督我。我只希望她能做点有意义的事，让我喘口气！

学习了非暴力沟通的基本原理之后，苏珊决定试着应用这些新技巧

与她的母亲交谈。现在她对感受和需要已经有所了解，能够以前所未有的方式倾听她母亲的担忧。她的发现令她感到吃惊：

> 我和妈妈聊了半个小时，倾听她的话语，真正地倾听，尽可能认真地听，我从她那里了解到的事情真的令我难以置信。我以前从来不知道她多么担心我。她感觉自己的生活戛然而止，没有走上她期盼中的轨道，因为她很年轻的时候就怀了孕，没机会去上大学。她真的希望我能过得好。她满怀忧虑，只是因为她爱我，担心我的安全和未来。她说她会一直支持我，但她不希望我像她那样"搞砸"了一切。

在这么多年的冲突和误会之后，苏珊以一种新的方式与母亲建立连接，改变了对母亲及其行为的看法。苏珊谈到她们之间的沟通时说道："这真的令我非常惊讶。以前，我总是提出自己的意见，告诉她我的感受，而从未真正倾听过她的想法。现在我对她的看法已经完全不同了，我对此心怀感恩，对她也一样。"

苏珊改变了倾听母亲话语和感知母亲行为的方式，使她能够把对母亲的愤怒和不耐烦转变为同情和感恩。就像我们在前两章读到的，确定自己在任何时刻的感受和需要，可以帮助我们建立连接，了解对我们最重要的是什么。在倾听感受和需要时，苏珊能够听到她的母亲对她担忧不已。她也能理解母亲存在一种迫切的潜在需要：能够对女儿的未来感到安心。母亲希望女儿能拥有母亲年轻时未能拥有的机会和选择。

等到苏珊充分理解了母亲的希望和恐惧之后，她终于能体会到多年以来她母亲的行为动机是什么。她也认识到，她们的需要没有冲突，她们都希望苏珊在生活中拥有更多的选择和意义。虽然与苏珊相比，对苏珊的母亲来说，也许这个时候安全和选择的需要更明显、更突出，但并不是说这些价值观对苏珊来说不重要，她也希望拥有这些东西。苏珊和她母亲都希望对方能充分听取自己的意见，希望她们关心的事情对于双方来说都很重要。也许两个人都认为自己的选择或策略（例如，大学学位相对于工作经验或旅行更重要）比其他策略更能满足她们重视的需要，而她们的冲突也仅在于怎样评价不同的可选策略，并不在于对需要的认可和重视。

什么也别做，就站在那儿

苏珊说，她和她的母亲谈了半个小时，她一直在倾听，"真正"地倾听，"尽可能认真听"。我们怎样才能这样真正地倾听？你用哪个器官来倾听？大多数人首先会说他们用耳朵倾听。对于我们听到的话语，耳朵在识别词语和辨别词义方面发挥着关键的作用。但仔细想想，人们会说，他们的眼睛、皮肤乃至整个身体都是重要的听觉器官。我们的"直觉"使我们能对听到的信息做出本能反应；如果我们的皮肤感到刺痛、冷、热或紧绷，我们会知道自己有何感受。如果我们注意到身体中出现紧绷、疼痛或憋闷的感觉，或者相反，出现开阔、舒缓、放松的感觉（一般出现在肩膀、头部或胸口），可以说明我们的需要是否得到了满足。

我们怎样才能知道自己是否用心陪伴别人，能够领会他们希望我们知道和理解的东西？用心陪伴不仅仅包括眼神接触和身体动作，虽然这些行为可以说明目的，也不仅仅涉及倾听我们听到的话语；我们必须领会隐藏在词语后面的能量和目的，以这种方式倾听须调动我们的整个身体，而不仅仅是我们的大脑。用来倾听的主要器官是心灵。

一位同事描述了她在外国一家公司的经历。因为她不熟悉当地人的发音模式，所以当有个人清楚地讲述一段对她很有意义的个人经历时，她其实听不懂对方的话语。我们的同事同理倾听这位女士所有各方面的表达：她的姿势、她的动作、她的面部表情以及她的话语中的非语言特征。虽然对方并没有理解她的话，但后来这位女士提到了她非常感激我们这位同事的同理心支持。

我们大多数人习惯用大脑倾听，给予和接受意见、想法和评判。不同于建立连接、友谊和陪伴，"大脑倾听"往往会导致一定程度的分离和断开连接。这种断开连接的"症状"包括大量缺乏同理心的反应，比如给出信息、分析和建议。大多数情况下，其特点是某种形式的同意（"是的，这太糟糕了。我们该怎么办？"）或不同意（评判、反驳、贬低或否认）。我们以这种方式断开连接时，无法用心体会我们自己的需要，或者我们希望关注的另一个人的体验。

用我们的整个身体倾听，超越好—坏、正确—错误的思维倾听。我们需要同理倾听一个人的评判或故事下面隐藏了什么。这意味着不仅要回应那个人表达的内容或想法，也要回应潜在的感受、价值观和需要。以同理心倾听的目的不是解决问题或者让别人改变他们的行为，而是从内心深处连接和理解另一个人此时此刻的体验。这种连接本身就能帮助我们和其他人认清和改变处理某种情况或体验的方法。

不帮即是帮

有多少次你会觉得自己得到了充分倾听和支持，有人完全了解你和你关注的事情？根据我对指导过的 300 个成年人的调查结果，大多数人几乎没有过这种体验。我让这些成年人想象他们听到一位朋友说："我明天要参加一次重要考试，我觉得成绩不会很好。"下面的表格给出了他们对这句话的几种反应。你可以看到，最常见的我们可以称之为"给出建议"。有些人建议这个人应该怎样学习、怎样休息或放松，或者如果成绩不好该怎么办。其实这些反应都没有仔细探究讲话者的感受或需要；相反，给出这些反应的人都在试图"处理"这种情况。

你朋友说："我明天要参加一次重要考试，我觉得成绩不会很好。"你会怎么回应？我们把学生们的反应分类，发现有下面这些类型：	
（1）"尽可能努力学习，别担心。"	给出建议：最常见的反应类型
（2）"哦，你很聪明，你会考得很好的。"	安慰：第二常见的反应类型
以下反应类型不那么常见：	
（3）"别担心，担心这个太傻了。"	否认感受
（4）"有一大堆考试。那个不算什么。"	贬低
（5）"如果你觉得遇到麻烦了，你应该听听我这周的考试安排……"	我的故事比你的更让人担忧
（6）"太可怕了。我为你感到难过。"	同情
（7）"是的，上学期我也遇到过类似的事情，我的做法是……"	讲故事，比较故事
（8）"我们去喝酒吧，忘掉这件事。"	回避

（9）"我会帮你学习的。"	提供帮助
（10）"你的问题是你存在强迫性焦虑。"	诊断
（11）"我觉得你这么担心是因为你想取悦你的父母。"	分析
（12）"你应该一直都努力学习。"	评判

安慰不等于同理心

一直以来我在学校里基本都能拿到高分，因此当我对考试或作业感到担忧时，没有人会真的当一回事。他们会说："哦，达维塔，你会考得很好的。"他们无法理解我，而我会比与他们沟通前更失望。

——达维塔

还有一种最常见的反应是安慰，即告诉讲话者他们的感受"毫无理由"，他们害怕的事情不会发生或不是真的。当我们安慰别人时，我们的目的一般是给人以安抚和支持。不幸的是，这样做往往适得其反，甚至可能导致谈话就此结束。所以，在上面的例子中，如果达维塔对一次考试感到担忧，而我说："你会考得很好的。"我不明白她为什么担心，也不知道如果分数比她期待的低对她来说意味着什么。在安慰她的时候，我并不理解她此时此刻的立场和她自己的体验，因而我不可能与她建立真正的连接。

同情不等于同理心

　　人们给出的另一种反应是同情："真可怕。听到这种事我感到很难受。"当我们看到另一个人，尤其是我们关心的人表达强烈的感受时，这会刺激我们内心产生同情的感受，我们可能会相信这些感受与对方此时此刻的体验类似。例如，如果我们听到有人感到悲伤，我们自己可能也会感到悲伤。这属于同情（"同样的感受"或"共同感受"）反应。我们产生这样的感受时，仿佛与另一个人实现了心灵上的连接。当然，这种时候我们自己的感受也会被激发出来。然而，我们表达同情虽然为讲话者带来了一定的情绪上的陪伴，但这是为了我们自己而非对方的需要和体验。这样做的时候，我们并没有充分连接或完全了解那个人。你是否曾经把一段痛苦的经历告诉别人，却发现他们的反应如此强烈，以至于你把注意力放在了为他们提供支持上？这是一个极端的例子，强调了当我们同理倾听时，我们要把注意力集中在讲话者的感受和需要上，保持开放的心态，与讲话者的感受和需要，而非我们自己的感受和需要建立连接。

讲故事和比较不等于同理心

　　我讨厌看到别人哭。为了避免这种事我什么都愿意做。

　　　　　　　　　　　　　　　　　　　——梅里（Merri）

一种不太常见的情况是，学生们分享他们自己的故事。这是一种通过举例子来提建议和安慰对方的方式。这也是尝试与另一个人建立连接的一种方式，表明我们理解对方的体验，并且同情对方。无论有意还是无意，这样做还有一种效果，就是把注意力拉回我们自己身上，关注我们自己的体验，而非一直关注我们想支持的那个人（至少在那一刻如此）。尤其是当有人正在体验强烈的感受时，与他们分享以前的事情或者把我们自己遇到的情况与他们进行比较，不太可能形成更好的理解或连接。因为这会把关注的焦点从他们身上转移开，成为一种贬低或否认的方式。

练习 1：除了同理心之外

阅读下面这些句子，分辨每句话是否属于解决问题、提供建议、比较、有优越感（我的故事比那个强！）、分析、诊断、安慰、贬低、回避、评判或同情的例子。（有些句子可能代表不止一种反应。）

（1）"好吧，我帮你准备出门的事情怎么样？这样你就有更多时间了。"

缺乏同理心的类型：＿＿＿＿＿＿＿＿＿＿＿＿＿＿＿＿＿＿＿＿＿

（2）"哦，很遗憾听到这个消息。太可怕了。"

缺乏同理心的类型：＿＿＿＿＿＿＿＿＿＿＿＿＿＿＿＿＿＿＿＿＿

（3）"那没什么大不了！你应该看看我去年参加的化学考试！"

缺乏同理心的类型：＿＿＿＿＿＿＿＿＿＿＿＿＿＿＿＿＿＿＿＿＿

（4）"也许你的选择不太合适，因为你没有保证睡眠充足。"

缺乏同理心的类型：＿＿＿＿＿＿＿＿＿＿＿＿＿＿＿＿＿＿＿＿＿

（5）"我会和教授谈谈。他肯定会允许你延期。"

缺乏同理心的类型：_____

（6）"但这没去年那么糟，至少你这个房间里还有暖气！"

缺乏同理心的类型：_____

（7）"真是个混蛋！要是我也会生气！"

缺乏同理心的类型：_____

（8）"让我来告诉你我开着这辆旧卡车去佛罗里达时发生了什么。你知道吗？给我们上英语课的那个人太奇怪了，他自称莎士比亚。你不会相信这个故事的！"

缺乏同理心的类型：_____

（9）"去睡觉吧，别想这个了。明早你会感觉好一点的。"

缺乏同理心的类型：_____

换位思考

无论我们选择怎样回应别人，这个选择都不是"错误"的。有时候那个人也希望听听你的经历或者听听你如何解决问题，这时你的这些反应可以满足对方陪伴、理解、清晰和支持的需要。但在选择一种沟通策略之前，你可以问问和你说话的那个人是否愿意听听建议或你自己的故事，抑或在这一刻他们只希望有人能陪伴他们、听他们说话。先作确认有助于满足对方自主、觉察和选择的需要。如果一个人已经被激怒，这样做就尤其重要，因为他的需要未能得到满足。先作确认也可以帮助你把注意力集中在对方和他此刻的需要上。

在选择如何回应时，首先确认你自己的感受和需要也会很有帮助。如果你感到心烦意乱或苦恼，那么你可能无法或不愿倾听别人身上发生的事情。也许你以前听这个人说过类似的事情，这对你而言就像再听一遍同样的故事，你会感到沮丧疲惫。如果不能充分意识到你为什么要选择以某种方式回应，你可能会以安慰、建议或其他缺乏同理心的方式回应。如果你眼下不感兴趣或不方便，或者希望先关注其他需要，也算是一种沟通策略。但在这种时候，你与其使用一种缺乏同理心的策略，不如真心诚意地说出自己的情况。例如："我听说你很担心明天的考试，你希望有人能帮你准备一下；但我有一篇论文今天五点要交，我真的很紧张，不知道自己能不能按时完成。我希望先集中精力做那个。"通过表达自己的感受和愿望，你可以满足自己对选择和关照自己，以及精确、诚实和正直的需要。你也可以寻找对你们双方都适用的策略。在这种情况下，你可以建议："我可以等我的论文写完后再和你联系吗？"或者说："问问布伦达怎么样？她也是我们班的。"（关于提出请求的更多内容，请参见第五章。）

　　最近的一次经历使我对这种情况有了深入的了解。我对自己以前所做的一些选择感到灰心丧气，这些选择导致我生活中的一些需要未能得到满足。我感到悲伤，并和母亲谈到了我的担忧。她的第一反应是不同意我的看法。她列举了一些例子，她觉得那是我曾经做出的建设性决定，而一些"有问题的"决定其实也为我的生活带来了"积极"的结果。她就像读我的简历一样，列出了我在生活中做过的所有事情。听到她这样说，我感到比之前更加灰心丧气，那种挫败和不知所措的感觉更强烈了！

　　在这种情况下发生了什么？和母亲谈及我遇到的事情时，我希望得到陪伴、支持和理解，希望有人能听到我说的话，这意味着另一个人只要用心陪伴我就好。我猜对她来说，倾听我的痛苦是一件有难度的事情。作为我的母亲，她可能非常希望我对自己的生活感到满足。她关心我的幸福，希望营造轻松包容的氛围，却不知道该怎么做。她安慰我时，其实是在回应她自己的恐惧和不安。

我对她表达出我感到沮丧，想要得到的不是安慰，而是陪伴，希望有人"就在那里"，就陪在我身边。她确实认真倾听了，她的用心陪伴对我来说是最棒的礼物。我知道这对她来说是个挑战。但在她倾听的过程中，我体验到了被关心和被理解的感觉。在充分表达自己的意愿之后，我感到精神振奋。

也许你会想到自己曾经感到痛苦的时候，有人想要"改变"你的感受，也许当时你只希望能得到他们的陪伴和关注。回忆这样的时刻，可以帮助你更好地觉察和选择如何回应别人。你是否希望抱有同理心倾听，用你的心去倾听？抑或你会选择一种更简单或更熟悉的策略，例如给出建议或解决问题，而不是提供你希望给予的支持和陪伴？

练习 2：只是待在那里

回忆最近一次你认识的人受到某种情绪刺激（可能是愤怒、悲伤或气馁）的情况，他们和你分享他们的感受，而你的反应缺乏同理心。你当时有何感受和需要？你认为他们可能有何感受和需要？

情况（我听到别人说了什么）：	听到这些之后我的感受：	听到这些之后我的需要：	他们的感受：	他们的需要：

致初学者

当然，我们大多数人已经习惯了给予和接受缺乏同理心的反应，而且一开始很难不按照我们早已习惯的方式做出反应。如果我们听到的内容令我们受到刺激，我们尤其容易出现分析、反对、建议或其他基于想法的反应。因此，下面这种语句结构可以帮助我们把注意力集中在感受和需要上。专注练习这种语句结构可以支持同理心连接。

同理心猜测的语句结构

（1）你感到（此处插入感受词语），是因为你需要／想要（此处插入需要）吗？

（2）我想知道你感到（此处插入感受词语），是因为你需要／想要（此处插入需要）吗？

（3）听起来，你感到（此处插入感受词语），因为你需要／想要（此处插入需要）？

（4）我猜你感到（此处插入感受词语），因为你需要/想要（此处插入需要）？

（5）所以，你感到（此处插入感受词语），因为你需要/想要（此处插入需要）？

（6）你是不是感到（此处插入感受词语），因为你需要/想要（此处插入需要）？

注意：在这些例子中，声调的变化表示提问。

对于这些语句结构，有三点需要注意。首先，它们针对的是现在。你现在有何感受和需要？你希望了解这个人当前的体验，因为这是他此时此刻难以抗拒的"实时"体验：他目前正在经历的事情。有时候，一个人的感受可能涉及他对过去的体验有何想法。如果一个人思考或谈论一件过去的事情，那是因为那件事现在仍然会使他产生共鸣。所以，我们说的话即使是关于过去的，也可以使用现在时态。"把过去放到现在"的语句结构如下所示：

把过去放到现在

当你想起_____（过去的某个时间）发生的事情时，你是否感到_____，因为你需要_____？

当人们提起过去时，往往说明他们当下承受着紧张和痛苦。如果他们仍然想着过去发生的事情，那件事肯定还在令他们烦恼，也许他们的感受变得更强烈了，因为那已经令他们烦恼了一段时间。了解他们过去曾经出现的断开的连接和未满足的需要，有助于你了解怎样为他们提供支持，也能提示你在同理倾听时，要与多大深度和强度的感受相"匹配"。你可以选择与之相符的语句、声调和肢体语言。如果有人大喊大叫表达评判，而你只是低声说出你的同理心猜测，这很难让他们感觉自己的话被倾听了，即使你的表达和他们的体验是相符的。如果想让他们产生一种得到充分倾听的感觉，那么你要理解和匹配他们这段体验中的感受及其强度。此外，如果讲话者提到过去的经历时没有给出当前的背景，在猜测他们的感受和需要时询问相关信息会带来帮助。这也会促进建立连接，把过去的体验带到现在。

练习 3：把过去带到现在

对于下面关于过去的每一句话，给出现在的同理心猜测。

示例：

过去："我去年考试不及格。"

现在："想到那件事，你是否对明天的考试感到特别紧张？你是否希望这学期付出的所有努力能够被人们看到？"

（1）过去："去年，教授办公时间一直都不在。我去写作辅导中心寻求帮助时，他们说这里什么时候都不会开放。"

现在：＿＿＿＿＿＿＿＿＿＿＿＿＿＿＿＿＿＿＿＿＿＿＿

（2）过去："他跟其他所有女朋友分手都毫无预兆。他从来没有告诉过她们为什么，就只是说'别再给我打电话了'。他对待我也是一样。

真是个混蛋。"

现在：_____

（3）过去："我高中时也从未加入过球队。"

现在：_____

（4）过去："他真是个失败者。他两年前也赌输了一大笔钱。"

现在：_____

（5）过去："我真的很满意上一份工作。我选择跳槽真是大错特错，虽然跳槽后的新工作薪水高了。"

现在：_____

猜测只是猜测而已

需要记住的第二点是，同理心连接具有试探性。我们不是想要分析别人或者试图"搞明白他们"。只有讲话者知道他们眼下有何体验。我们试着猜测这种体验的性质，并确认我们的猜测是否与之一致。这就是我们为什么以问题的形式给出同理心猜测："你是否感到……因为你需要……？"换一种方法，如果我们不用提问的方式，可以通过提高语调来体现开放的心态："所以，你感到……因为你想要……？"我们也可以使用附加问句："这么说准确吗？""那是否与你的体验相符？"而且，当我们提出一个问题时，不必担心它是否正确。我们同理倾听的那个人会让我们知道，我们的猜测是否与他们的体验相符。即使答案是否定的，我们努力抱有同理心的意图足以建立连接。重要的是，我们愿意用心陪伴对方。

我们以同理心对待别人时，为了搞清楚他们想要什么以便为他们提供支持，提出一些基于内容的问题也会有所帮助，比如"你感到悲伤，是因为你想念家人，希望得到陪伴和支持吗？"这样的问题要比开放式问题更有助于连接和探讨，后者的例子有"你有何感受"或"你想要什么"。这种问题的常见回答，比如"我不知道"或"我不确定"，会使我们的谈话和连接进入死胡同。

尤其要避免"你为什么会有这种感受？"的问题。因为这是询问原因或解释，很可能引出想法或认知，而非与感受和需要建立连接。有时人们会把这种问题理解为必须证明自己的感受是合理的。在给予同理心时，我们希望促进接受和连接。我们的感受就是我们的感受，不需要证明或解释。

练习 4：询问内容

回到本章练习 1，其中列出了很多缺乏同理心的回应。回忆以前可能激发这种回应的情况，列出你认为那个人被刺激后可能产生的感受和需要，然后给出每种情况下基于内容的同理心猜测。可参考附录中的感受和共同需要列表。下面第一条给出了示例。

（1）情况：某人旅行前有很多事情要做。

感受：压力大、不知所措。

需要：空间，支持。

同理心猜测：对于出发去机场之前你要做的那一大堆事情，你是否感到压力确实很大？你是否需要支持？

（2）情况:＿＿＿＿＿＿＿＿＿＿＿＿＿＿＿＿＿＿＿＿＿＿＿

感受:＿＿＿＿＿＿＿＿＿＿＿＿＿＿＿＿＿＿＿＿＿＿＿＿＿

需要:＿＿＿＿＿＿＿＿＿＿＿＿＿＿＿＿＿＿＿＿＿＿＿＿＿

同理心猜测:＿＿＿＿＿＿＿＿＿＿＿＿＿＿＿＿＿＿＿＿＿

（3）情况:＿＿＿＿＿＿＿＿＿＿＿＿＿＿＿＿＿＿＿＿＿＿＿

感受:＿＿＿＿＿＿＿＿＿＿＿＿＿＿＿＿＿＿＿＿＿＿＿＿＿

需要:＿＿＿＿＿＿＿＿＿＿＿＿＿＿＿＿＿＿＿＿＿＿＿＿＿

同理心猜测:＿＿＿＿＿＿＿＿＿＿＿＿＿＿＿＿＿＿＿＿＿

（4）情况:＿＿＿＿＿＿＿＿＿＿＿＿＿＿＿＿＿＿＿＿＿＿＿

感受:＿＿＿＿＿＿＿＿＿＿＿＿＿＿＿＿＿＿＿＿＿＿＿＿＿

需要:＿＿＿＿＿＿＿＿＿＿＿＿＿＿＿＿＿＿＿＿＿＿＿＿＿

同理心猜测:＿＿＿＿＿＿＿＿＿＿＿＿＿＿＿＿＿＿＿＿＿

（5）情况:＿＿＿＿＿＿＿＿＿＿＿＿＿＿＿＿＿＿＿＿＿＿＿

感受:＿＿＿＿＿＿＿＿＿＿＿＿＿＿＿＿＿＿＿＿＿＿＿＿＿

需要:＿＿＿＿＿＿＿＿＿＿＿＿＿＿＿＿＿＿＿＿＿＿＿＿＿

同理心猜测:＿＿＿＿＿＿＿＿＿＿＿＿＿＿＿＿＿＿＿＿＿

（6）情况:＿＿＿＿＿＿＿＿＿＿＿＿＿＿＿＿＿＿＿＿＿＿＿

感受:＿＿＿＿＿＿＿＿＿＿＿＿＿＿＿＿＿＿＿＿＿＿＿＿＿

需要:＿＿＿＿＿＿＿＿＿＿＿＿＿＿＿＿＿＿＿＿＿＿＿＿＿

同理心猜测:＿＿＿＿＿＿＿＿＿＿＿＿＿＿＿＿＿＿＿＿＿

（7）情况:＿＿＿＿＿＿＿＿＿＿＿＿＿＿＿＿＿＿＿＿＿＿＿

感受:＿＿＿＿＿＿＿＿＿＿＿＿＿＿＿＿＿＿＿＿＿＿＿＿＿

需要:＿＿＿＿＿＿＿＿＿＿＿＿＿＿＿＿＿＿＿＿＿＿＿＿＿

同理心猜测:＿＿＿＿＿＿＿＿＿＿＿＿＿＿＿＿＿＿＿＿＿

（8）情况：＿＿＿＿＿＿＿＿＿＿＿＿＿＿＿＿＿＿＿

感受：＿＿＿＿＿＿＿＿＿＿＿＿＿＿＿＿＿＿＿

需要：＿＿＿＿＿＿＿＿＿＿＿＿＿＿＿＿＿＿＿

同理心猜测：＿＿＿＿＿＿＿＿＿＿＿＿＿＿＿＿

（9）情况：＿＿＿＿＿＿＿＿＿＿＿＿＿＿＿＿＿＿＿

感受：＿＿＿＿＿＿＿＿＿＿＿＿＿＿＿＿＿＿＿

需要：＿＿＿＿＿＿＿＿＿＿＿＿＿＿＿＿＿＿＿

同理心猜测：＿＿＿＿＿＿＿＿＿＿＿＿＿＿＿＿

朝向光明的一面

　　抱有同理心回应别人的第三个重点是，我们希望确定这个人想要什么，而非这个人不想要什么。这就像"朝向光明的一面"，把注意力集中在积极的方面继续前进。这就像太阳照亮我们周围的环境，使一切变得更加清晰。这样做也会加强连接，增加需要得到满足的概率，因为我们把注意力集中在了我们希望体验的方面。例如，注意下面两种说话方式的区别："所以你不希望工作时出现噪音？""所以你真的很希望保持安静，以便你能集中注意力？"我们与其关注问题——噪音，不如关注解决方案或愿望：在这种情况下是安静。同样，进行同理心猜测时最好从积极的角度描述需要。与"你生气是因为你得到关心的需要没有得到满足"的说法相比（关注未满足的需要），更有利于建立连接的说法是"你生气是因为你需要得到关心"。如果从消极的角度给出同理心猜测，在某种意义上我们又回到了最初的描述或评判——某些事情是"错误的"，而没有关注我们造福生活的需要。这种需要藏在我们被触发的感受后面，激发了我们的愿望。然后我们可以提出具体请求来满足这项积极的需要（参见第五章关于请求的内容）。

练习5：光明的一面浮现出来

对于下面每句话，你会猜测这个人有何感受和需要？

（1）"那是我见过的最粗鲁的推销员。我简直不敢相信他们公司会留着这种辱骂客户的员工！"

感受：＿＿＿＿＿＿＿＿＿＿

需要：＿＿＿＿＿＿＿＿＿＿

（2）"没希望了。这门课我不可能及格。我真是太傻了，我竟然以为自己能一个学期拿到20学分，同时还参加乐队。"

感受：＿＿＿＿＿＿＿＿＿＿

需要：＿＿＿＿＿＿＿＿＿＿

（3）"自从我借给他20美元之后，这个所谓的朋友就一直躲着我。我再也不会相信他了。不知道他是还不起钱还是不打算还，我只希望他不要在这件事上撒谎。"

感受：＿＿＿＿＿＿＿＿＿＿

需要：＿＿＿＿＿＿＿＿＿＿

（4）"我真的压力很大。我觉得很压抑，我的父母、我的老师、我的工作，还有我的女朋友，都让我压抑不已。我都不记得上次无忧无虑地放松是什么时候了。"

感受：_____

需要：_____

简洁而美好

在给予同理心时，保持简洁也会带来帮助。不要试图解释或证明你的想法，要知道你的目的在于帮助讲话者理解他们的感受和需要。如果你关注故事细节，就很容易"进入大脑"开始分析。创建同理心连接通常不需要知道或理解所有细节。如果你说了太多没必要的话，听众会感到不知所措，很难跟上你所说的一切。有一条经验是尽量保持同理心猜测不超过 20 个字。让我们来看一个例子：

你的朋友：我不敢相信卢克决定跟我分手，而且完全不想再跟我说什么。我也知道只能分手了，但这时候太艰难了，我妈妈正在生病，还有其他各种各样的事情。这段时间以来他对我那么重要，我不知道没有他我该怎么办。一切都在崩溃。

你的同理心——不太有帮助：所以，我想知道，他所说的话是否导致你感到悲伤，因为你真的很在意你们之间的关系，不希望以这种方式结束，尤其你还遇到了其他事情，而且你们两人在一起已经这么久了？

你的同理心——更有帮助：你对他离开感到烦恼，因为你现在真的需要支持？

练习 6：直击问题的核心

对于以下每句话，给出不超过 20 个字的同理心猜测。

（1）"我刚从书店回来，我买课本花掉了 500 多美元！他们怎么能收这么多钱？这简直是抢劫！"

_____?

（2）"我的裤子不合身了。今年我体重增加了快 13 斤。我觉得我就是个胖子。"

_____?

（3）"嘿，你猜怎么着？我刚刚升职了！"

_____?

（4）"莎伦，我看了你的报告，我看到你在格式和样式上做出了一些努力，但写作方面需要做出更多努力。有几个地方我看不懂你想说什么——那毫无意义！"

_____?

（5）"为什么这个周末你不能回家？那天是你爸爸的生日，这对他很重要。"

_____?

欣赏"大脑谈话"节目

在你第一次对别人进行同理倾听时，对于怎样猜测他们的感受和需要，你可能会感到有点困惑，甚至完全不知所措。最初，这感觉几乎就像魔法一样——你怎么可能知道别人最深层次的情绪和愿望是什么？人们不会把这些信息写在袖口直接展现出来。他们说的话经常是关于想法和意见的，往往也涉及评判和谩骂。要在这些蜂拥而至的信息中找出他们的感受或需要，就像大海捞针。

你该怎么开始？讽刺的是，在倾听感受和需要时，一般最好从对方表达的意见、想法和评判开始"大脑谈话"节目。回忆一下，"用大脑说话"是指运用想法、评判和认知——谴责、贴标签、分析、诊断，诸如此类。虽然我们并不希望一直停留在这个层面上，但这些想法可以为探寻未满足的需要提供第一条关键线索。

我们往往能从"大脑谈话"节目中出现的词语里找到线索。例如，如果一个人说："他是我见过的最不支持别人的人！"讲话者很可能希望得到关心和支持。在这句话中，"不支持"是一种评判，"支持"却是一种共同需要。类似地，如果有人使用"不独立"和"不关心"这种措辞，他们需要的可能就是独立和关心。

有些词语可视为属于同一认知"家族"。了解这些家族以及一些含义类似的词语（隐含意义存在差异），有助于同理倾听，尤其是在你探究与感受和需要词语类似的策略词语之间的关系时。例如，如果有人说："我厌倦了这份工作！我从未得到任何帮助！"讲话者可能希望得到支持。"协助"、"帮助"、"引领"和"指导"都属于相关策略，它们的含义都接近一项共同需要："支持"。

除了上面两种情况，寻找它们的反义词或者什么共同需要能满足那种感受或评判也会带来帮助。如果有人尖叫："我受不了这些噪音！我需要休息一下。"你完全可以猜测讲话者渴望安静、撤离和放松。"噪音"的反义词是安静。如果你想休息一下，你可能希望环境发生变化（撤离），从而可以改变你的体验（令你放松）。同样，如果你给别人起的名字是"顽固"和"猪脑袋"，你可能希望关注相互的关系以及获得开放的心态和体贴；如果你感到饿了，食物能满足这个需要；如果你感到累了，你会想要休息一下；如果你感到无聊，你会想要刺激或挑战。

再次强调，当我们进行同理心猜测时，我们无法确定另一个人身上发生了什么。观看"大脑谈话"节目时，所有的标签、意见和评判纷纷出现，这可以帮助我们与这个人的内在感受和需要建立连接。

练习 7：通过词根和反义词挖掘藏在词语背后的需要

第一部分

看看下面的评判和标签。根据词根，猜测使用每个评判词语的人有何需要。可参考附录中的共同需要列表来帮助你思考。

评判	需要
（1）体贴	_____
（2）不可信	_____
（3）考虑不周	_____

（4）亲切　　　_____

（5）不支持　　_____

（6）断开连接　_____

（7）无法沟通　_____

（8）毫无意义　_____

（9）不明确　　_____

（10）无效　　 _____

第二部分

看看下面的评判和标签。基于每个词语或词集的反义词，猜测使用这种评判的人有何需要。同样，参考共同需要列表会为你带来帮助。每一组给出多个空格，可猜测两三种需要。

（1）卑鄙、残忍、恶毒_____ _____ _____

（2）累、疲惫、筋疲力尽_____ _____ _____

（3）焦虑、担忧、紧张_____ _____ _____

（4）自私、以自我为中心、自私自利_____ _____ _____

（5）束缚、拥挤、难以抵抗_____ _____ _____

（6）批评、评判、苛刻_____ _____ _____

（7）恶心、丑陋、令人厌恶_____ _____ _____

（8）无意义、无重点、缺乏理性_____ _____ _____

（9）短视、欠考虑、未能觉察_____ _____ _____

（10）完善、完美、完整_____ _____ _____

穿上别人的鞋子

有句老话是，在评判别人之前，你应该先穿上他们的鞋子走半公里路。在同理倾听中，这种理念也会带来帮助。根据你所听到的话语，你认为讲话者此时此刻有何感受或需要？例如，想象一下有人第二天工作时有个重要演讲，他们自己感觉还没有准备充分。如果换作是你，在这种情况下你会有何感受？花点时间想象一下。你的身体会出现什么感觉？也许是发热、受压或者憋闷。你有何感受？也许是焦虑、担忧、紧张。也许你最明显的需要是效率、安心、自信和放松。在脑海中把自己放在类似的情况下，你可以想象在自己和别人的体验之间架起"桥梁"。也许你的体验与另一个人的当前体验并不一致，但通过运用想象力，你可以开始猜测他们有何体验并对他们进行同理倾听。

超越文化差异的同理心

在任何一种语言和文化中，都存在很多方言和亚文化，人们在谈到感受和需要时会有各自不同的期待和体验。例如，在犹太文化中，比较随意地详细分享个人感受是可以接受的；但在亚洲或美洲土著文化中，人们不太可能这样与人分享。与家人或朋友相比，我们和同事在一起时较少谈及自己的感受。我们也会注意到，与年轻人和年长的人交谈存在区别。如果谈话对象不喜欢谈及自己的感受和需要，同理心猜测可能会带来更大帮助。即使你的猜测与那个人身上发生的事情并不相符，也会让讲话者开始仔细考虑——为他们提供一个起点来反思自己的体验。

在某些情况下，例如在工作环境中，你可能会发现只对需要进行猜测更有效。回忆一下，我们的需要是生命的驱动力，我们的感受则把我们与这种力量连接在一起。非暴力沟通的实践者们相信，同理心90%的力量来自对需要的同理心，10%来自对感受的同理心。

无论和谁说话，你都会希望调整自己的语言和表达方式，以更好地与对方沟通。例如，人们的感受的强度和风格各有不同。"紧张"的强度级别完全不同于"恐惧"，虽然这两个词描述的都是焦虑或害怕。在考虑选择使用哪个词语时，你会希望平衡两方面的因素：你认为哪个词语最符合对方当前的体验？他们只是紧张，还是非常恐惧？哪个词语会让他们感到最自在，有助于促进信任和连接？如果有人在讨论感受时感到脆弱或不安全，或者只是不自在，你可以把猜测降到"较低"的强度级别。使用修饰语（例如"稍微"、"有点"、"十分"、"非常"、"极为"）也有助于调整猜测的强度。例如，"有点紧张"传达的强度级别要比"非常紧张"低。

通过类似的方式，你可以选择用不同的词语来描述较肤浅或较深入的需要。例如，在工作环境中，你可能不愿猜测一个人需要"安全"，即使你感觉确实是这种需要在发挥作用，因为你认为这种需要过于深入，在工作中进行讨论可能会令人不自在。为了促进信任和连接，你会改为猜测这个人需要体谅和关心。即使没有触及一个人的恐惧或痛苦最深的根源，在"浅水"中建立连接仍然有助于创建连接和理解。最重要的不是你使用的词语，而是你的意图。

在某些情况下，你不确定哪些词语有助于建立连接，也许会希望应用无声同理心。在使用无声同理心时，你专注于理解讲话者的感受和需要，建立连接的意图是通过用心陪伴、用整个身体专注倾听来表达的。当你真正与另一个人感同身受时，其实已不需要言语。你是否还记得曾经有人满怀关心、专心致志地听你说话？那就是无声同理心。

练习8：改变强度

第一部分

下面每一对词语代表强度"高"和强度"低"的感受，加上其他感受词语补充完每个系列。你也可以使用修饰词来增减强度。有些词的含义可能非常接近。

示例：焦虑；紧张；畏缩；惊慌；害怕；恐惧；心惊胆战

（1）快乐＿＿＿＿＿＿＿＿＿＿＿＿＿＿＿＿＿＿＿＿＿＿＿欣喜若狂

（2）悲伤＿＿＿＿＿＿＿＿＿＿＿＿＿＿＿＿＿＿＿＿＿＿＿严重抑郁

（3）恼火＿＿＿＿＿＿＿＿＿＿＿＿＿＿＿＿＿＿＿＿＿＿＿＿暴怒

第二部分

看看附录中的感受列表。选择第一部分中未包含的一组词语，按感受强度的顺序排列这些词语。你也可以留意一下哪些词可视为同义词。例如，高兴和快乐的含义和强度类似；相比之下，"喜气洋洋"的强度要比"快乐"高得多。

进一步深入

当你同理倾听别人时，要放慢速度。随着你开始猜测他们的感受和需要，你会听到"是，没错"、"确实"或者"是的，是的"。这样的反应说明这个人与隐藏在感受下面的需要真正建立了连接。最初，你可能会听到对方说出一大堆话，他们迫切想解释清楚自己身上发生了什么事情。让这个过程继续下去，你会对后面展现出来的东西感到惊讶——一系列感受和需要会浮现出来。放慢速度，保持同理心，直到你感觉那个人产生了完成和"结束"的感受。

为什么你要一直猜测，直到对方感到这个过程已经完成？一般来说，只有抵达了一个人的"核心"需要，才会使他感到自己充分被人倾听。他们可能甚至没有觉察到这种"核心"需要，直至围绕在它周围的"需要群"得到充分倾听。你见过那种木质的俄罗斯套娃吗？你打开一个娃娃，里面有另一个小一点的娃娃，然后又是一个，直至你拿到中间最后一个娃娃。这是去想象寻找核心需要的过程的一种方法。有时我们可以把一种需要视为满足另一种需要的措施（例如，集体归属可以是满足安全性的一种措施）。只有通过同理倾听第一种需要，我们才能觉察到与之相关或隐藏于其下的需要。

当人们对一些事情感到不安时，人们往往会不断地从一个话题转到另一个。在这种情况下，插句话请他们暂停一下会带来很大帮助。这能让你有机会建立连接，对他们进行同理心猜测。否则，你作为倾听者很容易在细节中迷失，无法保持连接、保持头脑清晰。需要打断对方的话以促进理解，则说明你的感受和需要会很有帮助。"你能停一下吗？我对于自己听到的这一切感到有点不知所措，我真的希望能理解你所说的事情。"双方都停下来喘口气，会让节奏慢下来，有助于沟通的顺利进行。

什么时候结束

一段时间后，那个人谈话的速度会变慢，你很可能会观察到对方变得冷静、放松、不再紧张。可能还会有身体上的变化，比如一声长叹、面部表情或身体姿势的变化。这时你可以问："你还有什么想说的吗？"你也可以这样接话："现在你身上发生了什么？"这会提醒讲话者注意他自己此时此刻的感受，帮助他认识到自己与人分享的内容是否已经"完成"。即使你选择只是带着同理心安静地坐在那里，讲话者结束的时候也会让你知道。

在这个同理过程完成之前，调整节奏、放慢速度也很有帮助。用心关注可以加快理解的过程。

什么时候轮到我

如果讲话者感到已经"完成"，也即他们身上发生的事情已分享完毕，他们往往会希望倾听你的情况。这时他们的需要可能是同享体验，或者得到安慰，知道你能接受他们和他们的感受。如果你曾经与同理倾听的对象发生冲突，在他们感到自己已经充分被人倾听之后，是他们最有可能愿意倾听你的感受和需要的时候。事实上，在从你那里收到同理心的礼物之后，他们会渴望倾听你的体验。

如果这个人不能或不愿倾听你关注的事情，这是一个明确的信号，说明他们需要的同理倾听尚未完成。如果可以的话，返回上面描述的步骤，把注意力重新集中于他们身上发生的事情。如果这样做令你感到太过刺激或疲劳，你可以休息一下，让自己得到一些同理倾听或者实践自我同理心（参见第六章），然后再继续下去。如果你自己的需要没有得到满足，那么让你对另一个人进行同理倾听是很难的，甚至根本不可能。这是一项基本原则——"教导之前先同理"。我们将在下一节中进行讨论。

教导之前先同理：把另一个杯子里的水倒进来之前，先观察自己的杯子

如果你有个装满水的杯子，又想把另一个杯子里面的东西倒进来，那么水肯定会溢出来，因为没有足够的空间容纳两个杯子里的东西。同样，如果两个人都受到了刺激，都感到愤怒、沮丧或受伤，其中一个人想把自己的"心事"传达给另一个人，但此时想让对方倾听是很难的，甚至根本不可能。就像装满水的杯子一样，他们也装满了自己的感受和需要，没有空间容纳别人的体验。在非暴力沟通中，这一原则称为"教导之前先同理"。如果我们想要用自己的体验（我们的感受和需要）来"教导"别人，最好让他们先得到他们需要的同理和"倾听"。

这项原则是由一个名叫巴里的男人发现的，当时他正在学习非暴力

沟通，刚加入一个新的信仰团体。他身处一群会众之中，所有人都反对一个女人选择堕胎，而他并不反对。当时气氛很紧张：

这个团体开始争论堕胎是否属于谋杀。当时我立场坚定地支持堕胎的权利——"这是一个女人自己的身体，以及她自己做出的选择。"另一个人的观点是，堕胎就是"杀婴"。"这个选择应该由上帝做出，而不是你。"关于这件事，我很难跟她交流，甚至根本没法听她说话。我们陷入激烈的争论中。我最终意识到这样下去毫无结果。我决定不再说话，仅仅倾听，不过这次是真正地倾听，而不是像我刚才那样听。之前，我虽然在听，但脑子里只有我自己的想法。我其实只是等着她说完，然后我就可以详细说明我的立场。现在我放空大脑，充分倾听她的声音。我意识到她的观点非常坚定，其中确实存在一些我之前没有看到的优点。虽然我不同意她的意见，但我不得不肯定她的观点，允许她保留自己的想法。

巴里意识到，因为对方存在非常强烈的感受，她不可能听到他的观点和担忧。所以他选择暂时抛开自己的观点，倾听对方的意见，这是他之前未能做到的。结果出现了变化：

我在一段时间内只听不说，她似乎对我完全安静下来的做法感到震惊。我想她很感激我愿意倾听，能够把她的话听进去。然后她也愿意听我说话，于是我开了口。我解释了我的想法，并且说"我理解并尊重你的意见"，这使她很高兴，并愿意敞开心扉听听我的想法。这次谈话结束后，她承认也许她的思维方式太老套了，但她就是那样长大的，她打算思考一下别人的意见。非暴力沟通在这种情况下的表现令我印象深刻。原来，我不仅能让自己敞开心扉，也能让别人敞开心扉。

巴里先对另一个人抱有同理心，充分倾听对方关注的事情，从而也让对方愿意打开心扉倾听他关注的事情。这就是我们所说的，教导之前先同理。在巴里向别人"教导"自己的观点之前，对方首先需要有一种自己的心声得到倾听的感觉。

当然，有时我们自己的感受和需要非常明显，让我们很难听到另一个人身上发生了什么。在这种情况下，我们需要先获得一些同理倾听，或者实践自我同理倾听。我们需要先把自己的杯子倒空，然后才能从别人那里接收更多。

但我希望能帮上忙

我们对另一个人进行同理倾听时，会与他的内在体验建立连接，这时我们不会做什么来有针对性地改变这种体验或外部世界。起初，这可能令人沮丧。我们的文化让我们习惯于采取行动——改变、修正和负责。如果有人存在迫切需要或者感到痛苦，做到仅仅去关注他们的感受和需要是挺有挑战的。我们会想要前进和缓解痛苦。而同理倾听似乎是迂回绕道或"延迟满足"。

然而，随着你在同理倾听实践中获得体验，你会发现其实这也是一种创造变化的有效策略。你对一种情况有何看法、有何感受，你与其他人有何关联，都可能立即发生变化。与没有进行同理倾听前选择的策略相比，在建立这种连接之后，会出现更能有效满足需要的其他策略。当然，你可以在任何时候给出安慰和建议。但你很可能会发现，在同理倾听之后，分享经验和探讨策略会更加有效。

为什么会这样？先进行同理倾听可以为你带来更多信息，让你了解你的朋友实际发生了什么事，而不仅仅是你自己的诠释。我们很容易以为自己非常清楚某种情况下另一个人身上发生了什么。有时，根据我们对他们的了解以及我们自己的经验，我们其实已经有了明确的想法。然而，人类对于同样的刺激会出现各种不同的反应。除非我们首先进行同理倾听，否则无法确定他人有何体验。如果我们站在他们的角度看待这种情况，就能够为他们带来最好的支持，这就是换位思考。

如果你想到了一些建议，希望与对方分享类似的经历，最好留到同理倾听之后再说。你可以问，比如"你想听听我的一次类似的经历吗？"或是"你想听听关于应对这种情况的一些建议吗？"如果你的朋友关注的事情已经完整表达出来并得到充分倾听，他们会更感兴趣，并对能听到你想要分享的想法心存感激。

别人会不会认为我是个怪人，或者认为我说的话很奇怪

一开始，人们可能会对你应用非暴力沟通的全新沟通方式表示怀疑。"这种与之前不同的谈话方式是怎么回事？你是在我身上试用某种技巧吗？"如果对方提出这种问题或抱怨，你可以坦率地回答："是的，

我确实希望改善我们之间的关系，让彼此更亲密，能够更有效地处理我们的冲突。也许听起来跟以前不一样，但我希望通过这种方式能让我更好地理解你身上发生的事情，我们也能够更好地倾听彼此。"你坦率分享使用非暴力沟通希望满足的需要（有效、轻松、亲密和连接），通过这样做，你已经朝着同理和连接迈出了一步。听到你希望满足的需要后，与你交谈的人会理解并欣赏你对这种全新的沟通方式的尝试。

随着你不断学习非暴力沟通并付诸实践，你周围的人会发现，如今你能够更有效地倾听和表达自我。他们可能也会注意到，你能够更好地处理以前那些会被误解和分歧毁掉的谈话。随着你在练习非暴力沟通时掌握了更多技巧，你也可以开始使用"口语"或"俚语"等语言，不必严格遵循模型，但仍然把关注点集中在感受和需要上（参见第十章）。同理的关键不是运用这些词语，而是倾听别人的意图，在尽可能深入的层次上理解别人的体验。有时，最好的同理反应是完全不开口。我们跟别人说话时，最能传达我们的兴趣、慈悲和意图的，通常不是我们使用的词语，而是我们的语调和身体姿势。

警告

罗马不是一天建成的。在你刚开始学习非暴力沟通时，面对与你最亲密或关系最差的人，你可能不希望改变交谈方式。这时候也许只需考虑一下你人际关系中的感受和需要。先和与你关系较疏远的人实践一段时间，或者实践自我同理倾听（参见第六章）。在最亲密的关系中，难点在于这些人是最了解你的，你讲话方式的变化会令他们感到震惊。如果你曾经和他们多次发生冲突，他们可能对你缺乏信任，甚至认为你为了自己的利益试图操纵他们。在这种情况下尝试建立连接，就像在练慢跑的第一天就去跑马拉松。在你参加奥运会之前，要先给自己点时间学习技巧、进行实践！

这并不意味着你不能立即开始应用这些新技巧。马歇尔·卢森堡喜欢说一句话：任何值得做的事情，就算失败了也值得。换而言之，如果我们一定要等到能做到完美的时候才开始实践，那一天可能永远不会到来！通过练习非暴力沟通并实际应用，你会获得自信，沟通也更加流畅。就像学习外语，了解一点非暴力沟通总比一无所知要强。即使只是偶然接触，你也能通过非暴力沟通的意识和技巧获益。如果你感到紧张，不知如何开始，那就从完全陌生的人开始。我发现非暴力沟通在旅行中非常有用，在与有"官方"身份的人（如银行工作人员、学校工作人员和行政机构的人）打交道时明确提出我的需要并请求帮助也很有效果。我也发现，在日常谈话中实践非暴力沟通可以缓解压力、避免断开连接。当我们讨论一些对我们来说很重要的事情时，带着同理心进行倾听有助于头脑清晰、建立连接和深入理解。

最后，关键是要记住，我们在书中建议的框架只是创建同理连接的路线图，沿路的四个标志是观察结果、感受、需要和请求（观察结果和请求将在后续章节中介绍）。如果你能注意到这些步骤，即使你不说话，只是保持无声同理，也能为同理连接做出很大贡献。无论你使用什么样的词语或句式，都要把注意力集中在讲话者的感受和需要上。如果你不愿或不能同时猜测这两方面，一般最重要的是专注于需要。

同理心的力量

尤达大师，这是不可能的！我们不可能成功。这毫无意义！

嗯……你在脑海中看到了什么，使你产生这些想法？

我看到了银河帝国的强大力量。达斯·维德和他的舰队这个帝国拥有的武力足以毁灭整个星系！面对那样的力量我们怎么做才有用！

你是否感到忧虑不安？你是否想要拥有希望和自信？你想为生命做出贡献，而且这一切生死攸关。

是的，尤达大师。但是我感觉这完全不可能……压力大到令人难以承受！

我不确定我能做得到……

啊，你想要的是休息和放松，还是前进和信任？

是……是的，那都是我想要的。
但我也知道，如果我相信原力……
我的感受和需要，都将引领我、支持我。
那就是为什么我能感到自我连接。
脚踏实地、拥有自信、实际有效。

嗯，是的，我很高兴听到这些。你的感受和需要确实与你建立了连接。生命的原始能量是服务于生活和所有生命的。听到这些，希望我与你感同身受。愿友谊长存。

谢谢你，尤达大师。我也一样。谢谢你的倾听。愿原力与你同在。

整合：进一步探索第三章的练习

对于下面每一条，如果你认为第二个人是带着同理心回应第一个人，标为"E"；如果你认为这是评判或评价，标为"J"。如果你认为第二个人没有带着同理心回应，就参照本章的描述写下你认为具有同理心的回应，把注意力集中在感受和需要上。

_____（1）第一个人："我怎么会这么蠢，我把钱包忘在酒吧里了？"

第二个人："没有人是完美的，伙计，别对你自己太苛刻。"

_____（2）第一个人："老实说，所有有钱的城里孩子都应该离开这所学校。让他们去高档私立学校吧。"

第二个人："你真的认为那能解决任何问题吗？"

_____（3）第一个人："你又不是万事通。"

第二个人："你是否感到挫败，因为你想让人承认你知道一些事情？"

_____（4）第一个人："我觉得你认为我所做的事情都是理所当然的。如果我转学离开，你没有我可怎么办？"

第二个人："你在说谎。我没有认为你所做的事情都是理所当然的。"

_____（5）第一个人："你怎么能说出这么刻薄的话？"

第二个人："你是否感到生气，因为你希望别人对你说话的方式更体贴、更关心？"

_____（6）第一个人："我男朋友让我气得要命！每一次我哭起来，他就说我像个小孩，然后走开。"

第二个人："你是否认为他应该留下来安慰你？"

_____（7）第一个人："我心情低落，我已经六个月没恋爱了，而且我看起来很胖。"

第二个人："你是否感到沮丧？你想找个可以亲近的人？"

_____（8）第一个人："这学期我很担心，我参加了四门高级课程，都太难了。我觉得我应该换专业。"

第二个人："你是否感到焦虑，因为你希望这学期轻松一点？"

_____（9）第一个人："我的家人没有告诉我就过来看我，这让我很恼火。我感觉他们认为我没有社交生活。"

第二个人："我明白你的意思。我父母这么做的时候我也恨不得杀了他们。"

_____（10）第一个人："我不喜欢你今天在赛艇比赛中的表现。我希望你挥桨的速度再快一点。我们一起进行的所有训练似乎都毫无用处。"

第二个人："我知道你很烦恼。只是我当时感觉不在状态。"

我对这项练习的回答：

（1）如果你把这条标为"J"，我表示同意。就我个人的理解来说，第二个人是告诉第一个人应该怎么看待自己，并试图安慰对方。我认为抱有同理心的回应是："你是否感到火大，因为你希望能保管好重要的东西？"猜测的感受是"火大"，猜测的需要是自觉和注意：记住要保管好重要的东西。

（2）如果你把这条标为"J"，我表示同意。在我看来，第二个人的问题是关于第一个人的想法，而非感受和需要。我认为带着同理心的回应可以是："你是否感到愤怒，因为你认为尊重所有人是很重要的，无论他们经济地位如何？"猜测的感受是愤怒，需要是尊重。

（3）如果你把这条标为"E"，我表示同意。猜测的感受是挫败，需要是得到承认、能让别人看到他是个什么样的人。

（4）如果你把这条标为"J"，我表示同意。我认为对于第一个人的评判，第二个人在进行争辩，而非带着同理心去接受。我认为带着同理心的回应可以是："你是否感到受伤？你是否希望能知道自己是重要的、有作用的？"猜测的感受是受伤，猜测的需要是被视为重要的、有作用的、有意义的。

（5）如果你把这条标为"E"，我表示同意。感受是生气，需要是体谅和关心。

（6）如果你把这条标为"J"，我表示同意。在我看来，第二个人是询问第一个人关于女朋友应该怎么做的想法和评判。我认为带着同理心的回应可以是："所以你感到生气，因为你希望对方能接受你表达自己的方式？"猜测的感受是生气，需要是接受。

（7）如果你把这条标为"E"，我表示同意。猜测的感受是沮丧，需要是亲近或亲密。

（8）如果你把这条标为"E"，我表示同意。猜测的感受是焦虑，需要是轻松。

（9）如果你把这条标为"J"，我表示同意。第二个人是说他和第一个人有过同样的体验和感受，这不是同理心。我认为带着同理心的回应可以是："你是否感到恼火，因为你希望能自行决定怎样安排时间？"这里猜测的感受是恼火，猜测的需要是选择和自主。

（10）如果你把这条标为"J"，我表示同意。第二个人是在解释他的看法，而不是询问第一个人的感受和需要。我认为抱有同理心的回应是："你是否感到失望，因为你希望看到自己的努力能够影响团队的成绩？"猜测的感受是失望，需要是贡献和被人看到。

第四章

从观察结果中去发现

没有什么技巧比观察的技巧更难学到，

对某些人来说，很难用简明扼要的语言记下观察结果。

——威廉·奥斯勒（19世纪加拿大医生）

> 马里奥：我们需要谈谈。你没有做分配给你的那部分家务。所有的事情都让我来做，这不公平！
>
> 杰克：你在说什么？我做了分配给我的那部分。我认为你甚至没注意到我干了什么。

在上面的对话中，马里奥和杰克正在争论做家务的问题，他们对情况的看法肯定有所不同。一个人认为自己做了"所有的事情"，另一个人则认为自己做了"分配给我的那部分"。最后，如果搞不清楚到底发生了什么，他们就不太可能达成共识、继续前进。他们每个人对于家务具体观察到什么？他们的观察结果是什么？

观察结果是：他描述你或别人看到或听到的东西，不带任何评价、评判或指责。想象一下，你和一名侦探讨论发生了什么。侦探想从你这里知道的一切就是"谁、什么、何时、何地"，而不是你对行为或事件的理解或诠释。想象你自己是墙上的一只苍蝇，或者是一个拿着摄像机拍摄场景的人。苍蝇具体看到了什么，或者摄像机具体记录了什么？更好的做法是：想象你是墙上一只带着摄像机的苍蝇，能够不偏不倚地记录看到和听到的东西。

明确客观的观察结果是解决冲突、保持头脑清晰、达成共识的关键要素。你是否曾经与人争论，然后却意识到你和对方其实意见一致？问题不在于原则，即你们的价值观，甚至不在于支持这些价值观的首选策略。你们的分歧在于描述一种情况的方式或措辞，而非这种情况本身。"啊，你是这个意思。"——一旦情况变得清晰你就会说，"我以为你是别的什么意思！"也许，双方很难听到彼此的声音，原因就在于观察结果中混入了评判或诠释，导致你们很难看清情况。

你可能会想："给出观察结果有什么难的？我是个公正准确的人。我不会夸大其词。我看到什么就说什么！"但即使我们的想法是好的，我们在看待和描述事物时还是会不知不觉地混入评判。我们认为对于所发生的事情，我们的说法就是"真相"——在我们看来如此显而易见、明确无误！而在客观角度上，在"纯粹事实"的层面上，实际发生的事情变得扭曲或模糊。

让我们来看一个例子。假设你约好下午2点和一位朋友在电影院见面，结果他下午2:15还没到。你感到恼火，因为以前就发生过这种事。事实上，几乎每次和他见面都是这样。在这种情况下，你可能会说："你又迟到了，你总是这样！"乍一看，这似乎是个观察结果，因为他确实迟到了不止一次。但"迟到"是一种评价，观察结果藏在评价后面的细节中。你怎么知道他迟到了？他在你们约好的15分钟后抵达。咔嗒！这才是观察结果：如果用摄像机拍下来，这是你们两人具体看到的东西。

在这句话中是否存在其他评判？"你又迟到了，你总是这样！"摄像机怎么会拍下"又"以及"总是这样"？如果你们每次见面都用摄像机拍摄，可能会记录到他 10 天前来咖啡店时比约好的时间晚了 20 分钟，一个月前吃午餐时比约好的时间晚了 25 分钟。再加上今天这次会面，你的观察结果可能是"我们最近三次见面，你都比约好的时间迟到了 15 到 25 分钟"。这才是观察结果：具体发生了什么事。

我们为什么要把"总是"和"通常"（副词）这样的词以及"晚"（形容词）这样的词转换为清晰的观察结果？实际上，"又"和"总是这样"给出的是我们体验的速记版本。这属于总结（会被我们的看法影响），而不是描述这个实例中具体发生的事情。从语法上来说，"总是"、"通常"、"从不"、"有时"、"好"、"错"和"晚"这种词语（更多例子请参见下面的表格）都属于修饰语，是不同形式的评价或评判。如果用它们来总结我们的体验，结论往往缺乏针对性和具体性。当你说"总是"的时候，你的意思是他从来没有在约好的时间抵达，一次都没有？两周内三次可以说成"总是"吗？如果他上次迟到是两个月前，你会使用"又"这个词吗？一年前呢？十年前呢？如果他晚了五分钟抵达，你认为他迟到了吗？两分钟呢？两秒钟呢？也许你认为两秒钟的"迟到"不值一提。在工作面试的情况下，迟到五至十分钟在你看来重要吗？如果是你的婚礼呢？如果是你跟几个朋友出去玩呢？你可能会觉得这样分析太烦琐了，但对于不同文化、同一文化的不同个体，甚至不同情况下的同一个人来说，"迟到"的定义大相径庭。关键在于，当我们提到某物或某人"迟到"时，我们真正要表达的是，那个人抵达的时间导致我们的一些需要未能得到满足。

一些隐含评判的词语			
所有	总是	不断	永远
极度	从不	没人	经常
极少	多次	过于	非常

如果你回忆一下我们关于正确—错误的思维方式的讨论，在这种带有局限性的世界观中，一个主要元素是认为行为和生活是静止的。你就是你一直以来的样子，引起问题的不是你所做的事情，而是你是个什么样的人。使用总括性和评价性的词语其实是在诅咒别人（包括你自己和你关心的人）进入某种冻结的永恒。没有人喜欢被困在那种寒冷荒凉的地方。在一个充斥着"总是"和"从不"的宇宙中，怎么会存在改变的空间？

练习1：区分观察结果与评判

对于下面每个句子，如果你认为这属于观察结果，标为"O"；如果你认为属于评价、评判、诠释或推论，标为"E"。如果标为"E"，将评判转换为观察结果。

_____（1）"蒂娜在家里待了两天。"

_____（2）"鲍勃昨晚修好了我的电脑。"

_____（3）"约翰没有问我为什么打电话给他。"

_____（4）"我母亲是个付出型的人。"

我对这项练习的回答：

（1）如果你把这条标为"O"，我同意这句话表达了观察结果而没有混入评判。

（2）我认为这属于评判。在我看来，"修好"是一种看法。我记得和一家汽车修理中心发生过纠纷，他们声称修好了我的车。我不同意，我认为他们只是更换了一些零件。在这一条中，观察结果可以表达为："鲍勃昨晚给我修了电脑，效果很好。"

（3）如果你把这条标为"O"，我同意这句话表达了观察结果而没有混入评判。

（4）我认为"付出型的人"是一种评判。不带评判的观察结果可以是："三年以来，我母亲每周都去无家可归者收容所做一天志愿者。"

练习2：跟踪评判

> 当我开始关注自己做出的评判时，我差点受不了了。每当我看到某个人，我就会琢磨他穿得怎么样，他正在做什么，我是否信任他或者喜欢他。否则我就会思考自己的情况，思考我是否做错了什么。
>
> ——玛丽·贝丝（Mary Beth）

这周花几个小时或一天时间，随身带个小笔记本或一些卡片。记下这段时间内你注意到你对自己、别人或者这个世界做出的任何评判。

（1）对于你的评判，你注意到什么？是否存在某种模式？

（2）你对自己或别人是否还有更多的评判？

（3）评判大部分是"积极"的还是"消极"的？（需要得到了满足还是未满足？）

（4）你的评判如何概括一种情况，或者使一种情况静止不变？

（5）将每个评判转换为观察结果、感受和需要。记住，进行观察时，你需要想象自己带着一台摄像机，以确保观察结果只包含视频和音频可以记录下来的东西。确定你的观察结果不包含形容词和副词。

对我们看到和听到的东西负全部责任

你可能已经注意到观察结果的第三个元素了，而它也许是最重要和最具戏剧性的元素。当我们对另一个人做出评判时，我们谈论的是他们——他们是关注的焦点。"你总是迟到！"如果我们把焦点放在别人身上而非自己内心发生的事情上（我们自己的观察结果、感受和需要），进行评判的可能性就会直线上升。相比之下，纯粹的观察结果关注的是我们的体验。在经典非暴力沟通模型中，提倡以"我"为主语开头，比如"当我看到……"、"当我听到……"、"当我想到……"。即使你正在看、听或思考另一个人的行为，当用第一人称开头时，你就对自己看到和听到的东西负起了责任、掌握了所有权。

根据我的经验，至少有一半冲突的出现是由缺乏信息或信息错误导致的。人们十有八九对他们看到或听到的东西并不清楚也无法确定，结果，他们得出的结论是关于一些实际上并未发生的事情的（或者是关于实际上发生了而他们以为没有发生的事情的）。这就是我们要对我们看到和听到的事情负起全部责任的原因。例如，我最近参加了一个非暴力沟通项目，并提出了一些观点。后来有人告诉我，他很失望，因为我在会谈中参与不多。这令我感到吃惊。我告诉他，我觉得自己参与得挺多的，尤其考虑到主持人甚至不知道我会参加，我们此前也从未见过面。我把这些告诉那个人之后，整个情形在他看来都不一样了。他原本以为我和主持人相识多年，我们两个人是一起指导这个项目的！现在他对于我的参与程度感到高兴了。是什么发生了变化？是信息以及他看待事物的方式。以"我"为主语开始描述观察结果，包括对于自己想法的观察结果，可以让我们对自己的体验负起全部责任来。

练习 3：对我们的体验负责

（1）回忆一下你曾经做出的评判、意见或评价，看看这些是否基于对事件的某种诠释或解读？你拥有的信息是否在什么时候发生了变化？这对你之后的评判有何影响？

（2）看看你在评判日志中写下的一项对别人的评判。你是怎样责备另一个人的？把它改写为观察结果，使用措辞"当我看到……"、"当我听到……"或"当我想到……"。这样开头会对你所陈述的事带来何种性质的改变，从而让你对自己的体验负起更多责任来？

观察结果的急救：你的内心摄像机以及 PLATO

几年来，一位女士每周参加我领导的一个非暴力沟通实践小组时都会说："我的老板是个白痴——这是观察结果！"说某人是个"白痴"真的属于观察结果吗？你认为她和她的老板相处时，对方有些什么行动或行为，导致她对他产生这样的看法？观察结果应该是怎样的？摄像机会记录什么？

在一次类似情况下，我曾经指导一个小组进行观察，让他们举个例子。组里有个人是严格素食主义者（既不吃肉类也不吃乳制品），他热烈响应说："我家那些广义素食主义者正在污染我的黄油刀！"我想帮助她给出观察结果，于是我问她："那是怎么回事？如果用摄像机拍摄黄油刀，会拍到什么？"对于这些问题，她断然回答说："广义素食主义者正在玷污我的黄油刀！"如果你想象自己有一台摄像机，你认为你会看到什么事情发生？在这种广义素食主义者和严格素食主义者一起吃饭的情况下，有人对黄油刀做了什么？

摄像机的概念不仅仅是一个理论，事实上，它真的有效！让我们把这种做法付诸实践。想象你手里拿着一台真正的摄像机，在你脑海中"看到"和"听到"摄像机捕捉的内容。当我把这项实践应用到黄油刀上时，我立刻就明白了：这把黄油刀是组里那个人用来涂抹大豆人造黄油的，而广义素食主义者拿起这把刀涂抹乳制品黄油。对于严格素食主义者来说，这属于"玷污"。而透过摄像机镜头观看现场，我只看到一把黄油刀被人拿走了。

关于"白痴"老板，很明显，参加实践小组的那位女士不喜欢老板的管理和处事方式。我们应用摄像机技巧，可以了解具体细节。有好几次，老板问起他们目前客户的相关细节，而每一次收到相关记录之后，他都会找不到，又得再要一次。还有一次，一位名叫佩玛的女士加入团队。四个月后，人们听到老板好几次把那个人的名字叫成"帕米"。如果我们使用摄像机，就会发现还有很多其他观察结果导致这位女士对她的老板产生这种评判。"白痴"这种评判，就像"好"、"坏"、"最好"和"被玷污"这些词语一样，不够明确具体。在了解到观察结果之前，我们其实无法确定这些词语描述的是什么。我们只能通过这些评判的词语了解讲话者被触发的情绪激烈程度。

为了实现我们追求的明确具体，除了摄像机，在我们的观察结果中点明 PLATO 也会带来帮助，PLATO 即人物（person）、地点（location）、行动（action）、时间（time）和物体（object）。比如我们说家里的广义素食主义者这周有三次拿走桌上的黄油刀涂抹乳制品黄油，我们的观察结果中包含：人物（广义素食主义者）、地点（桌子上）、行动（使用）、时间（本周三次）和物体（黄油刀、大豆人造黄油和乳制品黄油）。这种程度的细节为我们带来明确具体的观察结果。PLATO 能够帮助我们掌握摄像机记录的一切内容。

以电影院迟到的那个人为例，观察结果也包含 PLATO："我们最近三次见面，你都比约好的时间迟到了 15 到 25 分钟。"这里有人物（"我们"和"你"）、地点（隐含电影院和其他地方）、行动（见面）和时间（迟到了 15 到 25 分钟），不存在物体（不同于黄油刀的例子）。即使不是 PLATO 所有的元素都存在，为了得到清晰的观察结果，尽可能点明

PLATO 会为我们带来帮助。①

练习 4：点明 PLATO

（1）对于被那位女士称为白痴的老板，我们再看看观察结果，并确定每一项的 PLATO。

（2）回到你在评判日志中记录的一些评判。将一两项评判转换为观察结果，确保其中包含 PLATO。

（3）给出观察结果时，使用 PLATO 与使用摄像机有何相似之处？

承认评判

沙扎姆："你开得太快了！"

泰瑞："不，我没有。"

沙扎姆："不要大喊大叫！"

泰瑞："你为什么会认为我在大喊大叫？！"

有时，将评判转化为观察结果有一定难度。例如，需要设备才能准确测量体积、速度或时间。如果有人走路或骑车的速度对你来说"太快"了，但你没有速度计，怎么才能把时间加入观察结果中？你又怎么

---

① 据我所知，美国湾区非暴力沟通的米基·卡什坦（Miki Kashtan）最早提出了 PLATO 的概念。点明 PLATO 有助于提出明确、积极和可行的要求。我认为这也有利于我们得到明确的观察结果。

知道多快才算"太快"？如果路面有水或结冰，按限速要求行驶也可视为"太快"。如果你说某人说话"声音太大"会怎样？你也无法用音量计的测量数字来参考。也许我们认为一首诗或另一种艺术作品伤感、悲痛、令人感动，但鉴于这种体验的复杂性，我们怎样才能给出"可观察量"？

一般来说，在所有这些情况下我们仍然可以把 PLATO 加入观察结果使之具体化。例如，你可以对别人说"考虑到路面状况，你开车的速度比我感觉舒适的快一倍"或者"你说话的声音大概是我听明白你的话所需音量的三分之一"。"承认"评判也会带来帮助，你可以直接表明这个事件或行为不是你喜欢的或重视的。这种"承认"使你的话脱离道德评判的范畴，表明你对它的看法：它只是一种偏好或重视。你可以在句子里添加一些短语来"承认"评判，比如"在我看来……"、"根据我的判断……"或者"我认为那是……"。例如，沙扎姆可以说："在我看来，考虑到这条路上的转弯，我们开得太快了，不能保证安全。"同样，当描述一件艺术品时，你可以说："对我来说，那是我在这次展览中看到的最动人、最美丽的作品——看看那些颜色！"以这种方式承认我们的评判，不同于直接说"这是展览中最好的艺术品"。

如果有人对你进行评判或评价，你也可以通过给出观察结果或者至少持有你自己的评估，来澄清当前状况。例如，如果沙扎姆说："不要大喊大叫！"泰瑞可以回答："听到你这么说我很惊讶，因为我不认为这是'大喊大叫'。我愿意放低声音，如果这样能令你感到更舒适的话。"承认评判的一种简单方法是使用感受词语来描述我们在这种情况下的体验。例如，不要说"这是个令人不快的意见"，而是说"听到那个我感到恼火……"，然后告诉对方我们有何需要未能得到满足。

练习5：承认我们的评判

重写下面每一项评判，让讲话者为他们做出的评判负起责任来，把评判转换为意见。试着使用感受词语。

示例：

评判："那样说很愚蠢……"

承认："听到那个我感到恼火……"

（1）评判："贝多芬《第九交响曲》令人振奋。"

意见：_____

（2）评判："没有比女子篮球更棒的运动了。"

意见：_____

（3）评判："别再烦我了！"

意见：_____

（4）评判："你不能再快一点吗？"

意见：_____

让观察结果独自飞行

非暴力沟通模型包括四个步骤：观察、感受、需要和请求。我发现，仅仅实践观察这个步骤就能带来帮助。如果发生了什么事情触发了我的感受，我会不断把注意力拉回观察结果上，直到我能够从恰当的角度冷静看待事物。例如，走在街上时有人撞到了我，我内心的评判和描述可能会螺旋式发展：他们怎么这么不体谅别人？他们为什么要推我？他们没看见我吗？把我当成什么了，无足轻重的胆小鬼？他们为什么不说"对不起"？在那种时候，我可以提醒自己具体发生了什么事：有人走过来撞到了我。在观察层面上，这就是所发生的一切。其他所有事情，包括"推"这个词，以及我说他们"不体谅别人"，都属于诠释和评判。我越深地陷入自己的评判和构想，把发生的事情不断升级和扩展，就越容易变得焦躁不安。如果我不断把关注点拉回观察结果上，就可以把实际情况与我自己的诠释区分开来，其实后者与实际发生的事情无关。

　　同样，如果你的谈话对象已经被触发产生某种情绪，处于评判的位置，把他们所说的内容拉回观察结果也能为接下来的对话打下基础。例如，有人对你说："你从来不听我说话！"你不必表示反对或者为自己辩解，只需猜测观察结果是什么。"你已经跟我说过好几次，在我们打算出门时不要提这个话题，对吗？"一旦这个人告诉你观察结果"正确"，你就可以开始他的猜测感受和需要了。"我敢打赌这确实令人沮丧，因为你已经跟我说过好几次了？"以及"你希望我可以记住这种事情？"即使没有走到感受和需要的步骤，阐明观察结果也有助于让对方感觉自己被倾听和理解。在这种情况下，获得观察结果的方式也可以是请讲话者举个例子："我刚才听到你说，我从来不听你说话。你能给我举个例子，让我明白你的意思吗？"或者相反，表达你自己的需要："我想知道，你是否能想到某一次我认真听你说话的时候？我希望能够客观平衡，对到底有几次我认真听你说话并且理解了你的意思达成共识。"

扩展路线图

在上一章中，我们建议在最初应用非暴力沟通时使用"经典非暴力沟通"公式作为路线图。非暴力沟通模型包括四个基本步骤：观察、感受、需要和请求（OFNR）。在下一章，我们将详细介绍请求。但目前，我们的路线图如下所示：

> ### 非暴力沟通模型——前三步
>
> 观察：当我看到／听到／想到＿＿＿＿＿＿＿（观察结果），
>
> 感受：我感到＿＿＿＿＿＿＿（感受），因为
>
> 需要：我需要＿＿＿＿＿＿＿（需要）。

再来一遍

把非暴力沟通模型整合到一起听起来是怎样的？假设你的老板对你说："我无法相信你这么不负责任。给别人回个电话都做不到吗？"想象一下，你的老板不是进行评判，而是给出明确的观察结果、感受、需要和请求：

我刚听史密斯先生说，他上周留了两条电话留言，没有得

到回音（观察结果）。这件事令我感到担心（感受），尤其考虑到他对我们来说是一位非常重要的客户。我希望公司能够持续发展，我也希望我们做生意时能够积极回应（需要）。我想知道你这边发生了什么事。你收到那些电话留言了吗？（请求）

听到明确的观察结果以及感受、需要和请求，对你听取老板的这份关切的方式产生了怎样的影响？你很可能对具体情况和实际发生的事情有了更清楚的认识和理解，至少可以站在你老板的角度看待问题。倾听你老板的感受和需要，你也多少可以理解她为什么如此焦虑和担忧。

无论谈话发展到什么程度，从明确的观察结果开始，我们至少可以了解正在讨论的内容是什么。我们可以看到"橘子和苹果的区别"。明确的观察结果能够为连接和理解建立坚实的基础。看看上面的例子，观察结果明确了你老板情绪的触发因素是什么。也许你知道老板并不知道的一些信息，比如你上周生病了。也许你已经回了史密斯先生的电话，很困惑他为什么没有收到你的回应。无论发生了什么，通过互相交换观察结果，都可以从针锋相对的谈话中去掉大部分"指控"。

如果你思考一下，就会发现评判和评价可以被看成是将非暴力沟通模型的四个步骤混合在一起的产物。当我们产生强烈的意见时，评判背后的能量是我们的感受；触发感受的是观察结果；在那一刻我们真正渴望的是需要得到满足。运用观察结果、感受和需要把我们的体验表达出来，然后我们提出请求来满足需要，这便是以一种易于倾听和理解的方式描述我们的体验。

在下一章中，我们将重点讨论请求，全面实践完整的非暴力沟通模型。但现在，这里还有两项练习可以帮助你进一步整合本章内容。

整合：进一步探索第四章的问题和练习

（1）对于下面每一条，如果你认为是观察结果，标为"O"；如果你认为是评价、评判、诠释或结论，标为"E"。如果你把它标为"E"，则写出这种情况下的观察结果。

_____（1）"安贝对于男女关系很随便。"

_____（2）"丹的想法混乱。"

_____（3）"我朋友在午餐时迟到了。"

_____（4）"我儿子总是不洗澡。"

_____（5）"丹尼丝认为她穿黑衣服更好看。"

_____（6）"我继母会缘无故抱怨。"

我对这项练习的回答是：

① 我认为"男女关系很随便"是一种评判。不带评判的观察结果可以是："安贝这周带了三个不同的男人回家。"

② 我认为"想法混乱"是一种评判。不带评判的观察结果可以是："上周，丹说他想离开公司自己创业，这周又说他正在努力工作争取升职。"

③ 我认为"迟到"是一种评判。不带评判的观察结果可以是："我的朋友在 12:20 抵达，而我们在电子邮件中说好正午见。"

④ 我认为"总是"是一种评判。不带评判的观察结果可以是："我儿子这个月洗了四次澡。"

⑤ 在这种情况下，纯粹的观察结果可以是："丹尼丝说她觉得她穿黑衣服更好看"或者"我听到丹尼丝说，她觉得自己穿黑衣服更好看"。

⑥ 我认为"无缘无故"和"抱怨"属于评判。不带评判的观察结果可以是："昨晚在餐厅里，我继母对端上来的每一道菜都提到了她不喜欢的地方，然后吃掉了她盘子里所有的东西。"

（2）观察下页的照片。对于每一幅图片，首先给出评判，然后给出观察结果。在给出观察结果时，尽可能具体，并确保包含 PLATO。

（3）回忆一次你感觉难以处理的情况。拿出一大张纸，在顶部写下你对所发生的事情的评判。想象你有一台摄像机，使用"停帧"技术——在你拍摄的视频中选取静止画面。对于所发生的事情，给每个"静止画面"画出一幅图。根据"静止画面"，在纸的底部写下不带评判的观察结果。

（4）听听新闻，看看报纸或网上的故事。找出某个人给出的一项评判，可以是政治、经济、社会或文化方面的。在这篇新闻的背景下，根据其中的评判写出不带评判的观察结果。

（5）回忆一下你在生活中听到某个人说出的评判和评价。在练习中写下你听到他们进行评判的一段对话，然后练习在对话中请对方给出观察结果：比如"我听你说……你能给我举个你听到我这么说的例子吗？"

（6）考虑这样一种情况，你已经给出意见，却没有意识到自己正在这样做。写下你对自己的意见负起责任的说法，比如"在我看来……"或者"我会这么说……"。

图片来源：bigfoto.com。

图片来源：bigfoto.com。

图片来源：bigfoto.com。

图片来源：bigfoto.com。

第五章

促进信任与合作：请求的力量

猫会遵循一条原则——想要什么就提出请求；这没什么害处。

——约瑟夫·伍德·克鲁奇

正如我们在第四章中看到的，应用观察结果，可以促使我们对每个人的体验达成共识。这为倾听彼此的感受和需要、促进同理连接创造了基础。模型的最后一步是请求，最终完成这种连接和共同理解，探索如何处理各方的需要。提出请求，对别人的需要和策略保持开放的心态，同时也把自己的需要视为至关重要的，这是促进合作的关键实践。

在很多方面，观察结果和请求是类似的，它们就像非暴力沟通过程两端的书挡。观察结果是对你的体验做出客观、具体的描述；而请求则是对你希望发生的事情做出明确、积极和可行的描述。观察结果和请求都涉及外部世界，它是满足需要不能绕开的。相反，感受和需要涉及我们的内心领域。

你可以把这些外部体验和内部体验的相互作用想象成一个无穷大符号。一个环代表你内部世界的感受和需要，另一个环代表你对外部世界的观察结果和请求。二者之间存在连续流动。

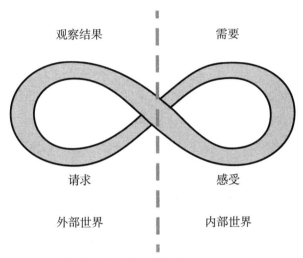

观察结果　　　需要

请求　　　感受

外部世界　　　内部世界

原图作者：哈达萨·希尔（Hadassah Hill）。

　　如果没有明确的请求，任何一方都不能确定怎样做才有助于满足另一方的需要、促进另一方的幸福，循环或回路也就不完整了。我们都有为生活做出贡献的愿望；我们通过提出和听取请求来探索怎样做最能满足我们自己和别人的需要。

　　在本章中，我们将重点讨论请求背后的目的，然后探索非暴力沟通模型实践中的几种请求类型：连接请求、策略请求（明确、积极和可行）以及群体请求。每种请求都涉及我们怎样才能满足需要，用心关注每个人的需要。最终，就像非暴力沟通模型的每个步骤一样，请求有助于建立连接。

请求的本质是什么

请求的关键要素既不是它所采用的形式，也不是它的内容，而是它的目的。请求来自一个充满开放性和好奇心、真心关注双方情况的地方。它是关于怎样灵活地满足你的需要，同时关注你的需要和其他方面的需要的。如果我们特别执着于某种特定策略，就可能导致误解、冲突甚至暴力的产生。如果我们错误地相信只有这种特定策略才能满足我们的需要，一旦别人不同意这种策略或不愿照此行事，我们就会感到绝望。归根结底，满足我们的需要是我们自己的责任。

本着这种心态，对于非暴力沟通模型中的请求这个步骤，关键条件是请求中不包含要求。在非暴力沟通中，我们以"你是否愿意……"这样的短语开头提出请求，体现这种开放的心态。这种标志性的表达方式说明我们希望在提出请求时也体现出好奇和邀请之意。我们将在本章中具体探讨另一种确认请求心态的方式，检查我们是否愿意听到自己的问题得到"不"的回答。如果我们不愿意听到"不"，我们就不是真正地提出请求，而是提出要求。有谁喜欢听到最后通牒或要求呢？

让自己和别人摆脱要求

要求可以采取很多种形式，包括我们使用的措辞、我们的身体语言和我们的语调等。从措辞上来说，要求通常以这些短语开头："你必须……"、"你一定要……"、"你应该……"。要求也可以采用明示或暗示会有惩罚、威胁或后果（积极和消极）的形式，一般使用这样的词语组合："如果你不做某事，我就会……"或"……那你就必须……"。当一个人处于有权威、权力的位置或控制性地位时，也即沟通双方存在权力差异时，有权一方尤其容易不知不觉提出要求。比如父母对孩子说："吃掉蔬菜，你才能得到甜点"或者"听我的！否则……"。我们在工作中也会体会到权力差异："如果这个月你们每个周末都加班，完成这个项目，你们所有人都会拿到奖金"，或者"如果你再这样做，你就会被解雇！"要求也会偷偷出现在我们最亲密的关系中，一个我们最希望自己的需要很重要的领域。如果发现并非如此，我们尤其容易变得害怕、失望和强势："如果你不听我的（或者做某事），那我为什么要……"或者"如果你真的爱我，你就会……"。

有时在我们自己看来，我们的要求似乎是合理的、公平的和必要的。我们的紧迫要求似乎理由充分。"你一定不能再抽烟了——这有害健康！"或者"别接受这份工作——这对你的事业没好处！"但最好花点时间考虑一下，有多少是真正紧迫的情况。如果我看到火焰、闻到烟味，我肯定不会说："房子着火了，你愿意离开大楼吗？"我很可能会非常着急地喊道："着火了！快出去！"如果有人过马路时一辆汽车开过来，我也会使用祈使句："注意！""当心！"然而，这种情况在生活中是罕见的。我认识的一位培训师在一家医院工作，员工们正在将非暴力沟通融入工作中。他们经常要处理生死攸关的情况，但即使是急诊室工作人员，需要提出命令式要求（否则就会发生伤害）的情况也很少（也许只占 10% 的比例）。

想一想你面对要求时有何体验。你是否喜欢别人告诉你该做什么，尤其是以强迫的态度强调紧急性或威胁性的后果？如果你听到的要求涉及一个想法，你对它的态度是更开放还是更封闭？鉴于我们重视自主权和选择权，当我们听到任何形式的要求时，都可能导致分歧、抵制，以及随着时间的推移而产生的反抗。

我经常在工作场所以及夫妻关系和家庭中看到这种问题。通常，看不到选择权会导致消极抵抗和缺乏沟通。在工作场合中如发生这种情况，有人可能会不愿完成任务，或者不加解释就把工作任务交给其他人。有的工作人员可能会言行不一、换部门或者辞职。而在夫妻之间和家庭中，这会导致一种我称之为"防火墙"的情况。小孩子会乱发脾气，青少年对父母的要求会反其道而行之（即使这种行为很危险）。在夫妻关系中，我听到一些表达方式，比如"我受够了！我不想再听你说什么了！"起初，提出要求似乎是满足需要的一种有效方法。但最终，在要求发挥作用时，没有人的需要能够得到满足。基于合作精神，觉察并坚持用心对待所有人的需要（我们自己的和别人的）的意图，会对我们所做的决定的质量和结果产生显著影响。

就最终结果而言，要求往往会适得其反，即产生的结果与我们的期望（包括即时的和长期的期望）恰恰相反。如果有人从我们的言语或行动中听到或诠释出要求（如果他们觉得不能给出我们想要的东西就会受到惩罚，即使是轻微的惩罚），他们更可能拒绝我们的请求，或者同意得很勉强。我们是否真的希望在我们的生活中，人们做事没有热忱、缺乏动机？如果人们都是这样，也许我们在此时此刻会感到轻松，但从长远看来，这很可能导致需要无法得到满足，包括我们自己的需要。

在这种情况下，作为一名非暴力沟通培训师，我往往会通过两个问题帮助自己提出"味美多汁"（吸引人的）和真正建立连接的请求：我们希望别人做什么？我们为什么希望他们这样做？除非这两个问题都能得到解决，否则最终结果往往不尽人意。例如，想象你为人父母，希望你的孩子能完成家庭作业。你想让孩子做作业是因为他们想要零用钱或者他们想和朋友出去玩，还是因为你希望他们重视学业呢？在工作环境中，你希望别人完成任务是因为他们觉得自己"必须"完成，还是因为他们了解自己的工作对组织有什么意义和贡献？

请求的配方

马歇尔·卢森堡针对请求给出了指导方针。这些指导方针（也许你希望把它们挂在家里或工作场所）可以随时提醒我们正在研究的原则：

在以下情况中请不要满足我的请求：

　　出于内疚、羞耻、恐惧、责任或义务；

　　因为你觉得你"应该"这样做；

　　为了得到我的爱或者被我接受；

　　因为你担心如果不这样做我会有何反应。

只在以下情况中满足我的请求：

　　你是发自内心地、快乐地付出；

　　因为你有做出贡献的需要；

　　这样做满足了你的其他需要或价值观。

这种提出请求的心态启发科纳尔·埃利奥特（Conal Elliot）创造出了一种简洁的句式，支持我们提出真正的开放式、询问式的请求。在你下一次提出请求时，考虑一下能否这样说：

如果你愿意（此处描述请求），真的会满足我（此处描述需要）的需要，如果不行的话，我也不介意通过其他方式满足我的需要。

即使没有把这些话对另一个人说出口，在谈话前也试试这种句式，验证一下你的请求确实是一项请求，而且你其实不介意听到"不"的答案。

练习1：摆脱要求的生活

（1）想一个你提出要求的情况。最终结果是怎样的？你提出的要求怎样影响了你和别人之间连接的质量，以及最终结果？

（2）现在想一个你听到要求的情况。听到一项要求是否会影响你采取行动的目的？

（3）想一想你通过"应该"或"必须"提出的要求。把"应该"转换为观察结果、感受和需要，然后应用"你是否愿意……？"将其改写成一项请求。例如，关于吸烟，你可以写下如下句子："看到你抽了那么多烟，我真的很担心你的健康。我关心你。我想知道你是否愿意和我谈谈这件事？"

（4）想一想你希望发生的事情，比如改善家里的孩子与兄弟姐妹之间的关系，或者改变同事的工作方式。向你自己提出两个与"味美多汁的请求"相关的问题："你希望这个人做什么？你为什么希望他们这样做？"回答第二个问题时，你可以参考附录中的需要列表，关注你的哪些需要会得到满足。

（5）再看一看马歇尔·卢森堡创造的请求句式。想象一下，如果你在家里、工作场所、社区或宗教信仰组织中的每一项行动，都遵循这种句式，能够为这些集体中的工作质量、连接、信任与合作带来怎样的影响？

（6）对于某些要求，你可以听到藏在别人紧迫的要求下面的关心（比如上面关于吸烟的例子）。在这种情况下，要求其实是一种求救的呼声：呼吁关注和行动。回忆一下你在生活中听到的别人提出的这类要求。考虑隐藏在那个要求下面的感受和需要是什么。

（7）花点时间想象一下，你听到别人话语中出现的紧迫的"必须"或"应该"。听到这些，你有何感受，包括你的身体感觉？现在想象一下你听到别人的请求时，他们首先分享自己的感受和需要，然后说"你是否愿意……？"这时你有何感受，包括你的身体感觉？

通过请求建立连接

我们一旦真正抱有请求的心态，抱有开放与合作的心态，就可以专注于主要目标：建立连接。这一般会通过我们所说的"连接请求"开始。连接请求会核实一个人当前体验的某些方面：他们正在思考什么、感受到什么、需要什么或理解什么。分享体验推动进一步的讨论，明确后续步骤，包括行动步骤。发生冲突时，或者任何一方受到刺激产生强烈感受时，连接请求尤其有用。

连接请求有两种基本类型。一种称为反馈（或反射），即简单重述你听到的另一个人所说的内容。通过反馈，你可以确保自己在认知层面上搞明白了，或者你已经听明白别人所说的话了。另一种连接请求涉及感受或反应，即另一个人听到你"浮现出"的感受时会怎样。第二种连接请求可归类于"核实"请求。我们将依次探讨每一种连接请求。

反馈想法

有时，尤其是当气氛比较紧张或者你不能确定自己听明白了别人的话时，在同理倾听之前先反馈一下对方的想法或评判会有帮助。以这种方式反馈可以减少一种最常见的沟通错误：听错另一个人所说的话。这种"听错"和"误解"很容易导致连接断开、发生冲突。如果听众反馈的信息与你的意图完全不同，你会怎么做？看看吉尔和她丈夫瑞安的例子。

> 吉尔：你昨晚大部分时间都在和另一个女人谈话，和我相处的时间不超过 10 分钟，我很难过。我想和你在一起，一起享受快乐。我不想从派对上离开，也不想发脾气。但我过得很不开心。我感到受伤。这就是为什么我决定离开，步行回家。我感觉到紧张。我们之间的关系对我来说非常重要，而且我真的希望能将我的意思表达清楚。你能不能告诉我，在你听来，我说的是什么意思？
>
> 瑞安：嗯，你是说，是我让你离开的？

吉尔看到瑞恩满足了她的要求，他告诉她他听到的是什么，对于这一点她很感激。现在很明显，她希望沟通的想法与他听到的意思不一致，她可以处理这种根本性的理解差异，而不必责备他"产生误解"或者责备她自己"没说明白"。她也有机会再次表达自己的意思，看看这一次她希望传达的与他理解的是否一致。下一轮对话可能是这样的：

　　吉尔：谢谢你告诉我你听到了什么。我想说的、也希望你听到的是，选择离开的是我自己。而我真的希望你能理解我是怎么了，我为什么会做出那样的决定。

　　吉尔没有说"看，你根本没听"或"但我说的不是那个意思"。她只是让瑞安知道，他反馈的内容与她希望沟通的不一致。

　　给予反馈时，最好以"我"为主语，以确保你对自己听到的内容负责。毕竟，你要跟别人核实，才能确定自己是否听明白了他们希望表达的内容。不要用"你说……"开头，可以用"我听到的是……"或者"我听到你说……"开头，然后反馈内容。在你给出请求反馈时，通过分享你的感受和需要来构建你的请求也很有帮助："我刚才说了那么多话来解释，我感到紧张，希望确保我说明白了。你能不能告诉我，你听到我说了什么？"

　　反馈会以多种不同的方式支持我们的对话。下面是其中一些例子，例子中包含了请求和反馈。

反馈的不同用途

清晰（希望核实你听到的内容或别人听到的你说的内容）

请求：我注意到我说了很多话，但是不确定我是否说明白了。你能不能告诉我，你听到我说了什么？

提供：我对于我听到的内容感到有点不知所措。我能不能告诉你我到目前为止听到了什么，以确保我理解正确？

准确（回顾所说内容）

请求：我听到你的回答与我记忆中自己所说的内容不一致。所以我们是否可以暂停一会儿，核实一下你刚才听到我说了什么？

提供：你知道，我听到你现在所说的内容与我之前听到的不一样。我能不能跟你核实一下我的理解是否正确？

掌握好节奏/被听到（希望放慢对话节奏，促进连接）

请求：你是否愿意告诉我，到目前为止你听到我说了什么？我很感激你能听我分享这么多，也很想知道我都传达出什么内容……你是怎么解读的？

提供：我对于我们谈话的节奏感到担忧，我真的希望我们能听到彼此的心声、建立连接。我们能否暂停一下，然后我可以告诉你目前为止我听到了什么？

整合（理解新知识，包括来自同理心的新知识）

请求：哇！这些内容对我来说有点多，我希望你能理解。你能否告诉我，你听到我说了什么，以便帮助我消化？

提供：我认为这是一件非常重要的事情。所以我希望把这一点反馈给你，以支持你整合并真正理解。

请注意，反馈通常与其他非暴力沟通支持技巧一起使用，比如中断、休息和自我同理心。所有这些支持技巧都有助于控制谈话节奏和建立连接。此外，虽然我们在本书中将这种实践称为"反馈"，我们也可以根据交谈对象的不同而使用不同的词语来描述它。例如，有时在工作中，我可能会说："你能否给我简单重述一遍？"如果我希望比较口语化（例如和年轻人交谈时），我可能会说："有人能总结一下我刚才说了什么吗？"无论你怎样描述反馈，这种实践都有助于实现清晰、连接和理解。

练习2：对于反馈的反馈

（1）回忆一次出现误解或连接断开的谈话。如果就一方或双方所说的内容给出反馈，对于实现清晰、理解和控制节奏，是否会带来帮助？

（2）回忆一下你今天参与的一次谈话。写出谈话期间你可以提出的三项反馈请求，以及驱动每一项请求的感受和需要。

（3）反馈请求有两种方式：请求和提供。根据上面第二条中你写下的三项反馈请求，改变方向：如果你是提供反馈的一方，改变请求方式，请另一个人给出反馈。例如：

原文：你是否愿意告诉我，你刚才听到我说了什么？我担心自己把这一切表述得很复杂，不确定我是否说明白了。

反向：对于我听到的一大堆细节，我感到有点困惑，我不确定是否搞明白了你说的内容。我能不能再给你讲讲，以确保我理解了你的意思？

用于核实的连接请求

反馈请求只是促进共同理解和连接的一种方式。我们也可以询问一个人有何感受：他们是否感到被人倾听，是否准备好聆听我们的看法，以及他们是否准备好转向下一个主题，等等。这种连接请求可归类为核实式请求——另一个人身上发生的事情的"天气预报"。提出核实式请求的一种典型方式是提问："听到我这么说，你有何感受？"下面是核实连接请求的其他一些用途以及具体使用示例。

连接请求的不同用途

（1）获取更多信息：你是否愿意听听这个想法？我能不能再多给你讲讲？

（2）完成：你希望分享的内容已经说完了吗？还有什么要补充的吗？

（3）征求意见：我想知道关于这个你是怎么想的？你有什么看法？

（4）设置条件：你是否反对这个计划？你是否对这个感到不舒服？你可以想象这样做吗？

（5）整体核实：你觉得这些听起来怎么样？这是否会给你带来麻烦？你听到这些有何感受？你是否同意这个计划？

无论哪一种形式的连接请求，都是保持非暴力沟通的思维模式和意图的关键所在，也就是促进合作与制定双赢解决方案的关键。我们通过连接请求探索自己的体验和观点怎样与他人产生共鸣。我们也正是通过这种方式觉察到他们的感受和需要，以及他们如何看待事物。从这样的共同理解出发，我们就可以探索并找到真正有利于双方的策略，包括充分表达请求，找到双方都会积极表示同意的请求。通常，即使我们的想法是好的，谈话也会因为一个人过早地提出策略而破裂，或者因为一个人勉强自己同意并不完全赞成的事情，影响到关系的发展和策略的实施。连接请求能够最大限度地保证双方以和谐统一的方式共同前进。

练习3：通过连接请求实现连接

　　（1）回忆一次令你感到不快的情况。写下观察结果（O）以及你的感受（F）和需要（N）。然后写下与别人分享观察结果、感受和需要之后，你可以提出的三项合理的连接请求。

　　（2）回忆一次冲突或者一次不如期待中那么顺利的谈话。回忆一下当时是否有一方或双方草率地提出了策略？提出连接请求会怎样带来更好的结果？

　　连接请求的整体目的在于增强各方之间的信任和理解，并保持对话，直至找到双方都满意的解决方案。如果你对连接的质量很有信心，可能会希望直接转向策略，提供以解决方案为导向的请求。例如，"你是否愿意今天帮我把这本书还给图书馆？"如果一方提议的解决方案请求并不能完美适用于双方，就要返回连接请求：请求反馈或核实，以确保双方听到彼此的想法，用心对待彼此的需要。

提出强有力的请求

一旦围绕每个人的感受和需要建立了信任和理解，我们就会自然而然地转向策略或行动请求。事实上，这时如果不能进入讨论行动步骤阶段反而会令人沮丧，导致连接断开。正如马歇尔·卢森堡所说的，只分享我们的需要而不提出请求，也是一种地狱，因为我们都深深渴望为生活和别人的幸福做出贡献。听到别人的需要时，尤其是当对方表达的感受与未满足的需要有关时，我们很快会感到难以承受，最终会将对方的表达解读为一种评判或要求。如果你的沟通中不包含请求，可能会令人产生问题未解决、沟通不完整的感受。

让我举个例子。有一次，一对夫妻来找我，针对他们之间的关系寻求帮助。一方重复了好几次他希望得到关心："关心！关心！这个要求很过分吗？我只想得到关心而已！"我能想象他的妻子以前听过多少次这种话。他学过一点非暴力沟通，熟悉模型中需要那部分。但他没有纳入观察结果或请求，结果他"卡"在了这里，无法让这项需要被充分听到或完全满足。

我问他："那会是什么样子？"我们很容易提出一项请求。有很多次，他想告诉他的妻子一件事，而她却只会打断他，说起她自己遇到的其他事情。他对此感到非常疲惫。他认为这样打断他的话证明了她不关心他。他的要求很简单：他下一次讲述一件事的时候，她如果想分享自己的事情，就等他说完再开口。虽然仅仅这一种举动不能充分满足他在夫妻关系中得到关心的需要，但缓和问题的效果惊人，尤其考虑到，这项需要他以前说过无数次，但都没有提出明确的做法，告诉他的妻子怎样满足他的这项需要。

提出现实的请求：明确、积极、可行、关注当下

为了行之有效，行动请求必须明确（*clear*）、积极（*positive*）、可行（*doable*）、关注当下（*present-oriented*），简称 CPDP。如果行动请求满足 CPDP 的标准，不仅更容易被人听到，也更容易采取行动。我们将依次考虑这几项特性。

具体细节有助于明确

第一种特性明确，指的是不同的人听到同样的请求，对于请求者希望看到的事情能产生类似的理解。如果请求不明确、不具体，而是笼统的、模糊的，我们可能无法确定是否满足了这项请求。比如父母对孩子说："我们去看你的祖父母时，希望你能有礼貌。"这是什么意思？孩子可能觉得自己很有礼貌，而父母却并不这么认为。他们怎么才能知道有礼貌应该是什么样的？父母是否希望孩子在厨房里帮祖母洗碗？父母是否希望他在离开饭桌前征得祖父母同意？父母是否希望他不要在祖父母说话时插嘴，如果一定要开口先说"不好意思"？提出明确具体的请求有助于清楚地说明你想要什么，从而有助于让别人满足这项请求。

有时，实际请求的内容不够具体、难以理解，甚至让人无法努力满足这项请求。比如说，胡安妮塔对马克感到失望，因为约会时他到得比

她希望的晚。于是她问他："你能准时吗？"她对"准时"的定义是什么？与他的定义相比有何区别？正如我们之前讨论的，对"迟到"和"准时"的定义存在巨大的个人差异和文化差异。为了提出明确具体的请求，她可以这样说："下次你可以在我们约好的时间 10 分钟之内到吗？"或者说："有好几次你在我们约好的时间过了 10 分钟或 15 分钟才到，这令我感到烦恼。我想知道你愿不愿意和我谈谈这件事？"

让我们来看看另一个例子。泰德的父亲很生气，因为泰德透支了信用卡，下学期没钱买教材。他要泰德"负起责任来"。这是什么意思？泰德和他父亲对于泰德是否能满足了这项请求会不会出现分歧？如果请求是具体的并且不带评判，特德会更愿意也更能够采取行动满足父亲的愿望。

在工作场所中我也听到过类似的"无效请求"。与一家机构合作时，我在回顾会议上听到一位管理者说他希望员工"进一步加强团队合作"。员工感到困惑，因为他觉得自己已经参与了"团队合作"。他问老板："团队合作是什么意思？"老板回答说："你知道的——团队合作！"在这种情况下，明确的观察结果（发生了什么事引起这项模糊的请求）或明确的请求（因为管理者希望行为出现变化）有助于搞清楚情况。例如，他可以说："下一次执行项目时，我希望你能和另外两名相关人员核实一下，看看你的计划对他们来说是否合适。"

为了以这种方式提出明确具体的请求，我们可以纳入用于观察结果的元素：PLATO（人物、地点、行动、时间和物体）。让我们再来看看泰德的例子。当他父亲说想让他"负起责任来"时，这里有人物（泰德），但没有行动。"负起"不是一种行动，它只是连接后面的词语（在这个例子中是"责任"）的动词。这里也没有时间、地点或物体。一个明确具体、包含 PLATO 所有元素的请求，可以是这样的：泰德在下学期开始前制定预算，或者他同意下学期做一份兼职，赚到足够的钱买教材。请求也可以仅仅是让泰德在下周抽出时间倾听他父亲的担忧，商量一些他们两个人都能接受的策略。这里的每一项请求都包含了 PLATO。

积极思维

如果一项请求是积极的，那么就意味着我们请求的东西是我们想要的，而非我们不想要的。为什么这一点很重要？因为积极请求有助于增强明确性。如果我让你给我们拿些冰淇淋，并告诉你我不想要香草味的，可能有几十种其他口味的可供选择，你很容易拿来另一种我不喜欢的口味的冰淇淋。相反，如果我说要巧克力味、坚果味或薄荷味的，你就很清楚我想要什么。除非那几种口味都没有，否则很容易满足我的请求。

让我们来看一个更复杂的例子。比如说你担心被地上的东西绊倒，希望房间保持整洁。你请求你的室友把她扔在地板上的衣服收起来。如果你请她不要把衣服丢在地板上，下周她很可能又会把书丢在地板上。如果你干脆请她不要把任何物品放在地板上，这样能让你避免摔倒、感到安全，你的需要得到满足的可能性更大。

从积极的角度提出请求，除了增强明确性和具体性之外，还能促使自己和他人接近我们想要的东西。这样也有助于我们了解自己真正的需要。比起仅仅注意我们不想要的东西，即不起作用的东西，这样做需要投入更多的努力和想象力。但如果我们希望体验到自己在生活中真正的愿望，这样做也会大大增加成功的概率。

练习4：提出清楚明了的请求

第一部分

练习识别和表达明确的请求。下列句子中，如果你认为讲话者请求对方采取积极具体的行动，在前面做个标记。把没有标记的句子改成明确具体的请求。

_____（1）"我希望你能关注我。"

_____（2）"我想让你告诉我，你觉得今天最有意思的是什么。"

_____（3）"我希望你说话时更自信一点。"

_____（4）"我希望你能告诉我，你为什么要吸毒。"

我对这项练习的回答是：

（1）这句话在我看来缺乏明确性和针对性。例如，讲话者可以说："你是否愿意在我说话时看着我，并在我说完之后重复一遍你听到我说了什么？"

（2）如果你给这一条做了标记，我同意这句话明确表达出了讲话者的请求。虽然我和他们对于这一天最有意思的事情可能持有不同的看法，但在这项请求中，讲话者明确请求另一个人描述他们觉得最有意思的事情。

（3）这项请求缺少对具体行动的明确描述。讲话者可以说："我想知道你能否选修公共演讲课。我认为选修公开演讲课有助于你树立自信。"

（4）我不确定倾听者是否知道怎么才能说明白自己为什么要吸毒。讲话者可以说："我想让你告诉我，吸毒给你带来的两项快乐是什么。"

第二部分

将每一种消极说法转换为积极可行的请求。

示例：

"别这么吵！"

请求："你是否愿意把收音机音量调低一半，并关上门？"

现在你来试试：

（1）"你不能戒烟吗？"

　　请求：＿＿＿＿＿＿＿＿＿

（2）"我希望你别再打碎盘子。这些东西很贵！"

　　请求：＿＿＿＿＿＿＿＿＿

（3）"吉米，你能不能别爬那棵树？它太小了——你会把树枝弄断的！"

　　请求：＿＿＿＿＿＿＿＿＿

第三部分

（1）回忆一下你在家里或者工作中经常提出的一些请求，想想它们是否明确、具体、积极。如果不是的话，在纸面上或者想象中练习以这种方式重述这些请求。你认为结果会有何区别？

（2）回忆一下你最近从消极角度提出的请求。发生了什么？结果与积极请求有何不同？

可行性：因为我们希望实现真正的变化

通常，当我们请别人做某件事情时，言语中暗示或明示了一种永恒的特质。"我希望你别再说那种话！""你是否愿意从现在开始负责扔垃圾？""我想确定你会永远爱我。"事实上，这会导致我们所请之事不具备可行性，因为没有人能真心诚意地同意永远做或不做某件事情。如果我们遵循 PLATO 的方针提出明确、积极、可行、关注当下的请求，纳入时间元素，比如"这周"、"这个月"、"今年"或"下一次"，就可以使我们的请求具备可行性。

让我们回到前面那个准时的例子。除了"准时"的定义之外，如果胡安妮塔提出的请求是"我希望你以后能准时"，马克会怎么理解"以后能准时"？这是否意味着他整个余生在任何情况下都要准时？也许这正是胡安妮塔的期待，但对于马克来说，要完成这样一个请求恐怕不现实。即使他尽了最大的努力，偶尔也还是可能比约定时间到得晚，比如因为堵车或者加班而迟到。设定一个不切实际的目标很可能为双方都带来挫败感，进一步导致评判和连接断开。"你说过你不会再迟到了，而现在你又迟到了！"如果某件事令我们感到烦恼，为了能够安心，我们自然会希望得到终身保证、实现永久性变化。但最有可能带来变化的做法是，通过可行的步骤加深觉察程度，使我们更接近持续发生的行为。这样也使我们提出请求的对象更容易真心诚意地给出肯定的回答，也真正按照他们答应的请求采取行动。

在这种情况下，一个明确具体的请求是什么样的？胡安妮塔可以问："现在你是否愿意做出保证，我们下次见面时，你会在约好的时间10 分钟内到达，到不了就打电话给我？"或者"我想知道，下次你能否考虑一下工作日的情况，想想办法，怎么才能及时下班和我见面？"

或者"下一次你在交通高峰时间和我见面时，能不能给路上的时间多留出 15 分钟？"在这些请求中，胡安妮塔没有绝对要求马克在整个余生"准时"到达。她也没有要求他每次都要打电话，而是请他"保证"，如果比约好的时间晚了 10 分钟就打个电话。如果胡安妮塔只是说："如果你要迟到，能不能给我打个电话？"这会导致我们又回到原点，因为我们不知道她对"迟到"的定义是什么。马克也许晚了 20 分钟也不觉得有必要打电话。

可行性意味着处于合理范围内，是可行的。例如，要求某个人登月是没有意义的，除非他们在 NASA（美国国家航空航天局）工作，计划飞向太空。有时，一些更日常、更平凡的请求也是不可行的，因为不够明确具体。"我希望你能像我爱你那样爱我！"这就不是一种可行的请求。双方怎么才能知道这个请求是否得到了满足？一方有多爱另一方？归根结底，请求应该针对一个人现在可以做的、能够为另一个人带来幸福的事情。我们希望提出能够得到满足的、造福生活的请求。在这种情况下，可行的请求可以是这样的："你是否愿意告诉我你对我的感觉？"或者"我提过好几次，我真的很喜欢和你在一起……我想知道你是否喜欢我们一起共度的时光？"

关注当下

为了提出有效的请求，我们也希望请求针对现在的行动，是另一个人此时此刻可以做的、满足需要的事情。泰德的父亲可以问："现在你是否愿意讨论一下你下学期的预算，以及你打算怎么坚持执行预算？"或者更简单地说："你是否愿意保证下学期不会超过预算？"虽然预算关系到下学期（未来 15 周），但泰德的父亲提出的关于预算的请求是现在就可以完成的：关于预算的保证或承诺。还有个潜台词，即如果这个承诺不起作用，就要进一步谈话。

练习 5：提出可行的请求

将下面每项请求转化为明确、积极、可行、关注当下的请求：

（1）"我们在这里需要进一步加强团队合作。"

（2）"你愿意从现在开始负责洗碗吗？"

（3）"继续，但你必须换种方式处理这些报告。"

（4）"我不希望你那样跟我说话！"

（5）"你能放松一点吗？随它去吧。"

听到藏在"不"后面的"是"

即使你提出了最为具体、积极、关注当下的请求，你也无法确定对方是否同意满足这个请求。正因如此，这才成为一项请求。

请求的心态来自这样一种理解：我们作为人类，乐意为别人的幸福做出贡献。生活中几乎没有什么事情比这更令人满足的了。唯一不会令人感到满意的情况是，我们意识到不同策略之间存在冲突：满足对方需要的某种策略，与满足我们自己全部或部分需要的策略相冲突。如果我们能意识到这一点，当有人对一项请求说"不"的时候，我们就能够以新的方式解读这个"不"。这不是对我们的需要或我们本人说"不"，而是对另一个人希望满足的需要说"是"。因为我们不仅关心自己的需要，也关心他们的需要，我们可以对他们进行同理倾听，理解他们的需要是什么。因为需要与需要之间永远不存在冲突，只有我们选择的策略会发生冲突，所以我们可以寻找适用于所有人的策略，或者至少是用心考虑了所有人需要的策略。

练习6：在"不"中找到"是"

读一读以下请求和"不"的回答。对于每一个"不"，给出抱有同理心的猜测（你是否感到……因为你需要……？），然后提出另一项请求。

示例：

"嘿，汤姆，我真的很累，而且明天我要考试。"

"今晚你愿意洗碗吗？"

"不，我也有个考试！"

抱有同理心的猜测和新的请求可以是这样的："嗯，听起来你压力也很大。我们今晚先不刷碗怎么样，我明天下午考试后再洗？如果你觉得这样太邋遢，也许今晚你可以先冲一冲，我明天再洗净、晾干、收好？"

现在轮到你了：

（1）"我这里有一份请愿书，请求政府关闭印第安角核电站。这家工厂距离纽约市40千米。哥伦比亚大学最近的一项研究表明，它很容易受到地震的影响。"

"我不想签署请愿书，除非我真正了解内容是关于什么的。"

同理猜测和新的请求：_____

（2）"嗯，宝贝，我很想跟你亲热。我们今晚不去音乐会，就待在家里怎么样？"

"其实我真的很期待这次音乐会。"

同理猜测和新的请求：_____

（3）"你能在今天下班前把这五封信打出来吗？"

"现在是下午4点，我不可能在5点之前搞定五封信。而且今晚我得开车送我儿子去参加冰球比赛，不能迟到。所以我今天没办法加班。"

同理猜测和新的请求：_____

不同于妥协

我们很多人都知道，与人相处，有时需要做出妥协："有舍才有得。""你不能随心所欲。""有时候是你赢，有时候不是你。"隐藏在这种话背后的信念是，两个人（或更多人）不可能同时得到他们真正想要的东西。这种信念根源上来自于匮乏感，在我看来，这种看待世界以及人类的需要和互动的方式存在局限性。

在本书中，我们采用另一种做法，我们希望避免妥协和牺牲。人们经常迅速放弃自己的需要，他们不想费劲跟自己核实：我对此真正的感受是什么？能否采取一种令我感到高兴的做法？我们是否能想出其他策略，可以同时满足我们双方的需要？我真的完全理解了别人在这种情况下摆上桌面的需要吗？

如果人们通过妥协或牺牲内心真正的需要而强行达成一致，他们可能无法一直妥协下去，至少无法坚持较长时间。需要未能得到满足会导致他们陷入怨恨或报复中，像这样只在表面上达成一致最终将损害所有人的利益。就像有句老话说的，当你妥协时，每个人都会保留一半怨恨。真正的合作要我们把自己的需要摆上桌面，提出连接请求以了解其他人的需要和观点，然后找出适用于所有人的策略（明确、积极、可行、关注当下）。

练习7：选择与否

第一部分

与另一个人讨论以下问题，或者在日志中以书面形式回答。

（1）回忆一下，以前你同意做一件自己其实不愿意做的事情。当时是什么情况？

（2）你有没有做那件事？你是全心全意、充满热情去做的，还是敷衍了事，没有令任何人真正感到满意？

（3）你是否怨恨那些令你感到"别无选择"的人？或者你有没有找到一种方法来满足这个请求，让这段体验对你来说是积极正面的？

（4）如果你有机会公开讨论那种情况下你的想法，有人倾听你未满足的需要，情况会怎样？

（5）对于另一个人在那种情况下的需要，你认为自己的理解是否完整准确？你在多大程度上认识到对他们如此重要的，造福生活的愿望？

如果你充分理解了对方，你对继续交谈以便找到双方都能接受的替代方案这一点会有何感受？

第二部分

世界历史上有很多例子说明，如果一个群体的需要得到了满足而另一个群体没有，会发生什么事情。例如，第一次世界大战原本被视为终结所有战争的战争。但在战后，德国人民几乎没有经济来源，无法满足他们的需要，严重的通货膨胀导致一手推车德国马克还不够买一个面包。一些历史学家研究了这种情况怎样导致德国发动第二次世界大战。回忆一下历史上或最近的事件，根据你对该事件的了解，你敢肯定各方的需要未能完全得到满足。然后给出一些具体例子，说明这种情况怎样导致怨恨或报复。

事件	相关各方	未满足的需要	报复 / 怨恨

追求你的需要：妥协之外的另一种选择

我们已经讨论过怎样抱着开放的心态听别人说"不"、倾听隐藏在"不"背后的"是"以及避免妥协。为了找到双赢的解决方案，要对你能接受的策略尽可能抱着开放的心态。这也意味着你永远不会停止"追求"自己的需要，你要始终注意把你的需要放到桌面上，确保它们受到关注，同时也对别人希望满足的需要抱有同理心。

关于怎样追求你的需要，你想寻找灵感吗？这方面没有人比我的猫做得更好！她想要得到关注和爱抚时，就会爬上我的膝盖，即使我的笔记本电脑正放在那儿！如果不行的话，她会用脑袋蹭蹭我的胳膊，或者躺在我旁边大声打呼噜。她如果饿了或者感到无聊想要玩耍，也有类似的方法表达自己的需要。不同于我认识的很多人，她能够很好地"追求"自己的需要。如果她的需要没有以某种特定方式得到满足，她似乎也不会抱有怨恨或做出评判，因为她对不同的策略抱有开放的心态！如果一只猫都能够很好地"追求"她的需要，我们人类肯定也能做到！

在某种程度上，追求自己的需要的同时也关注别人的需要，就像你一边拍脑袋一边揉肚子。虽然你希望倾听和满足别人的需要，但也不想放弃揉肚子；最好能满足包括你自己在内的所有人的需要。起初，这种保持平衡的做法似乎颇具挑战性，尤其是当你自己的感受和需要非常强烈的时候。在下一章中，我们将研究一种特殊技巧——自我同理心，它可以在很大程度上帮助你站在自己的立场上参与同理沟通的舞蹈。

鸭子标准

除非满足一项请求给你带来的快乐像小孩给饥饿的鸭子喂食一样，否则不要同意这项请求。

——马歇尔·B. 卢森堡

在我们的文化中，我们已经习惯妥协、习惯退而求其次，我们怎么会有信心能让所有人都真正感到满意？这个过程中的关键工具是一种非常先进的、被称为"饥饿的鸭子"的测试。这种测试具体要怎么做？

你可以询问别人对某种策略的看法，他们可能会说："是的，我没问题。"但他们在对这种策略表示同意时，是否像小孩喂饥饿的鸭子一样感到热情、兴奋和快乐？为了确定这一点，非暴力沟通从业者和瑜伽教师朱迪丝·拉萨特（Judith Lasater）建议使用谈判中的"鸭子指数"。各方在考虑是否要满足一项请求时，对这样做给他们带来的感受进行评分，最高的10分指"像小孩喂饥饿的鸭子那样快乐"，最低的1分指"根本不快乐"。这种评分可以是无声的，也可以大声说出来。评分能清晰地表明双方的需要，以及考虑到所有人的需要。

如果你无法使用"饥饿的鸭子"测试来评分，那就想象一下你在生活中出于纯粹的快乐和自愿采取行动的时候。在那一刻，没有什么是你比那更愿意做的。也许是你为了你所爱的人进行艺术创作、帮助小孩子做事，或者是在团队中尽最大努力实现一个目标。在那一刻，你感到心满意足、称心如意、充满活力，仿佛你刚刚享用了美味可口、营养丰富的食物，或者是在风和日丽的日子在户外欣赏锦绣河山。在你与别人达成一致时，这就是你需要找到的那种满足感和活力。如果未能令所有相关方都感到充实、满足、快乐、活力十足，那就说明还存在未满足的需要。

这种"快乐而非妥协"或"饥饿的鸭子"的评分，对于朋友或亲密伴侣之间的谈判尤其有用。在这类人际关系中，我们可能习惯于"随声附和"，因为我们希望实现安心、和谐、体贴的愿景。如果我们真的希望与所爱的人亲密无间，希望充分展现出我们是什么样的人以及此时此刻想要什么，那么使用"饥饿的鸭子"评分可以为我们带来帮助。你可以在两个"方向"上应用这个指数：评估你对一项请求是否感到快乐；确保你向别人提出请求时他们是真心诚意、开开心心地答应。

"饥饿的鸭子"评分也可以用来体现一个人希望得到某种特定结果的程度。让我们来看看雪莱和别人的互动，她明晚想去参加当地社区中心的专门讲座，并且希望她的伙伴艾伦能和她一起去。

> 雪莱：嘿，艾伦，你还记得我跟你提过的那个讲座吗？关于我们支付的公共设施费用怎样用于支持环保的那个？今晚的讲座在社区中心举办。你和我一起去怎么样？
>
> 艾伦：我不知道。我想放松一下，看看电视。
>
> 雪莱：嗯，你能不能再跟我说说你现在的感受？我想知道你情况怎么样，因为我很想和你一起去。
>
> 艾伦：嗯，我感到疼痛、昏昏欲睡。我有点头疼，眼睛睁不开。
>
> 雪莱：听起来你很累。那么从 1 到 10 评分的话，如果 10 分代表"很乐意／兴奋"，参加讲座对你来说有 10 分？
>
> 艾伦：差不多 3 分。
>
> 雪莱：好的，谢谢你能给我一个详细解释，我想我在一定程度上能理解。其实我今晚也想放松一下，在某种意义上，出门对我来说也是 3 分。不过我们可以做些事支持能源独立和保护环境同样令我兴奋，那对我来说是 9 分。我真的很希望你能和我一起去，因为我非常喜欢你的陪伴，那是 10 分！另外，我想知道你的意见，毕竟我们一起支付的公共设施费用。

艾伦：嗯，你知道，听到你这么说，我现在感觉不一样了。我也很关心能源问题。我很高兴听你说喜欢我陪你一起去。我也觉得我们在一起总是很开心。也许结束后我们可以顺路去一下办公用品商店，买些我明天需要用的东西。去办这件事相当于一个额外的筹码，让我更愿意出门。你觉得怎么样？

雪莱：听起来很棒！谢谢你对我敞开心扉。我想明晚若我们都有空，我们可以一起出去放松一下。

当艾伦得知他参加讲座会令雪莱感到开心的时候，他对这件事的感兴趣程度就发生了变化；他对跟雪莱一起参加讲座的热情度也发生了真正的改变。他也提出另一项策略来满足自己的需要（顺路去办公用品商店）。这完全不同于因为雪莱希望他这样做，或者因为他对说"不"感到内疚或悲伤而采取某种行为。他这样做不是出于胁迫、恐惧、评判、义务或妥协；相反，艾伦基于相互陪伴、快乐和互惠互利的心态改变了他的立场。

假设艾伦的感受没有发生变化会怎样？也许他决定那天晚上他还是更愿意待在家里。雪莱会选择对艾伦的感受和需要进行同理倾听，了解他不参加讲座是因为他更乐意做另一些事情。她可能会意识到他感到精疲力竭已经有一段时间了，担心自己承担的工作太多而因此病倒。听说这种情况后，雪莱的体验也可能发生变化，因为她同样关心他的健康。她也可以寻找其他策略，比如在参加讲座时录音或者做笔记，稍后与艾伦一起分享信息。她可以查一查这个讲座是否还会在其他时候举办，或者请另一位朋友陪她去。我们的需要包括彼此之间的关心、支持和连接。当我们了解到怎样才能真正为快乐和幸福做出贡献时，不同策略的吸引力会相应地增强或减弱。

紧握的拳头和张开的手掌

除了在提出请求时考虑"饥饿的鸭子"评分,思考一下紧握的拳头与张开的手掌也会为我们带来帮助。提出要求时,我们实际上处于一种紧握拳头的模式中:(通过武力或胁迫)为了我们的需要打拳,而非"追求"需要。当我们在紧握拳头的状态下行动时,我们会局限在战斗模式中,而缺乏开放的心态。我们怎么会愿意接受别人紧握拳头给出的东西?我们会对自己的需要是否重要、是否能得到满足感到焦虑和缺乏信任,于是我们自己也握紧了拳头。我们的需要以及满足需要的唯一方式,也会以紧握拳头的形式变得强硬:"要么我们就采取这种方式,否则……""否则"可以有无数种形式。只要存在这种"要求的力量"(满足需要的紧迫性和缺乏信任),就会存在拳头,即使没有身体行为只有语言。要求属于滥用权力而非权力合作,紧握的拳头则代表了那种"威迫"的恐惧力量。

与此相反,请求就像张开的手掌。我们没有握拳,也没有出于恐惧或自卫让双手紧贴身体。我们以开放的心态张开双臂,朝另一个人伸出手。张开的手掌中捧着我们愿意给出的东西,张开手掌也意味着我们处于愿意接受的位置。我们分享自己的价值观和需要,给出我们最重要的东西作为礼物,相信别人也会看到、听到和重视我们的需要。张开手掌有助于我们邀请各方对话,有助于双方给出和接受策略。张开手掌是一种相互理解和彼此合作的姿势。

下次与别人对话时,自行核实一下你是否处于紧握拳头的隐喻状态,因为拒绝或反抗而交叠双臂。如果是的话,此时你可能需要实践自我同理，或者请求别人抱有同理心倾听你的感受和需要。或者，你是否就像张开的手掌，准备好倾听别人的需要，并探索有利于你们双方的策略？在西方历史上，人们用右手握住臀部处的剑柄保护自己。见面握手问好的传统是以一种直白的方式表达友好和信任，因为握手时双方都必须松开武器，以和平的心态会面。受到这样一幅画面的启发，我发现自行核实一下会带来很大帮助：我是否以紧握拳头的力量和态度面对某个人或某种情况，准备用手握住剑柄，还是准备张开手掌迎接他？

> 我作为一个个体是否足够强大，可以不需要别人的帮助独立行事？我是否能够坚定地尊重自己的感受、自己的需要，以及他人的感受和需要？我能否拥有并且可以在需要的时候表达自己的感受，把这作为属于我自己的东西，与他人的感受区分开来？独立存在的我是否足够强大，不会因为他人的沮丧而低落，不会因为他人的恐惧而害怕，不会被对他人的依赖吞没？
>
> ——卡尔·罗杰斯［Carl Rogers，《论人的成长》
> （*On Becoming a Person*）作者］

同情的舞蹈

抱有开放的心态进行对话可视为一种舞蹈，其中至少有一个人伸出了手，觉察到要有意识地关注双方的感受和需要。这种舞蹈的移动步伐包括分享和倾听体验（观察结果），诚实表达出感受和需要，以及同理倾听对方的感受和需要，同时也涉及围绕策略的舞蹈：提出和接受策略，追求我们的需要，以及抱着开放的心态去听到"不"的回答。为了支持这些非暴力沟通步骤和实践，我们可以提出连接性请求；通过反馈来调整和澄清谈话；时不时通过暂停或休息放慢对话节奏；确认自己的情况，包括我们的身体情况，从而支持自我连接、了解我们有何感受、确定我们的需要是否得到满足。实践非暴力沟通的主要目标在于理解和连接；我们研究过的四个基本步骤（OFNR）以及相关的"支持"步骤，都会为连接与合作做出贡献。

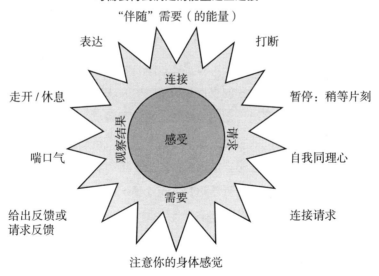

与需要得到满足的能量建立连接

"伴随"需要（的能量）

表达　　　　　　　　打断

走开 / 休息　　　　　　暂停：稍等片刻

连接

观察结果　　感受　　请求

喘口气　　　　　　　自我同理心

需要

给出反馈或
请求反馈　　　　　　连接请求

注意你的身体感觉

整个非暴力沟通模型以及不同的支持实践支持理解、连接、信任与合作
原图作者：哈达萨·希尔（Hadassah Hill）。

找到各种各样的策略

如果我们感觉对某种特定策略存在依赖心理，为了保持开放的心态，有一种方法是寻找尽可能多的不同策略来满足我们的需要。考虑所有 PLATO（人物、地点、行动、时间、物体）的变化，我们可以创造一个包含各种可能性的宝库。例如，不必依赖于某个特定的人来满足我们的需要，想一想，生活中还有谁（包括我们自己）能支持我们满足自己的需要？我们是否依赖于某种具体行动？还有哪些其他行动（或者时间、地点、物体）能满足我们的需要？

此外，有时别人的反应或其他某种情况让我的需要未能得到满足，我也会感到沮丧或失望，我会试着把注意力转向那些已经得到满足的需要。每次这样做的时候，我的观点和情绪都会发生变化。例如，如果有个朋友取消了和我见面的计划令我感到失望，我会核实一下因为这项变化而得到满足的需要。我可能会发现这满足了我有宽裕的时间从容处理一些事情的需要，比如我一直惦记着的家里那些事。这也使我有机会在处理这些事情的同时听听那张新唱片。无论情况有多糟（在生活中我总是看到半空的杯子而非半满的杯子），我总能找到一些得到满足的需要。

非暴力沟通从业者盖尔·泰勒（Gail Taylor）说："有一万种策略可以满足某项需要。"虽然我们最初很难发现这么多种可能性，但只依赖于一两种策略肯定存在局限性，可被视作从稀缺性出发采取行动。实际上，策略的局限性代表想象力出了危机，而我们人类属于有远见、有创造力的物种。稍停片刻，想一想我们创造出来的一切！如果我们能找到办法分裂原子、解开 DNA、建造宇宙飞船（更不用说其他各种复杂技术，比如创造书面语言、制作巧克力、发明数百种乐器等），在任何特定环境中，我们都能找到各种可供选择的策略。我们最了不起的智慧就是可以觉察到各种可能性的存在。

如果你无法摆脱某一种解决方案，那你可以向别人寻求支持以创造出更多可能性，包括你希望与之合作的人。我们很容易认为自己是唯一一个能想出办法的人，事实上，这是一种孤独而充满压力的状态。有时小孩子想出的解决方案可不断为我们带来灵感，前提是他们认识到自己的需要很重要，并且理解那种情形下受到影响的其他人的需要。例如，参加非暴力沟通课程的一位母亲对她三岁的儿子在操场上扔沙子的行为感到担忧，担心沙子会进入其他孩子的眼睛里使他们受伤。她先告诉儿子她的同理猜测："扔沙子时你玩得很开心，对吗？"然后她提出对沙池里其他孩子的担忧。最终她的儿子自己想出了解决办法：把沙子扔进桶里。

我在组织机构和工作场所中也经常看到类似的现象。领导者对现状不满意时会做出一些决定，包括影响别人的决定，然后对结果仍然不满意。考虑到他们的地位，他们会下意识地认为自己有责任调整或解决这个问题。但如果他们邀请别人提出意见，包括被领导者视为最初引起麻烦的那个人，就会发现他们往往会找到令人惊讶的解决方案。虽然他们重视团队合作，但仍然可能忘记这个最基本的步骤："这是我看到的情况。这是我看到放在桌面上的需要，包括我的、你的和团队的需要。你看到了什么？是否存在被我忽视的担忧或需要？考虑所有这些因素，你有什么办法来解决这个问题——怎样满足所有人的需要？"这才是真正的合作，即设法找到各种可能性。如果我们相信自己是必须处理或解决所有问题的那个人，那么这是另一种形式的要求——对我们自己的要求。

练习 8：开阔视野

（1）费利丝这周工作很辛苦，周末她想放松一下，与别人建立连接。

① 费利丝可以通过哪 15 种不同的方式满足自己放松和连接的需要？

② 你能否再想出 50 种方式来满足她的这些需要？100 种呢？

③ 想象这么多不同的可能性是什么感觉？这一行为怎样影响你对任何一种策略的感受？

（2）回忆一下你和别人发生冲突的情况，是否有一个人或多个人坚持某种特定策略（解决方案）或诠释？

（3）想一想你真正喜欢的东西。它能满足你的什么需要？想出至少 3 种方法来满足同一项需要。

（4）思考一个目前仍存在冲突或存在困难的情况，在这里发挥作用的是你自己和别人的哪些需要？你会邀请哪些人，包括这种情况下的直接参与者，来支持你寻找各种各样的解决方案？

再一次整合

在上一章中讨论观察结果时，我们提出了非暴力沟通模型的前三个步骤：观察结果、感受和需要。现在，我们加上了第四个也是最后一个步骤：请求。

让我们来看一段完整的对话，对话包含了这个过程中的每一个步骤。情况是这样的：简和亚当是两位 60 多岁的老人，双方都离了婚。简邀请亚当参加一次聚会，亚当感觉简对他有好感。他不想"误导"她，担心如果同意和她一起去参加聚会可能会使她误会。在这段对话中，他以非正式或口语化的方式应用了非暴力沟通模型。虽然你在其中没有看到经典的格式"你是否感到……因为你需要……"，但觉察到感受和需要也可以为讨论提供信息。这段对话中多次应用了观察结果和请求。在做出评判时，有时也包含了这些内容。阅读这段对话，看看你能否确定模型的每个步骤应用在哪儿。

非暴力沟通模型——4 个步骤

观察结果：当我看到 / 听到 / 想到＿＿＿＿＿＿＿（观察结果），

感受：我感到＿＿＿＿＿＿（感受），因为

需要：我需要＿＿＿＿＿＿（需要）。

请求：你是否愿意＿＿＿＿＿＿？

简：嘿，亚当，星期六晚上道格打算在这所房子里举办舞会。你想参加吗？我想大家会玩得很开心。

亚当：嗯。好吧，谢谢你的邀请。我很高兴你希望跟我一起参加。让我考虑一下。（停顿）其实我有点犹豫。你想知道为什么吗？

简：嗯，我想是的，我很好奇。

165

亚当：好的。嗯，我真的很珍惜我们之间的友谊，也很喜欢和你相处。我觉得有点难以开口，因为我很在乎你，也很在乎你的感受。我想你可能期待一种更亲密的关系。我说得对吗？

简：嗯，是的，有点儿，是那样的。

亚当：嗯，我很感激你能诚实地告诉我这些。我感到不胜荣幸，因为我真的认为你很有魅力，是个很了不起的人。我也希望能诚实对待你，尤其因为我很关心你。我非常喜欢和你相处，但不管出于什么原因，我感觉我和你之间不存在你追求的那种爱情的吸引力。也许这是因为我需要更多的时间来理清离婚给我带来的影响。把这些话说出口对我来说真的很难，我很关心你是怎么解读的。你能否告诉我，你听到我说了什么？

简：是的。你认为我不够有吸引力，不是你想约会的那种类型！你想找个更性感的人。

亚当：嗯。非常感谢你能告诉我你听到了什么。我真的真的很重视你这个朋友，你的感受对我来说非常重要。我想我没有说明白自己的意思，你能让我再试一次吗？

简低头皱眉，点头表示同意。

亚当：我非常重视我们的友谊，我很关心你。和你在一起很有趣，我感觉得到了支持和理解。对我来说，无论出于什么原因，我们没有缘分。天知道，这并不意味着你有什么问题或者我有什么问题。你是个很棒的人。这只意味着我没那个感觉，至少目前是这样。听到这些你有何感受？

简：我很失望，但也很感谢你的诚实。

亚当：你感到失望，是不是因为你希望生活中出现一个特别的人？

　　简：当然！我真的很怀念那样。我喜欢有人陪伴，与某个人之间存在那种亲密关系。

　　亚当：我明白你的意思。亲密关系对我来说也是一种很重要的需要。

　　简：嗯。好的，我很失望我们之间没有缘分。与此同时，我很高兴我们能把话说明白。你能诚实对待我是很重要的，我对我们之间的友谊也感到更有信心了。我很感谢你能这样坦率地跟我谈话。

　　亚当：听到这些我很欣慰。我很在乎你，也很在乎我们之间的友谊。我真的希望我们能继续当朋友。我很感谢你能抱着开放的心态听我说，并告诉我你对我的理解。我仍然很想和你一起去参加聚会，如果你能接受我们作为朋友一起去的话。

　　简：当然可以。（微笑）你知道，我可能会寻找另一段爱情……

　　亚当：当然！

　　不管怎么想，这都是一种颇有挑战性的情况：一个人希望与对方建立恋爱关系，另一个人不希望。对话结束时，亚当抱有同理心对待简对亲密关系的渴望。他完全能理解这一点，因为他也有同样的需要。但这无法满足他的另一些需要：正直或诚实地对待与简有关的需要。简的失望来自她对亲密关系的渴望。但因为简感到亚当已经完全听到了她的想法，她感觉与这位朋友之间的连接焕然一新，甚至对他们之间的这种关系抱有感激之情。

167

总览图

　　现在，本书将为你介绍非暴力沟通模型或我们称之为慈悲沟通模型的总览图。正如这个模型体现的，我们的感官会接受外部世界的事件，也会接受内部刺激。我们根据自己的体验、知识、历史和文化来诠释这些事件。我们有意识地选择其中一些诠释，而另一些则是无意识中自动出现的。例如，受过精神创伤的人接触某些刺激可能会不受控制地出现往事闪回。这个过程的结果是，我们在当前体验中体会到自己的需要是否得到了满足、自己的价值观是否表现了出来，从而产生特定感受。作为"选择者"，我们评估能够满足需要的各种潜在策略，并根据以下条件选择其中之一：

- 我们受到的刺激；
- 我们对于这些加工过的刺激的诠释；
- 我们对于自己满足或未满足的需要的体验；
- 上一条刺激让我们产生的感受。

我们选择的策略可能会也可能不会产生别人可观察到的行为。

非暴力沟通模型

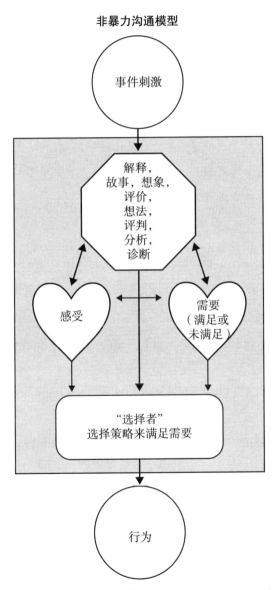

资料来源：简·马兰茨·康纳，罗克珊·曼宁（Roxanne Manning），2004。

非暴力沟通模型

关于模型的说明

对于心与心之间的连接，最好只谈感受和需要。

事件和刺激：

1. 事件和刺激通常是外在的、可观察的，但也可以是内在的（例如饥饿感）。

2. 事件和刺激根据以下因素诠释：

· 体验

· 知识

· 文化

· 历史

需要：

1. 体验到满足还是未满足的需要，取决于我们对事件的诠释。

2. 如果我们体验到需要得到满足，就会刺激产生积极的感受。

3. 如果我们体验到需要未得到满足，就会刺激产生消极的感受。

感受：

1. 得到满足的需要刺激产生的积极感受包括：

· 欢乐

· 满意

· 兴奋

2. 未得到满足的需要刺激产生的消极感受包括：

· 挫败

· 悲伤

· 恐惧

选择者：

1. 选择者会选择一项最能满足我们的需要的策略，但我们的诠释和感受也会产生影响。

2. 选择者选择的策略受到以下因素影响：

· 体验

· 知识

· 历史

· 文化，等等。

进行诠释，专注于感受和需要，以及选择策略，往往是一种不可见的内部过程。

· · ·

我们在这一章中探讨了很多基础问题，描述和探索了非暴力沟通中的一些关键概念，包括：

· 请求和要求的区别；

· 连接请求，包括反馈请求与核实请求；

· 在听到"不"时寻找连接；

·提出明确、积极、可行、关注当下的请求。

如果你感到晕头转向，也是可以理解的，因为你还在整合自己读过的所有内容。我们大多数人都需要一定时间才能培养出应用非暴力沟通语言和意图的技巧，反复熟悉基本原则、实践应用这个过程、接收反馈，然后再试一次。幸运的是，你可以随时随地实践，可以是无声的也可以是有声的。就像很多技巧和实践一样，无论是冥想、练武术、打高尔夫还是打网球时，你都可以不断深入探索。实践非暴力沟通是一趟终生的旅程。为了支持你进一步实践，我们最后给出两项练习，实际应用本书前四章探讨的各种概念。然后在下一章中，我们将深入研究自我同理心。与别人一起实践非暴力沟通时，它有助于自我连接、选择和用心陪伴。

整合：进一步探索第五章的问题和练习

（1）为了练习识别和表达明确的请求，对于下面每一项，如果你认为讲话者提出的请求是一种具体可行的行动，就在旁边打个勾。对于没有打勾的每一项，写出你会怎样提出请求。

_____ ① "我希望你能尊重我和你的区别。"

_____ ② "我希望你能告诉我，对于我想和你分手这件事，你有何感受。"

_____ ③ "我希望你能完成自己每周安排好的任务。"

_____ ④ "我希望更好地理解你。"

_____ ⑤ "我希望你对我更礼貌一点。"

_____ ⑥ "我希望我们能多出去玩一玩。"

我对这项练习的回答是：

① 我认为这句话没有明确请求一项具体行动。讲话者可以说："下一次，如果你意识到自己要对我做出的选择发表意见，我希望你停下来思考一下，这样提出意见可以满足你的哪些需要。"

② 如果你给这一项打勾，我表示同意，这句话明确表达出了讲话者的请求。

③ 如果你给这一项打勾，我表示同意，这句话明确表达出了讲话者的请求。

④ 我认为这句话没有明确请求一项具体行动。"更好地理解你"这个说法很含糊。讲话者可以说："这周我想和你一起喝杯咖啡，以便我进一步了解你以及你对某些事情的看法。"

⑤ 我认为这句话没有明确请求一项具体行动。"更礼貌一点"这个说法很含糊。讲话者可以说："下次你想借我的衣服时，我希望你能先征求我的意见。"

⑥ 我认为"多"这个字无法明确请求一项具体行动。讲话者可以说："我希望我们能去观看最喜欢的乐队这周四在咖啡馆的演出。"

（2）人们的需要之间不存在内在冲突，但要找到能满足所有需要的策略并不是件容易的事。因此，针对策略和请求进行头脑风暴会带来很大帮助。这能形成大量请求或策略，有助于减少对任何一种请求或策略的依赖性。为了实践这一概念，你可以尝试以下练习，这些练习在小组中进行效果更好，因为多人参与的头脑风暴往往会更活跃。记住：头脑风暴的目的是形成尽可能多的想法，在这个形成的阶段完成之前不要进行评估。

　　① 回忆两个人发生冲突的一次情况。(其中一个当事人可以是你。)

　　② 在那种情况下，你的感受和需要是什么?

　　③ 在那种情况下，对方的感受和需要是什么?

　　④ 通过头脑风暴得出尽可能多的能满足双方需要的策略或请求。

Connecting Across Differences
Finding Common Ground With Anyone,
Anywhere, Anytime

非暴力沟通·
详解篇 下

［美］简·马兰茨·康纳（Jane Marantz Connor）
戴安·基利安（Dian Killian）著
于娟娟 译　陈海燕 审核

华夏出版社
HUAXIA PUBLISHING HOUSE

非暴力沟通
感受词汇卡
Nonviolent
Communication

需要得到满足的感受:

亲切　慈悲　友好　喜欢　心态开放　同情　温柔　温暖　自信

赋予力量　开放　自豪　安全　有保障　启发　惊讶　敬畏　奇迹

吸引　全神贯注　警觉　好奇　着迷　陶醉　沉迷　感兴趣　投入

被迷住　刺激　精神振奋　活跃　恢复活力　焕然一新　精力充沛　恢复

复苏　感激　赞赏　感动　深受触动　兴奋　吃惊　生机勃勃　热情

受到驱动　热切　精力充沛　满腔热情　眩晕　受到鼓舞　鲜活

充满激情　令人激动

需要未得到满足的感受：

害怕　　忧虑　　惊慌失措　　吓呆　　恐惧　　可疑　　惊恐　　小心翼翼　　担忧

不安　　紧张　　混乱　　坐立不安　　惊吓　　忧虑　　不舒服　　摇摆不定　　困惑

矛盾　　为难　　犹豫　　茫然　　昏昏沉沉　　进退维谷　　愤怒　　生气　　暴怒

狂怒　　勃然大怒　　愤慨　　愤恨　　尴尬　　羞耻　　丢脸　　被冒犯　　局促不安

疲劳　　疲惫不堪　　心力交瘁　　枯竭　　筋疲力尽　　疲倦　　心烦　　烦躁

灰心丧气　　不耐烦　　焦躁　　恼火　　厌恶　　心寒　　恶心　　不喜欢　　憎恨

讨厌　　排斥　　悲伤　　沮丧　　绝望　　气馁　　低落　　心情沉重　　难过　　脆弱

虚弱　　不安全　　缺乏自信　　戒备　　敏感　　渴望　　惦念　　嫉妒　　羡慕

思念　　期望　　紧张　　焦虑　　暴躁　　急躁　　易怒　　紧绷　　难以承受

压力过大　　断开连接　　格格不入　　冷淡　　厌倦　　脱离　　疏远　　漠不关心

麻木　　痛苦　　极度痛苦　　悲痛　　心碎　　受伤　　孤独　　悲惨　　遗憾

连接　接纳　认可　欣赏　归属感　亲近　沟通　陪伴　关怀　体贴

一致　合作　同理倾听　融入　亲密关系　爱　滋养　互惠　安全

尊重/自尊　安全　保障　共享　稳定性　支持　了解和被了解　信任

看到和被看到　理解和被理解　温暖　诚实　真实　正直　和平　美好

情感交融　放松　平等　和谐　灵感　秩序　玩耍　娱乐　幽默　冒险

物质幸福　空气　食物　运动/锻炼　休息/睡眠　性的表达　住所

安全（在危及生命的情况下受到保护）　触摸　水　意义　觉察　庆祝

挑战　清晰　能力　贡献　创造　发现　有效性　效率　成长　整合

学习　哀悼　进步　参与　目标　自我表达　激发　理解　自主权

选择　尊严　自由　独立　空间　自发性

目 录
CONTENTS

第六章

如何真正实现自我同理

各种各样的想法始终在你内心吵吵闹闹。

很多不同的感受浮现又消失。很多记忆骚扰你或取悦你。

你对这些事情的反应，每时每刻都存在，

你怎样维持自己的内心世界，创造出你的命运。

——古鲁马伊·契维拉沙南达（Gurumayi Chidvilasananda）

整个世界存在于自己的内心中，

如果你知道怎样观察和学习，门就在那里，钥匙在你手中。

除了你自己，地球上没有人能把钥匙给你或者把门打开。

——印度哲学家吉杜·克里希那穆提（Jiddu Krishnamurti）

与我们的内在相比，

我们身后的事物和我们眼前的事物都不重要。

——亨利·斯坦利·哈斯金斯（Henry Stanley Haskins）

在前五章中，我们主要关注怎样对其他人进行同理倾听。我们探索了这样一种世界观：每个人的需要都会得到重视，包括我们自己的需要。但一个人怎样才能既关注自己的需要，同时也关注别人的需要呢？这就是我们在本章中探讨的课题，我们可以通过实践自我同理来实现这一点。你将在后文中看到，自我同理应用广泛，可用于对评判、后悔和优柔寡断做出反应，支持自我接纳和自我理解。我们对自己内心的"臭虫"或恶魔做出反应，以及与别人互动，自我同理都会带来帮助。

如果另一个人的言行举止触发我们的情绪，我们给出回应时就很难心怀慈悲，甚至难以充分觉察或提供选择。如果你的同理心"电池"电量过低，那么你就很难陪伴或关心另一个人。通过实践自我同理，觉察自己在那一刻的感受和需要，你可以对自己的同理心储备"重新充电"。更好地实现自我连接，会提高你在陪伴和回应时心怀慈悲、提供选择的能力。发展自我同理实践，想办法识别、重视、尊重自己最深层的渴望，也将为你内心的平静和快乐，以及增强自信、自由地与人相处的能力做出重要贡献。

"反向黄金法则"

全世界无论哪一种语言或文化中，都有着同样的黄金法则："你怎样对待别人，别人就会怎样对待你。"我曾经的同事——修辞学教授路易斯·埃因霍恩（Lois Einhorn）给出了与此相反的"反向黄金法则"："你怎样对待自己，就会怎样对待别人。"如果我们对周围的人抱有同理心和慈悲心，那么我们也会希望对自己抱有慈悲心，因为人际关系的和谐需要关心所有人的需要。但很多人发现他们对自己说话时最容易出现严厉的批评，他们可能认为关心自己的需要很"自私"，会导致别人反对并断开连接。

如前所述，同理心和自我同理心是同一个硬币的两面；如果我们不能慈悲对待自己、关照自己，就不可能对我们周围的人抱有同理心。乘坐飞机时，工作人员会告诉我们，如果客舱压力发生变化，在帮助别人之前，我们需要先戴上自己的氧气面罩。同样，如果你没有获得自己需要的同理心，怎么可能用心陪伴别人？只有在你自己的杯子装满时（获得了你需要的同理心）你才能充分接受来自别人的信息，包括批评、要求或责备这些最具挑战性的信息。

向内的同理心

你也许已经猜到了，实践自我同理和对别人抱有同理心在很多方面是类似的。唯一的区别在于，自我同理不是关注别人的感受和需要，而是你在那一刻把同理心"触角"转向自己内部。你问自己："我是否感到_____，因为我需要_____？"把你的感受和需要与明确的观察结果和请求联系起来。这些步骤可以在脑海中完成，也可以说出来（对自己或另一个人说——最好不是触发你这种反应的那个人）或写下来。有些人喜欢记录自我同理日志，创造出一个定期实践自我同理的环境。

自我同理的 4 个步骤

看到、听到、想到_____（观察结果）

我感到_____（感受）

……因为我需要_____（需要）

觉察到上面这几点，我希望_____（请求）

就像所有的同理一样，你希望专注于此时此刻是什么"带来刺激"（对你来说是真实的、令人兴奋的）。所以，当你关注过去的行为并感到后悔时，谈论的其实是你当下的感受。例如，你可以说："想到＿＿＿＿（过去的事件），现在我感到＿＿＿＿。"以这个句式开头，继续通过模型的其余部分确定你的需要，以及用来满足需要的任何请求和策略。在采取这些步骤时，你会觉察到过去仍然"活"在当下。

实践自我同理时，最初可能会感到对自己提出请求有点古怪。当然，和自己交谈时，你可能不会提出一项正式请求："自己，你是否愿意……？"与自己的感受和需要建立连接，请求的步骤只是为你提供一个机会，考虑眼下你希望怎样做来满足你的需要。

因为人们很难仅仅因为存在改变的意图，就改变自己做事的方式，所以对自己提出明确、积极、可行的请求是很有帮助的。例如，如果你注意到自己感觉懒洋洋的，希望自己更有活力，不要只告诉自己"我希望多锻炼"，而是对自己提出明确、积极、可行的请求，比如决定每周锻炼3天、每天锻炼20分钟，或者请一位朋友和你一起锻炼，或者决定这周周末之前你要打电话给本地3家健身房以了解它们的时间表和费用。你可以选择的具体策略范围十分广泛，关键是要提出明确、积极、可行的请求，以接近你的意图和需要。关于怎样提出明确、积极、可行的请求，更多信息请参见第五章。

有时我只希望有人能听我说话、陪着我。然后我想到，我可以听自己说话、陪着自己。

——斯蒂芬妮（Stephanie）

实践自我同理时，首先核实一下你的身体情况会很有帮助。看看你是否有任何紧绷、压力、憋闷或发热的感觉；若有，这些感觉出现在什么位置？你是否注意到这种感觉出现在自己的背部、下巴、头部或胸部？在这个过程中，确定你的感受和需要之后，再次检查自己的身体，看看你是否会注意到身体感觉出现了任何变化。如果你松了一口气，或者身体紧绷有所缓解，这通常意味着你已经与自己的感受和需要建立了深入连接。你也可以再次核实自己的感受，看看是否会发生变化。

我在实践自我同理时，会在一开始核实自己的情况。有时我会在 1 到 10 之间选择一个数字表示我当时的紧绷或压力状态，10 表示压力最大，1 表示最安心、最放松。实践自我同理之后，我会再次核实，看看自己现在处于什么状态。如果我仍然处于 5 或 6 的状态，我会进一步研究自己的感受和需要，因为自我同理练习可能并未完成。

实践自我同理时还有一点也很重要，即吸收需要得到满足时产生的全部能量。一旦确定了自己最关键的一些需要，你可以花点时间坐下来思考每一项需要，回忆以前这项需要得到满足的时候你的感受。或者你可以想象一下，若这项需要在你的生活中得到充分满足，会使你的身体产生什么感受。当你和得到满足的需要建立连接时，你可以吸收这项需要的全部价值或"营养"，体验到一种变化（包括你体内的变化），把最初触发因素的反应变成不同的想法和能量①。如果你只把书后的需要列表视为一个购物清单，没有在体验到需要得到满足时与之充分连接，那么即使实践自我同理也很难使你从中获益。我们的本能记忆和需要得到

---

① 我想要感谢 CNVC 认证培训师罗伯特·冈萨雷斯（Robert Gonzalez），他在非暴力沟通网络中发展和提倡这种实践，意在与"需要之美"建立连接。我们在这里称之为需要得到满足所产生的"能量"。

满足的体验会促使我们在非暴力沟通实践中实现自我连接、深入了解、前进和放松。

练习1：了解我们的评判，产生慈悲之心

（1）想想最近令你感到不快的一次选择或行为。用几个词或几句话客观描述（观察结果）。

（2）这项选择或行为使你对自己做出了什么评判？把这些也写下来。（你的评判可以帮助你发现隐藏于其下的感受和需要。）

（3）思考一下发生了什么以及你对自己做出的评判，现在确定你的感受和需要。写下三到五项感受和需要。

（4）自我核实：与你的感受和需要建立连接，是否令你感到轻松或产生了其他变化，包括身体上的变化？如果你发现自己的身体仍然紧绷或憋闷，那么可以回到前面的步骤，看看是否存在任何你希望进一步研究的评判、感受或需要。在这个过程中，记住要通过回忆、想象，并在身体（感觉）水平上体验这项需要完全得到满足的状态，与需要得到满足的能量建立连接。

自我怜悯是另一回事

我从小就被灌输这样的想法：你必须坚强，不要被各种事情影响，否则就是软弱的表现。

——菲利普（Phillip，学生）

当人们第一次听说自我同理时，常常会把这与自我怜悯或"为自己感到遗憾"混淆。但实际上这几种做法完全不同。自我同理能够疗愈自身、赋予自己力量，能够关注我们在生活中的关键需要以及如何使之得到满足。这是为我们自己的感受负责，而不是归咎于其他人。这体现了我们是谁、我们最重视的是什么以及我们拥有的选择。相比之下，自我怜悯是把自己视为受害者，不能对自己的感受负起责任来。这是对我们自己进行评判，剥夺我们的力量和选择的权利。

让我们来看一个例子。两个朋友决定去佛罗里达玩浮潜和潜水，他们邀请文森特一起去。文森特很想去，因为他刚刚学会了潜水，一直盼着有机会练习，而且他也很喜欢和这些朋友一起出去玩。但他答应了自己今年之内要还清信用卡，并开始存钱买一间公寓。文森特因为自己去不了感到失望和气馁。这是他第二次放弃这种旅行。在这种情况下，自我怜悯听起来是这样的：

这不公平。为什么我不能去？他们有什么地方比我强？

我应该过得更好。我应该和他们一样有机会去那里。

为什么我永远没有足够的钱？如果我的父母能多帮帮我就好了。这一切都是因为我上大学时贷款太多。

与此相反，自我同理听起来是这样的：

想到不能参加这次旅行，我真的很失望。我很想去，开开心心地和我的朋友们一起放松。我也希望进一步学习潜水，积累经验。

但这次旅行也确实令我感到焦虑。我已经好几个月债务缠身——我真的希望能结束这种情况，好松一口气。我对于存钱买一套公寓的计划也感到很兴奋，一想到这件事我就感到开心、干劲十足。我真的希望能住在更好的地方，能有更多的空间——拥有自己的住所也会为我带来安全感。

在自我怜悯的说法中，文森特把重点放在他缺少什么上。他认为自己不如别人（"他们有什么地方比我强？"），把他的处境与朋友们相比较（"我应该和他们一样有机会"），责备自己（"为什么我永远没有足够的钱？"），并且找到了与自己无关的令他陷入困境的原因——父母帮不了他更多，于是他借了助学贷款。文森特把他自己和他的生活视为静止不变的：他得到的永远不够，生活是不公平的。

实践自我同理时，文森特确定了是哪些需要刺激他产生悲伤和失望的感受：对选择、放松、连接和融入的需要。他意识到自己非常重视这些特质，并渴望在生活中实现它们。他也看到自己是有选择的，即选择放弃这次旅行、还清债务，且他对拥有一套公寓的目标充满信心。他重视自己所有的需要，也许还能找到其他策略来满足这些需要。他可以选择休息一天、找附近的朋友一起玩、下班后做些有趣的事情放松一下，或者在本地参加中级潜水课程、深入学习潜水技巧，同时也能像自己希望的那样坚持控制开支。

讽刺的是，当我们陷入自我怜悯的状态时，我们最需要同理心。如果一味地可怜自己，我们很可能感到沮丧、气馁，甚至绝望。如果我们认为自己痛苦的原因在于外界，并且对自己和这个世界抱有固定的看法，我们就会对改变这些外界因素缺乏信心。通过自我同理，我们可以实现自己想要的希望和进步。我们可以专注于自己在生活中想要的东西，对未能充分满足的需要进行哀悼，选择对我们最有利的行动。通过这样做，我们可以实现自我接受、选择和赋能。

练习2：摆脱自我怜悯

第一部分

重新阅读文森特陷入自我怜悯的语句，并想象你就是他。在阅读和思考这些自我怜悯的说法时，你有何感受，包括你的身体感觉？然后阅读他实践自我同理的语句。自我怜悯与自我同理在能量上有何区别？

第二部分

回想一下最近你为自己感到遗憾（自我怜悯）的情况。

（1）用一两句话描述那种情况。

（2）当你陷入自我怜悯并思考那种情况时，你对自己或他人做出了什么评判？

（3）你有何感受？

（4）你觉察到什么需要？

（5）练习自我同理是否能够令你深入认识那种情况并从中解脱？

将自我同理用于我们的"错误"

> 有时我真不敢相信，我对自己这么苛刻——我不喜欢我的外貌、我说话的方式和我笑起来的样子。我甚至不喜欢我对自己批评太多这一点。
>
> ——匿名学生

除了自我怜悯之外，我们都会时不时对自己做出的选择进行自我评判，并为之感到后悔和羞耻。在我们做出选择时，考虑到我们的需要、信息和内部资源，也许某种特定行为看似是最佳（或唯一）选择，但我们最终还是发现那并不能满足我们所有的需要，也无法起到我们期待的作用。在这种时候，我们很容易陷入自我批评："我怎么会这么蠢？""为什么我总是犯同样的错误？""我应该听听朋友的建议。"我们对自己的行为以及我们做出的决定感到痛苦。我们也会担心别人怎样看待我们的行为，以及他们是否会评判我们或我们的行为。

在这种时候，因为感到痛苦，所以我们很难同情和理解自己。也许你甚至会发现自己在想，"我不值得同情"或"我是自作自受"。这种想法很常见，因为我们的文化就是这样教育我们的。自责的思维方式来自这样一种主流信念：惩罚和痛苦是必要的，只有这样才能让人们去做他们"应该"做的事情，实现学习和成长，在人们已经受到伤害时恢复和谐。我们可能会担心，如果我们不"惩罚"自己，就会再次做出"错误"的决定。我们陷入自责是因为我们想要效能、学习、进步和希望。

当然，我们可以通过自我同理和理解来满足所有这些需要，而不必评判或责备自己。事实上，研究和其他证据表明，惩罚和"应该"的思维方式并不能实现长期变化，也不能建立造福生活并带来积极感受的那种连接。相反地，这种自我谈话会进一步导致内心痛苦，导致其他需要无法得到满足，包括选择、自我接纳、尊重和自主的需要。实际上，告诉自己"应该"或"本来应该"采取另一种做法，与别人告诉我们"应该"怎样没有区别。如果仅仅告诉自己应该做什么或必须做什么，而没有给出造福生活的、积极正面的理由来说明这项行动对我们来说是有意义的，很容易引起我们的抵制和反抗。没有人喜欢被别人告知应该做什么，哪怕是他们自己！

此外，对自己固定不变的、静态的观点，比如"我们属于某一种人，永远不会改变"（"我就是这个样子：懒惰、不体贴、以自我为中心"），会导致我们更难以想象和创造变化。这样会强化我们希望改变的那些行为，令人气馁而非带来动力。虽然我还没看到关于这方面的具体研究，但从统计学上来说，我们越是告诉自己"应该"怎么做（我们应该戒烟、减肥、少花钱，或者花更多的时间与家人相处），越不可能真正朝我们希望的方向前进。这又回到了那个胡萝卜和大棒的谚语：应该的思维方式就是一根大棒，而与我们的核心价值观以及我们希望创造和体验的生活建立连接的思维方式，则是一根美味多汁的胡萝卜！

练习3：让自己远离"应该"

第一部分

你会告诉自己应该或不应该做什么吗？回忆一下最近或眼下你这样跟自己说话的一些情况，完成以下句子：

（1）"我永远不应该_____。"

（2）"我不应该这么_____。"

（3）"我不应该总是_____。"

（4）"我当时本来应该_____。"

第二部分

A. 你每一次跟自己说"应该"的时候，有何感受？

B. 你"浮现出"什么需要？

第三部分

告诉自己应该做什么，与自己的感受和需要建立连接，你是否感觉能量发生了变化？你的身体在每一种情况下分别体验到什么感觉？

我们的两部分：选择者和教育者

对于自我评判、自责和应该的思维方式，有些人发现把自己视为两部分会带来帮助：选择者和教育者（有时也称之为我们的"内部批评家"或"忠诚的士兵"）。选择者是我们为了造福生活做出选择的那部分；教育者是我们想到这项选择及其影响时感到失望甚至害怕和挫败的那部分。教育者希望我们能从自己的选择中汲取教训，从而使我们对未来做出的决定更加自信。

回忆一下，你之前做出了一项决定，而现在感到后悔。你的选择者可能希望理解你做出的选择，而你的教育者是内心对这项选择感到不耐烦或者不满意的声音。当你的选择者和教育者发生内在冲突时，最有用的做法是依次同理倾听每一边的声音。你做出选择时有何感受和需要？你做出这项选择是为了满足自己的需要？你的教育者想到这项选择及其结果有何感受和需要？

思考一下我们在本书前面提到的两个问题也会带来帮助：我们在生活中想要什么？我们想要如何得到它？我们都有拥有效能、能力，实现意义和贡献的需要。自我同理为我们提供了一种方法来确认我们的选择是否有效，并且在这些选择下，以完全符合我们价值观的方式学习和成长。

让我们来看一个现实生活中的例子，抱有自我同理心倾听我们的选

188

择者和教育者想说的话。

在过去几年中，我一直在装修和父母一起买的房子。装修期间，几个承包商给我带来无数难题，有两个不同的承包商拿了定金，却没有干完活：有一个甚至压根儿没开始干；有一个则是没有按照我给出的标准干活。我又攒了一笔钱打算干完这桩事，最近雇用了第三个承包商。我对他们的工作进展很满意，于是付了第二笔款项。然而第二天，他们打电话说他们今天没有来干活！"哦，不，"我想，"我又犯了同样的错误。"我脑海中出现一大堆自我评判："我怎么会又干出这种事？""我没汲取教训吗？""我太信任别人了！""根据以前那些经历，我应该考虑全面一点！"想到最终还是遇到了和以前那些承包商一样的情况，我觉得非常痛苦。

倾听我的教育者的想法，她想要什么是很明显的：心情平静（关于正在完成的装修工作以及有钱干下去）。她也想对学习、自我发展和成长抱有希望，以及希望能够干完这件事好松一口气。自我信任是她的一项核心需要：希望能信任自己会用心对待自己的需要（而非只是承包商的需要）。

我也会花时间关注我的选择者希望通过我做出的选择满足什么需要。新承包商工作质量高、完工速度快，令我很高兴也很安心。我付了第二笔款项是因为我想对他们表示认可和欣赏。"终于找到了我可以信赖的承包商！"这种积极评判促使我给他们开出第二张支票，也许有点早，而且钱比合同上规定的这个阶段的付款百分比要高。

我与所有这些需要建立连接。深入倾听我的教育者和选择者的想法之后，我做了次深呼吸，注意到自己感觉放松多了。我从感到安心的心态出发，后退一步展望全局，向自己提出一个问题：现在这种情况下，我真正想看到的是什么？我意识到自己最渴望的是一次"积极"的体验：工作按照我的标准完成，承包商令人信任和安心。我希望摆脱任何"戏剧性的事件"：摆脱恐惧、自我评判和紧张（希望实现和谐、和平、流畅、信任和安心）。简而言之，我希望这次的体验不同于以往，无论是工作质量还是合作关系。

当我与这些核心需要建立连接后，我身上发生了一些令人惊讶的事情。我认识到无论承包商做了什么或者没做什么，我仍然可以选择自己如何回应。影响结果的不仅仅是他们的行为，也包括我怎样回应他们。我也认识到，我并不知道接下来会发生什么，很可能承包商明天就会回来干活。我意识到自己其实是根据以往的经验对一个"假设"做出反应。也许他们解释的没来干活的原因（所有的工人都得了流感）是真实的。我也发现，以前那几次情况可能是受到了我的言语和选择的影响。每次，因为我认为自己无能为力，我心态过于紧张，对每个承包商都做了最坏的准备。这会影响我在每一种情况下的处理方式：我的恐惧带来要求和绝望。认识到这一点，我对以前的承包商也抱有了慈悲的心态。这也促使我考虑，在这种情况下现在我希望怎样采取不同的做法。

我决定不去质疑承包商对他们为什么没来干活的解释。相反，我回电留言说我很感谢他们已经完成的工作，希望第二天能见到他们。当然，第二天他们确实来了，然后在一周内完成了这项工作。我也决定，不管我对这次的工程感到多么满意，以后我都不会在工作完成、建筑师确认签字之前就付款。

承包商最终还是过来干完了活，在这种情况下，实践自我同理并倾听我的选择者和教育者的想法，确实使我感到了解脱。我对之前发生的事情有了新的看法并感到平静，对现在发生的事情也实现了自我接纳也感到了内心平静。我也相信这会使我对承包商的反应与过去完全不同，这有助于我和他们保持良好的工作关系，从而使他们更乐意回到工作地点完成规定的工作任务。

练习 4：倾听你的选择者和教育者

回忆一下你最近做出的一项自己感到不满意的选择。在纸上用一到三句话描述发生了什么（你做出的选择）。现在列出两个清单，一个标为"选择者"，另一个标为"教育者"。在每个清单上写下你对这种情况的所有想法和评判，然后把这些评判转化为感受和需要。完成这个过程之后，根据你所有的感觉和需要，你考虑一下现在你希望怎样应对。倾听你的选择者和教育者的想法，会怎样为你带来深入的见解、令你感到宽慰？

哀悼未满足的需要，庆祝重要的事情

我与承包商的这次经历，也使我有机会对以前面对承包商时做出的选择进行哀悼：觉察到我的遗憾和未满足的需要。这样做使我深入觉察到我在这种情况下真正重视的是什么，以及接下来我希望有何体验。在非暴力沟通实践中，哀悼是一个有意识的过程，它专注于我们未满足的需要，体会我们在生活中对这些需要的重视程度，进一步觉察当这些需要得到满足时我们会感到多么充实，我们有多希望自己和所有人都能拥有这些特质。通过哀悼这样一个完整的循环圈的过程，我们从悲伤或失落转向庆祝对我们来说重要的事情。

你是否有过丢掉或失去一些东西的经历，这种损失反而使你更充分地领会到它的价值？例如，当我们为失去亲人感到痛苦和遗憾时，我们其实也是在赞颂他们的一生，以及他们为我们和这个世界所做的一切。当我们对未满足的需要进行哀悼时，我们对自己做出的选择也会经历一个类似的过程。这一过程可以是思考这些价值观的重要性，或者想象充分实现这些价值观的情况，以及我们多么享受这段经历。这也涉及非语言的沉思默想，思考与我们珍视的需要相关的画面甚至身体体验。

对未满足的需要进行哀悼完全不同于责备对方或自责。当我们所做的选择带来"坏"的感受（局促不安或悲伤）时，我们很多人习惯于迅速由此转向评判或自责，随之而来的是连珠炮一般的道歉或寻找新的策略。哀悼的过程会带来更深层次的完结、理解和自我接受。对因为我们的选择满足和未满足的需要进行哀悼与庆祝，是以两种不同的方式认可我们在生活中最想要和最重视的东西。觉察我们的需要在我们为了更充分地满足自己的需要而做出选择的过程中，发挥着关键作用。

练习 5：对因为一项选择满足和未满足的需要感到遗憾

第一部分

回到练习 3 中的情况。花几分钟时间充分体会每一项需要的重要性。想象一下，如果你生活中的每一项需要都得到充分满足，你可以回忆每一项需要得到满足的时刻，或者想象充分满足每一项需要后会是什么样子，这会给你带来怎样的感受，包括身体感觉。想象每一项需要得到满足时你的身体有何反应——看看你是否体验到轻盈、舒缓、放松的感受。如果你体验到这种变化，那么考虑一下现在你希望怎样做，以采取行动满足或者至少用心关注这些对你来说如此重要的需要。

第二部分

三个月前，西尔维斯特除了全职工作之外又找了一份兼职，因为他想增加收入。现在他感到压力很大、十分气馁，甚至觉得一切都不顺利。他不能准时上班，因为他太累了，他与同事之间的关系也明显恶化，他也没办法像以前那样和朋友们一起玩垒球了。

（1）他决定做兼职是希望满足什么需要？

（2）这一选择导致什么需要未能得到满足？

练习6：将自我评判转变为自我同理

第一部分

回忆一下上周你做出的三项自己不喜欢或感到沮丧、悲伤、失望的行为。对于每一项，描述一下具体行为或者你看到自己在做什么（观察结果），你对自己所做的事情有何评判，想到你所做的事情你会有何感受，以及这项行为未能满足的需要。将以上结果列在如表6-1所示的表格里。

表 6-1　行为分析示例

观察结果 （我做了什么）	自我评判 （对于我所做的事情的想法）	对于我所做的事情的感受	我所做的事情未能满足的需要
用我不喜欢的音量和音调告诉我的一个孩子："安静！"	我很严厉、刻薄、不公平、不讲道理，我的行为没有给孩子们做出榜样	悲伤、气馁、遗憾、心情沉重	关心、体贴、觉察、自我连接、选择、完整

第二部分

看看上面三种情况，你是否像批评自己一样挑剔别人？如果不是，为什么？如果你不那么挑剔，而是能够更好地理解和同情，你会怎么看待另一个人和那种情况？你对自己的行为产生了什么想法，导致你开始自我评判？

第三部分

思考你对于第一部分描述的每一种情况有何感受以及未能满足什么需要，你能否对自己提出一项请求？比如在你对孩子大声嚷嚷的例子中，你可能会这样写："下一次如果我意识自己很生气且不耐烦，我想试试'暂停'——离开房间五分钟，冷静下来，重新与我的感受和需要建立连接。"

尴尬、恐惧和羞耻：应对双重评判

有时，我们的言行举止与我们的价值观不一致，我们会感到尴尬、羞窘或局促不安。在这种时候，我们没有满足自己按价值观行事、有意识地做出选择或者为别人着想的需要。我们感到脆弱、害怕或羞耻，想知道别人对我们的看法。如果我们害怕惩罚或"后果"，就格外容易出现这种情况。在这种时候，我们希望得到接纳、理解、安全和信任，而这些都与别人有关。在实践自我同理的过程中，观察我们所有的需要会为我们带来很大帮助，包括由于我们的行动而未能满足的需要，以及因为被观察和被评判而导致无法满足的需要。

让我们来看一个例子。蒂姆是大学篮球队的球星，也是今年得分最高的球员之一。经过多年努力，他的球队终于成功打进地区锦标赛。他知道他的教练、队友和整个学校都对他寄予厚望。但是在加时赛中，他在比赛最后一分钟出现失误，让另一支球队获胜。输掉这次比赛令蒂姆感到难过、失望、沮丧、不安、惊慌甚至震惊。因为这次失误，他未能满足自己对能力、效能和贡献的需要。想到之前发生的事情以及别人会怎样评判他，他就感到紧张、害怕、断开连接和脆弱。这些感受涉及信任、接纳、理解和支持的需要。蒂姆觉察到自己的感受和需要，以及别人可能存在的感受和需要，他就能更好地就自己的恐惧与别人建立连接，并且得到他想要的连接和支持。例如，他可以对教练说：

> 我仍然感到震惊。我无法相信我会在最后一分钟失误，尤其这场比赛我们本来已经领先了。我真的以为今年我能为球队带来变化。我也有点紧张。我想知道你对之前发生的事情是怎么想的？

无论蒂姆的教练或其他人是怎么想的，蒂姆以这种方式提问，都会与别人建立连接，了解可能存在的评判。在这个例子中，蒂姆传达了自己的感受和需要，然后坦承他对教练的反应感到紧张，以及他想知道对方是怎么想的。

按照我的经验，作为一个生活中大部分时间都在恐惧中挣扎的人，我发现 99.9% 的时候，人们的实际想法与我的恐惧之间相隔十万八千里。他们考虑的往往是他们自己的问题和担忧。例如，蒂姆的教练可能担心合同不续约的风险，不知道球队输掉比赛是否会影响他续签合同。我害怕某些人的评判时，从他们那里得到的往往是理解和同情，而非愤怒或轻蔑。在少数情况下，我确实会听到评判。在这种时候，我可以选择安静地对自己进行同理倾听，平息自己的痛苦，然后对另一个人的感受和需要进行同理倾听。举例来说，在蒂姆陈述和询问之后，蒂姆和教练进行了以下对话：

教练（大声说出他对蒂姆的评判）：你搞砸了，球队需要你的时候你却呆若木鸡！我们谈过怎样处理这种情况，你应该迅速跳过去！

蒂姆（安静地对自己进行同理倾听）：哇！当我听到教练说"你搞砸了！"时，我既沮丧又生气。我知道我在最后一分钟失误了，但我今年真的为球队贡献良多。如果没有我，我不觉得我们能走得这么远。我希望能有人欣赏我为球队所做的一切。

蒂姆（也在心里安静地对教练进行同理倾听）：我敢打赌，他真的很失望，因为我们距离冠军这么近，这是他当上教练后我们第一次这么接近冠军。现在我们必须赢得接下来的两场比赛。我能理解他为什么这么沮丧，我知道他为此承受了很多。

蒂姆（大声说出他对教练的同理倾听）：是的，我知道这真的令你受到打击。你对我们赢得今年的冠军抱有很大希望，现在你对我们能否成功感到紧张。

教练：是的，没错。我不想对你这么严厉的，只是我们距离冠军这么近，这场比赛决定了我们的命运！我知道你已经尽力了。

一旦教练感觉自己得到了理解，他就能更好地理解蒂姆遇到的事情。蒂姆能够找到空间对教练进行同理倾听，因为他首先对自己进行了同理倾听，先对自己未满足的需要进行哀悼，然后猜测教练可能"浮现出"什么感受和需要。分享自己的观点并找到共同立场，有助于彼此重新理解和建立连接。蒂姆询问教练的体验，并谈及自己对所发生的事情感到不安，开辟了对话的空间，以便进一步处理误解。

练习7：平息双重评判

回忆你曾经采取的一项令你感到不满的行动，你曾因此事害怕别人的评判。你所做的选择导致你自己有何评判、感受和需要？你认为其他人可能做出什么评判？想到这些评判你会有何感受？这些评判令你"浮现出"什么需要？首先，用一两句话描述当时的情况，然后列出下述各项的具体内容：

我对自己的行动的评判_____

我对自己的行动的感受_____

因为我的行动"浮现出"的需要_____

我担心其他人可能会做出的评判_____

想到这些评判时我有何感受_____

想到这些评判时我"浮现出"的需要_____

充分选择的自我同理

> 如果我能搞清楚我想要什么，我就可以按自己希望的方式
> 做事。
>
> ——安德鲁（Andrew）

自我同理除了促使我们对自己做出的选择抱有慈悲的心态，以及支持我们解决与别人之间的分歧，也可以帮助我们做出当前的选择。自我同理有助于让我们在做出选择时牢记各种需要不是彼此竞争的。所有的需要都是为了造福生活，都是有价值的。在实践自我同理和制作"需要量表"时，我们不是把一种需要和另一种需要进行比较，然后评判它们或给它们打分，而是列出各种需要的"详细清单"——把我们所有的需要写在表格中，以便我们观察、分辨此时此刻哪些需要最为明显。在做出决定时可以在一张纸上写下我们考虑的不同策略，然后列出每种策略可以满足和无法满足的需要。我们可以体会需要得到满足产生的能量（包括关注身体反应），分辨我们在这一刻选择针对哪些需要采取行动，

并对我们的选择未能满足的任何需要进行哀悼。在下面的练习中，你将看到这个过程的一个示例。

练习 8：做出满足需要的选择

格蕾丝正在上大学四年级，不确定自己以后打算做什么：她一方面认为自己应该找份工作赚钱，开始职业生涯；一方面认为继续学习并取得更高学位会很有用。她还渴望作为志愿者在国外工作一年（她认为这将是一段有意义的经历）。

情况：大学毕业后做什么			
	策略 A：读研究生	策略 B：工作	策略 C：加入美国和平队
想到这项策略的感受	兴奋、刺激、紧张、急切	犹豫、无聊、接受、兴奋	兴奋、害怕、鼓舞、好奇
这项策略满足的需要	学习、挑战、成长、集体、意义、自我发展、希望（关于未来的选择／机会）	可持续性、安全、选择（因为拥有资金）、自信、独立、挑战、成长、发展、学习	目的、冒险、挑战、选择、成长／学习、意义、贡献、与世界接触、存在
这项策略未能满足的需要	短期的财务可持续性和独立性、研究生院的学习专注度／强度导致时间不宽裕、可预测性、轻松	目的、冒险、成长、学习	安全、平安、可预测性、轻松、舒适、金融可持续性（至少在工作期间存在）

格蕾丝以这种方式思考自己所有的需要，并积极关注每一种选择涉及的感受、感觉和需要，最后决定申请国外志愿者职位。她注意到这项

选择满足的需要对她来说最为"生气勃勃",未能满足的需要（比如她在和平队工作期间的金融可持续性和轻松舒适的问题）也是她能接受的，她愿意用这些需要得不到满足来换取这段人生经验。她在思考自己的需要时，尤其关注每项选择以及满足或未满足的需要带来的身体反应。想到在国外当志愿者，她注意到自己的心脏区域一阵轻松，一股爆发的能量扩展到四肢。虽然她也有点焦虑（感觉胃部发紧），但不像兴奋的感觉那么强烈。

现在轮到你来做一个"需要量表"。思考你打算做出的一项决定，它也许令你感到左右为难。

（1）在一张纸上写下你正在考虑的不同策略。

（2）在每项策略下面写出相应的感受，然后仔细考虑你的感受。你注意到自己体内出现了什么样的感觉和能量？为了与自己的感受建立连接，运用想象力可以带来很大帮助。想象一下你正在考虑采取的行动，在脑海中走过每一个步骤。以这种方式想象这种行动，你观察到什么感受、感觉、渴望或意愿？

（3）通过这种方式与你的感受充分建立连接之后，思考采取每一种行动能够满足哪些需要。列出每一项需要，思考一下你有多重视这项需要得到满足的体验。你也可以想象自己左手拿着一个需要，右手拿着另一个需要，"权衡"每项需要此时此刻对你的意义。

（4）完成上述步骤之后进行自我核实，你对于自己更喜欢哪种策略是否明确或改变了看法。如果没有的话，你可以再次检查自己是否已经完全识别出所有起作用的感受和需要。

（5）当你想清楚自己打算选择哪种策略时，检查是否存在任何未满足的需要。如果有的话，尊重这些需要，并思考一下你有多重视那些需要，有多想在生活中体验那些需要。考虑一下你是否抱有开放的心态，准备现在或未来以另一种方式满足那些需要。这样思考和关注所有相关需要，是让你对你的选择感到平静安心的关键步骤。

（6）你认为这项练习是否可以带来帮助？是否让你产生了一些新的看法，包括怎样做出决定和关注自己所有的需要？把这些记在纸上。

对我们的选择负责

有时我们很容易认为自己别无选择，有些事情是我们必须要做的。当我这样想的时候，我就会用一句谚语提醒自己："没有人能夺走真正属于你的东西。"你的自主性，也即你的选择能力永远都属于你自己。在某些情况下，你可能希望自己拥有更多不同的选择，而选择权始终存在。来看看日常生活中的例子，思考下面这段对话：

蒂姆：见鬼，我明天必须得去上班。

杰克：如果你不去上班会怎样？

蒂姆：嗯，我会被解雇。

杰克：所以，你选择去上班是因为你希望能保住工作、感到安全？

蒂姆：嗯，是的，我想是的。

如果你从奖励和惩罚的角度思考，可能会觉得自己别无选择。如果你不去上班，就会丢掉工作：其实这可以被视为一种"惩罚"（我们的社会秩序就是这样的）或者至少是一种后果。然而，去不去上班其实是一项用以满足你自己需要的策略。你选择去上班时，令你做出反应并采取行动的是这些需要，而不是要求或报复的威胁。

最终，即使在最可怕的情况下，我们也可以选择怎样做出反应。《活出生命的意义》（华夏出版社出版）一书作者精神科医生维克多·弗兰克尔（Viktor Frankl）在纳粹集中营中观察到，即使在那种极端受限的条件下，人们也会对怎样应对这种环境做出选择。例如，他们会选择与同住者合作或竞争，选择怎样对待那些行事残酷无情的卫兵；集中营中的有些人即使在最不人道的环境下也会本着慈悲的精神行事。

也许我们很难记住我们是拥有选择权的。如果我们预料到会出现或已经出现了需要无法得到满足的情况，并且不喜欢我们能看到的任何选项，我们可能会感觉自己几乎没有或完全没有选择。除了未满足的需要之外，自我核实我们采取的策略能满足或寻求满足的需要，能让我们记住自己在对什么说"是"并对自己的选择负起责任来。这往往也会成为找到其他能满足需要的策略的第一步。例如那段关于工作的对话，如果你意识到自己多么不喜欢上班，以及这能帮你满足哪些需要以及不能满足哪些需要，这会成为探索能满足同样需要的其他方法的第一步，比如找一份别的工作，考虑对于目前的工作你可以做出什么改变或提出什么请求、做兼职以及其他策略。无论你怎样选择，对自己的选择及其满足的需要承担起全部责任，并对你采取的策略未能满足的任何需要进行哀悼，都能让自己更有效能，有时甚至能解放自己。

练习 9：发现选择

通过下面的练习把"必须"的说法转化为另一种能够反映出你所做的选择，以及你的选择满足的需要的说法。

陈述	不这样做的后果	转换为积极选择的陈述 / 得到满足的需要
"这个周末我必须回家，否则我妈妈会杀了我的。"	"如果我这个周末不回家，我妈妈可能会伤心失望。几周前我们就安排好了，她告诉我她很期待。"	"我选择这个周末回家，因为我知道我妈妈会感到高兴，我喜欢这样。因为我贡献、关怀、连接的需要可以得到满足。"
"这个周末我必须写一篇论文。"		
"我必须去上班。"		
"我必须打电话给我的男朋友。"		

同理心和非同理心的选择

非暴力沟通中最能令人获得自由和最有创意的理念之一就是，我们对如何解读别人和回应别人是拥有选择权的。如果有人向我们传达一条信息，尤其是我们视为批评的信息，那就存在两个选择：

· 我们关注的是别人还是我们自己？

· 我们的回应是出于同理心（感受和需要）还是非同理心（评判、

评价和责备）？

这两个选择结合起来构成如表 6-2 所示的四种类型的回应。

表 6-2　回应的四种类型（同理心和非同理心）

刺激	关注	非同理心回应：责备、评判、断开连接	同理心回应：关注感受和需要
父母说："你的成绩太差了。如果你不打算努力的话，我不知道你为什么要上学。"	自己	责备自己："我很失败。我不配上学。"	对自己抱有同理心："我真的很伤心、很痛苦，非常需要理解和支持。"
	别人	责备别人："你这样说太不公平了。你完全不知道我都经历了什么。"	对别人抱有同理心："你是否感到担忧不安？因为你希望能相信我对自己做出的选择有把握？"

我们参与的每一次谈话中都会出现这些选择点。你是以缺乏生命连接的方式，从批评和责备的角度给出回应，还是抱有同理心给出回应？在那一刻，你的能量是指向另一个人还是你自己？在对话的过程中，这种注意力的焦点会反复变换。在某一刻，你可能希望对自己抱有同理心；而在下一刻，你可以选择关注你的交流对象。

练习 10：回应的四种方法——觉察和选择

阅读以下情况，给出可能出现的四种类型的回应（关注自己与关注别人，关注评判与关注感受和需要）。

在一次聚会上，丹讲了个关于一个白人和两个"东方"女人发生性关系的笑话。彼得说："正确说法是'亚裔美国人'，我觉得这不好笑！这是种族歧视，这会冒犯别人！"

在这种情况下，丹可以通过哪四种方式给出回应？对每种回应给出一个例子：

（注：这些回应可以大声说出来，也可以只是默默对自己说。）

（1）责备自己。

（2）责备别人。

（3）对自己进行同理倾听。

（4）对别人进行同理倾听。

慈悲的四重路径

在任何特定时刻，我们都可以选择是否给出慈悲的回应。在上文中，我们看到了慈悲回应的两种方式：对自己进行同理倾听（自我同理），以及对别人进行同理倾听（带着同理心接收）。我们还可以选择另外两种形式。通常我们认为自我同理是个无声的、私人的过程，抱有同理心回应别人则是口头表达。实际上，我们也可以选择用语言分享我们遇到的事情，描述我们的观察结果、感受、需要以及对另一个人的请求（这是诚实的自我表达）。我们可以抱有同理心倾听别人的话语，不必说话或回应（无声同理）。如表 6-3 所示，总的来说，慈悲回应的四种方式存在两方面的变化：我的同理心关注自己还是别人？是无声的还是有声的？

表 6-3　慈悲回应的四种类型

		表达方式	
		无声	有声
关注	自己	（无声）自我同理	诚实表达
体验	别人	（无声）同理倾听	抱有同理心回应别人

　　慈悲回应的四种类型（我们自己或别人；无声或有声）共同完成一次"舞蹈"。进行慈悲沟通时，我们在这些不同的"步骤"之间基于我们认为怎样做最有助于清晰、进步、放松、理解和连接前后移动（然后再次前进）。进行了各种同理倾听后，我们也会希望提供观察结果（包括反馈我们听到别人说了什么，或者请求他们复述他们听到我们说了什么），探索满足所有人需要的策略（请求）。观察结果、请求，以及感受和需要，构成了完整的非暴力沟通实践。

练习 11：慈悲的四步舞

　　阅读以下情况，给出慈悲沟通实践中四种可能的反应。

　　詹妮弗是位残障人士，需要使用轮椅。她参加的一个团体在餐馆里举办社交聚会，那家餐馆没有无障碍设施。她向活动组织者提出这个问题，却被告知："这个聚会不是针对你一个人的，我们希望所有人都能参加。我们这个团体太大了，那里是唯一能用的地方。"

在这种情况下，詹妮弗可以怎样应用四种慈悲方式给出回应？应用表 6-3 中描述的慈悲回应的四种类型，每种回应给出一个例子。

接下来是谁

给出慈悲回应时，我们怎样决定首先关注哪一方，在什么时候回应？怎样决定应用同理倾听还是自我表达？

在努力解决冲突时，我们希望关注情况最"激烈"或最严重的地方。哪个人或哪个群体的感受和需要最明显？最愤怒、最挑剔或防御心理最强的人是谁？需要首先倾听谁的需要？我们应该从这个人开始，无论是我们自己还是另一方。这又回到了教导之前先同理的原则。如果一个人或一个群体感到怒火冲天、即将爆发，那我们很难甚至根本不可能让他们倾听任何其他人关心的事情，更不可能理解他们并给出慈悲回应。所以我们希望通过同理倾听与另一个人建立连接，而不是直接教导他们了解他们的选择对我们产生的影响，或者了解我们如何看待事物。

在判断哪个人"情绪最激烈"时，首先要应用自我同理实践自我核实，引导你与自己的感受和需要建立连接。一旦你实践自我同理，感到与自己建立了连接，你可能会希望把同理心应用到外界，指向与你互动的人或群体。关注别人并不意味着无视你自己的感受和需要。你只是"暂时保留"通过自我同理实践得到的对自己的认识，直到另一个人有机会被倾听，情绪得以释放。如果你的自我同理未能给你带来内部空间用以倾听别人的声音，你可能需要在倾听另一方的声音之前先休息一下，从朋友那里获得同理倾听，或者参与其他同理倾听实践。经常实践非暴力沟通的人把这种无声关照自己的做法称为"紧急自我同理"。在那一刻，也许你没有获得自己需要的全部同理倾听。如果能有足够的"紧急"自我同理倾听，你可以慎重且有判断力地回应别人。

即使你在谈话中没有被另一个人所说的话触发反应，但只要与别人交谈，就可以反复实践一种"较短形式"的自我同理，反复简单核实自己的感受和需要：我是否还有精力进行这次谈话？我是否投入其中？我有没有搞清楚那一点？我希望怎样继续下去？

与别人建立连接时，反复进行简单的自我核实就像在运动时监测脉搏。在任何一次谈话中，即使是最平淡的、完全不激烈的谈话，也能帮你进行最佳"锻炼"，有助于增加谈话的流畅性、深度，增进理解。事实上，这是我最喜欢的非暴力沟通实践之一。我想很多人只有在遇到冲突时才记得应用非暴力沟通。然而在与人们的日常对话中，非暴力沟通最能造福我的生活，我在这些情况下磨练了倾听自己和别人的能力。通过这种方式反复自我核实，你可以更好地建立连接。然后，如果你在某个时候被触发，你会很快注意到这一点，对于怎样回应也有更多选择。

我也很珍惜这种持续的自我同理实践，它支持我始终专注于当下，把注意力集中在我自己、别人以及谈话中当前发生的事情上，而不是思考我的待办事项列表、晚餐我要做什么或者其他任何令我"心猿意马"的事情。通过这种实践，我可以更顺畅地实践非暴力沟通，更了解我的身体、感觉和感受，加深自我连接的程度，更敏锐地觉察自己的需要以及更好地决定如何采取行动。

同理倾听实践越熟练，越能理解不同形式的同理倾听之间的关联和相互连接。在谈话过程中，你往往会应用各种形式的同理连接：自我同理、同理倾听、表达和无声同理倾听。

通过我们的评判加深与自己的连接

在本书中，我们讨论了评判、批评、指责或分析的话语不能促进人与人之间的连接，而且往往会刺激人们产生痛苦的感觉。然而，虽然我们不希望一直进行评判，或者应用评判与别人交流，但评判可以作为与感受和需要建立连接的第一步，给我们带来很大帮助。觉察我们的想法和评价后，我们可以理解自身感受的强度和性质，通过我们使用的词语，认识并理解我们重视的是什么。

在表达评判时，我们可以与心怀慈悲、愿意提供支持的倾听者分享，把评判转换为感受和需要。我们也可以通过自我同理，无声或有声地把我们的评判告诉自己，也可以写在日志里。一旦你的评判"现身"，看看你能否把感受和身体感觉与每一项评判联系起来，然后根据你使用的词语，看看是哪些需要隐藏在你的想法和情绪下面。

应用自我同理实践，我们来看看评判如何发挥作用。

一天早晨，玛丽·贝丝（Mary Beth）在浴室里干活，无意中听到她的朋友丽莎与另一个玛丽·贝丝根本不认识的人谈论她的事情。丽莎把玛丽·贝丝社交生活中的很多事情告诉了那个人，而玛丽·贝丝把这些事情告诉她时说了让她保密。丽莎也说了很多话批评玛丽·贝丝的成熟和正直。玛丽·贝丝觉察到令她难以承受的恼火、愤怒、痛苦和受伤的感受。她打算先进一步探索自己的感受和需要，然后再决定如何回应。

她私下里写出自己听到丽莎所说的话之后产生的所有激烈的想法。这些评判包括：

- 我真不敢相信她是这样一个两面派。
- 她说她是我的朋友，而现在她出卖了我，违背了曾经对我的承诺。
- 我感觉隐私受到了侵犯。
- 一想到一个我不认识的人了解我的私事，我就觉得真是讨厌。
- 现在人们看我的眼神会很奇怪。
- 我怎么会如此愚蠢地信任她？

写下她的评判之后，玛丽·贝丝浏览这个清单，确定自己对每一项的感受和需要。下面是清单上可能出现的一些评判。注意，有些需要出现了不止一次。

陈述	感受：想要（需要）
1. "我真不敢相信她是这样一个两面派。"	愤怒：想要信任、正直 厌恶：想要关心、体贴 恐惧：想要信任、安全、理解
2. "她说她是我的朋友，而现在她出卖了我，违背了曾经对我说过的承诺。"	失望：想要信任、关心 难以承受：想要正直、支持 受伤：想要关心、理解

玛丽·贝丝确定了自己的感受和需要，并花了些时间思考，然后她可以向自己或别人提出一些请求，以满足她的需要，其中也包括丽莎，如果玛丽·贝丝想和她讨论自己担忧的事情的话。

练习 12：将评判与现实体验相结合

根据上面的例子中玛丽·贝丝和丽莎的情况，将以下评判转换为感受和需要：

陈述	感受：想要（需要）
1. "一想到一个我不认识的人了解我的私事，我就觉得真是讨厌。"	
2. "现在人们看我的眼神会很奇怪。"	
3. "我怎么会如此愚蠢地信任她？"	

根据需要的能量谈话

在本章很多练习中，我请你确定某种特定情况下涉及的需要。但目的不仅仅是让你列出这些需要，而是充分体会每一种需要或价值观，并且敏锐地觉察到它能为你的生活做出了多少贡献。在内心中建立自我同理连接，然后你可以继续日常活动，包括口头沟通。你的目标是在你说话和做事的过程中传达与需要得到满足的状态之间的连接。

练习 13：与需要的能量建立连接并带着那种能量说话

（1）回忆一种你被触发产生了一些感受和需要的情况。这种情况下，你体验到的需要可以是满足的，也可以是未满足的。对于所发生的事情，你的观察结果是什么？

（2）确定这种情况下你的一种关键感受和一项关键需要。

（3）在表达你的观察结果、感受和需要之后，构想你可以提出的连接请求。例如，"听到这些你有何感受？"

（4）在要传达信息的受众不在场的情况下，大声说出要表达的内容，包括观察结果、感受、需要和请求。例如，"你让我去搬我的手提箱时，我感到有点恼火，因为我希望我们一起生活时能感到放松，希望我们两人都能有足够的空间。我想知道你听到这些有何感受？"注意它听起来是怎样的。是否具有吸引力？是否实事求是？是否在邀请别人坦诚建立连接？这些话来自你的头脑还是内心——也就是来自想建立连接的目的？

（5）现在花几分钟时间与需要的能量建立连接。选择在这种情况下对你来说非常重要的一项需要，并想象在某个时间、地点、环境（真实的或假设的）中，这项需要充分、完全、美好地得到满足或实现。在脑海中描绘整个场景。在这个场景中发生了什么事？有哪些人出现？还出现了什么？你的身体有何反应？身体哪些部位反应最大？是什么样的反应？体验到这些感受你有何感觉？观察身体不同部位的能量对这个场景的反应，并想象这种能量放大且蔓延到全身。请你充分体会自己多么热爱这种需要，它能为你的幸福感带来多大的贡献。花几分钟时间感受你身体和情感上体验到的充实感，体会你在生活中有多珍惜这种需要或价值观，以及它怎样帮助你认识这种价值观。

（6）牢记这种需要以及与这种需要的能量之间的连接，然后再次完整地大声表达出观察结果、感受、需要和请求。与这种需要的能量建立连接后，你说的话听起来是否不太一样？你是否感到这次说话时措辞有所区别？如果你说话时从这种连接出发，你认为会对对方产生怎样的影响？

通过图像、音乐和运动实现自我同理

虽然我们经常发现使用词语描述我们的感受和需要很有用，以此为工具可以向自己和别人清楚地说明我们当前有何体验，但词语不等于体验本身。对很多人来说，视觉图像可以成为一种有用的工具，用以识别、整合、评价我们的体验和愿望。为了仔细探索这项实践，我建议你从杂志、报纸和互联网上收集一些能够反映特定感受和需要的图像。当你深入思考某种体验时，可以浏览这些图像，选择一些令你产生共鸣的。你可以把这些图像放在你每天或每周能看到的地方，试试这样做能否增进你对自己或别人的感受和需要的理解。

就像有些人制作的"梦想板"一样，你可以把这些图片放在一张纸或一块木板上，并在周围标注与每张图片存在联系的感受和需要。你也可以关注自己希望在生活中多多体验的感受和需要，比如欢乐、乐趣或休息，并选择能够表达或体现这些需要得到满足的图像。无论你怎样应用这些图像，每次当你凝视它们时，一定要注意自己的身体反应，吸收需要得到满足时产生的能量。

同样，你可以做一个能够反映自己内在体验的音乐选集。你欣赏哪段音乐时，可以满足自己休息的需要？玩乐的需要？兴奋或刺激的需要？当你听音乐时，你可能希望移动自己的手臂、腿或躯干，进一步探索自己的体验。如果你特意换一种方式移动会发生什么？反应更激烈、不那么激烈还是非常缓慢？你是否开始觉察到不同的感受或不同的需要，满足或未满足的需要？这可以成为一项有趣的练习。你可以让孩子们也参与进来，与感受和需要一起"玩耍"，加深你对它们的觉察和体验。

是否有哪种气味或其他感官刺激会引起你的反应，引发你的感受和需要？是否有哪种动物、植物、物体、地点或活动可以隐喻你的感受或价值观？

我们每个人都有很多不同的方式来理解我们的体验。自由利用创造性的想象来扩展对自己内心世界的理解，无论你发现的是什么，都是非常宝贵的信息。隐藏在你的体验下面的需要都是积极的，能够提升生活品质的。探索并学习识别你丰富多样的感受和需要。这种觉察是自我同理实践的一种形式。自我同理最广泛的定义就是觉察你每一刻的感受和需要。

庆祝需要得到满足的自我同理

在本书中，我们探讨了非暴力沟通的实践不仅涉及哀悼未得到满足的需要，也包括庆祝得到满足的需要。通常，如果我们把注意力集中在解决冲突上，我们会忘记列举和欣赏需要得到满足带来的美好和力量。当我们单独或与别人一起实践自我同理时，把注意力集中在得到满足的需要上，这样的体验意义深远。下一次，当你感到兴奋、快乐、高兴、放松，或体验到其他需要得到满足带来的感受时，你应该花点时间实践自我同理，进一步加深你的体验。你对于所发生的事情做出了怎样的积极评判？这种评判下面隐藏着什么感受和需要？关于你的体验，对你来说最重要的是什么（在需要的层面上）？针对你自己的行为，以及与别人或这个世界有关的任何体验，你都可以通过这种方式实践自我同理。

继续前进

提升自我同理的技巧需要时间。就像对别人进行同理倾听一样，记住每一步都要慢慢来。体会你自己的感受和需要，并充分接受这些感受的独特性。你体验到的每一种感受和需要都会提醒你关注自己内在那个充满活力的生命，它是在告诉你，你不是一个无生命的物体！倾听你的身体。回顾第一章和第二章中讨论的建议，进一步觉察自己的身体感觉，指引你了解自己的感受和需要。如果你陷入僵局，感到无法对自己进行充分的同理倾听，或者无法像你希望的那样认清自己的感受和需要，你可能会希望向"同理心伙伴"寻求帮助，找个熟悉非暴力沟通步骤、愿意和你一起体验这个过程的人。

自我同理应用广泛。它可以帮助你回应别人，在自己内心创造空间，使你能够心怀慈悲、有选择、有意识地给出回应，也可以帮助你在陷入自我怜悯、害怕评判、处理自己犯下的"错误"时，慈悲亲切地与自己对话。它在做出选择时也很有用，尤其是需要在不同策略之间做出选择，而这些选择可能导致有些需要得到满足、有些需要未能得到满足时。它也可以通过关注得到满足的需要，帮助你庆祝生活中对你来说最重要的事情。

整合：进一步探索第六章的问题和练习

（1）考虑以下每个问题，然后完成下面的表格：

① 想象一下，如果下面每件事都发生在你身上，你会有何感受？可能刺激你产生什么需要？（应用附录中的感受和需要列表。）

② 填完表格后，花几分钟时间慢慢思考每一项需要，以及你有多重视和欣赏这项需要，深入连接到你在生活中有多重视这项需要。或许你还会想找找与这项需要相呼应的画面或物体。

③ 然后考虑一下你会出现什么目的、行动过程或"自我请求"。

④ 完成上述练习后，你是否注意到自己对所发生事情的理解或体验发生了变化？如果是的话，具体描述一下。

事件	感受	需要	"自我请求"
你收到一封信说，你没能得到那份心仪的工作。			
你和朋友就政治问题发生争论，他说你的想法是"愚蠢的"。			
你发现下午的实验课取消了，你不用去了。（自我同理不仅可用于需要未得到满足时，也可用于需要得到满足时。）			

（2）自我同理的日常实践可以帮助你在倾听和行动时心怀慈悲。在下一周实践两到五次，当你注意到自己对某个情况或事件做出反应时，完成下面的四个基本步骤。为你的自我同理实践写一篇日志或其他类型

的记录。记住，同理倾听可以通过未满足的需要进行实践，也可以通过"满足"的感受和得到满足的需要实践。正如本章之前讨论的，从评判开始，通过评判来了解你的感受和需要，也可以带来帮助。下面是四个基本步骤：

观察结果：发生了什么（我看到、听到、想到了什么）刺激我产生反应？

感受：我被刺激产生了什么感受？

需要：此时此刻我的哪些需要和价值观未能得到满足？

请求：我可以向自己（或别人）提出什么请求来满足我的需要？

在记录上述内容时，你也可以跟踪以下内容：

· 感受的名称。

· 你的身体有何体验，例如，紧绷、发热、憋闷或放松？

· 哪些身体部位体验到这种感觉，例如，你的头部或胸口？

随着更多的感受浮现出来，你开始对自己的需要进行同理倾听，直至你感到已经"完成"。在你的日志或记录中记下当你感到同理倾听完成时，你体验到的任何变化以及你考虑到的任何策略。

（3）回忆最近一次冲突。基于四种同理倾听和非同理倾听的回应方式（责备指向外部、责备指向内部、同理倾听指向外部、同理倾听指向内部），你选择怎样回应？这种选择结果如何？是否满足了你的需要？现在回忆起来，你认为另一种不同的反应是否会导致不同的结果？

（4）选择熟悉非暴力沟通的人作为你这周的"同理倾听伙伴"，约定一个"同理倾听日期"，可以选择当面交流或通过电话交流。你们在一起时，首先迅速核实（使用一到三个句子或花大约 30 秒时间）你们每个人目前生活中最明显的问题是什么。工作中是否有人令你感到生气？你是否对某个被你视为朋友的人感到恼火？你是否对你收到的账单感到担忧？与伴侣的关系令你感到快乐吗？你们两个人核实之后，感受一下是什么占据了你们的脑海，首先对感受最激烈的那个人的话语进行同理倾听。这样，在谈话后半部分轮到第二个人发言时，第一个发言者能够更好地陪伴他。

另一种做法是，你们中任何一个人练习把自我同理的过程说出口。倾听者在这个过程中提供指导和支持，与讲话者核实他的观察结果、感受、需要和请求，尤其是在讲话者陷入僵局时。

第七章

如何理解和应对愤怒的情绪

愤怒是自然的。这是原力的一部分。

你只需学会与之相处。

——多莉·艾莫丝（Tori Amos，歌手）

对我来说，音乐是令我们的痛苦浮出水面的工具，

把它带回那个谦逊温柔的地方，

幸运的话，它会忘掉愤怒，再次变得慈悲。

——保拉·科尔（Paula Cole，歌手和作曲家）

    在这本书中，我们讨论了各种各样的感受和需要，以及如何给出回应。但在情绪的甲板上还有个"变数"：人们发现倾听和表达这种情绪尤为困难，那就是愤怒。因为愤怒涉及评判，会迅速导致连接断开甚至身体暴力。愤怒的感觉就像火一样：危险、具有破坏性、难以控制。但和所有的情绪一样，愤怒也可以视为一种礼物。在本章中，我们将开始理解这种不稳定的情绪，我们会看到愤怒也能帮助我们确定自己的价值观，实现真正意义上的生活。

只有一个人能让你生气

关于愤怒，要记住最关键的一点是：除了你自己，没有人能让你生气。我们在第二章中第一次了解到了这种基本理念：我们的感受不是由别人引起的，而是由我们自己的需要引起的。这一概念也是理解愤怒的关键。刚开始，要接受这一点是个巨大的挑战，因为把自己的感受归咎于别人是愤怒的一个基本组成部分。这种情绪背后的主要想法是："我很沮丧（害怕、受伤或悲哀），这是你的错，这是因为你所做的事情导致的，你不应该那样做！"然而，虽然别人的行为（在自我评判的情况下是我们自己的行为）是我们感到愤怒的刺激或触发因素，但事实上，我们对自己看到的行为抱有"应该"的思维方式或正确—错误的思维方式，才是我们产生这种感受真正的根本原因。愤怒是混合了想法与评判的感受。

让我们来看一个例子。费利西亚不想让她的父母知道她正在和托尼约会，因为他们种族背景不同，她敢肯定他们不会同意的。托尼对此很生气。他感到愤怒的刺激因素是费利西亚的行为——她拒绝把他的事情告诉父母。但愤怒的原因是托尼的想法。他告诉自己："她应该很乐意告诉他们关于我的事情。她不应该感到尴尬或者害怕。"还有其他想法可能令托尼的愤怒火上浇油。他可能会琢磨：如果她不愿让父母知道，那她对这段关系能有多忠诚。无论如何，他对这种情况的想法（他那种"应该"的思维方式）而非这种情况本身，才是他感到愤怒的原因。

对我们的想法和评判，以及我们的需要负起责任来，是觉察和控制我们怎样对愤怒做出反应的第一步。如果我们陷入因果的思维方式，执着于"是你让我这么做的"或者"是你让我产生这种感受的",我们就失去了完全的自主权、责任心和选择权。这并不意味着我们一定要喜欢别人的行为,而是意味着我们回应别人时要对自己的行为和选择负责。通过这种方式,我们可以把生活中每一种情况仅仅视为情绪的潜在刺激因素,而非不可避免的原因。

　　下面的表格显示了我们采取不同类型的思维方式可能导致我们感到愤怒和沮丧,也可能感到好奇和温暖。

我们的愤怒由我们的想法引起		
刺激因素:我在一个拥挤的停车场里正要停车,一辆小汽车迅速从我旁边驶过,拐进了那个空位。		
思维方式的类型	在这种情况下产生的想法的例子	刺激产生的感受
"应该"(正确/错误)的思维方式	"那个司机在找事儿,是我先来的,他应该尊重这一点。"	愤怒、沮丧、失望
"应该"(正确/错误)的思维方式	"太讨厌了。像这样的不文明行为对这个世界没好处。人们不应该做出这种行为。"	生气、激怒、失望、绝望
基于需要的思维方式	"看到那个司机占了我打算停车的位置后我想:我多么希望人们关心彼此的意图、尊重每个人的需要啊。"	温柔对待我自己,以及我对于关怀和秩序的热爱;彬彬有礼的生活方式令人愉快,与这一点建立连接令我感到温暖
基于需要的思维方式	"我想知道那个司机为什么这么急着停车。也许他时间很紧张。"	好奇、开放的心态,觉察我自己的感受,关心对方的幸福

练习 1：原因还是刺激因素

在日常交谈和思考中，我们不断强化这样一种想法：把别人的行为视为我们愤怒的原因而非刺激因素。但正如我们看到的，"应该"的思维方式和评判才是真正的原因。在这项练习中，阅读每个句子，确定它描述的是愤怒的刺激因素（标为"S"）还是愤怒的原因（标为"C"）。要记住，在非暴力沟通中，刺激因素可以被观察到，是可以通过摄像机客观看到的事件；不同的观察者会以不同方式体验这些事件。

_____（1）"我女儿把食物放在橱柜上，现在我们厨房里出现了蚂蚁。"

_____（2）"我睡过了头，错过了与牙医的预约时间；我应该更谨慎一点。"

_____（3）"商店的店员应该给我拿我要的那种电池，我很清楚我要的是什么。"

_____（4）"母亲有责任让孩子坐在儿童安全座椅上，她不负责任。"

_____（5）"昨晚我想做爱，但我的伴侣说他累了，他只想睡觉。"

_____（6）"如果我想上医学院，我就必须花更多时间学习，取得更好的成绩。"

我对这项练习的回答：

（1）这是在描述愤怒的刺激因素，因为这是对所发生的事情的观察结果（虽然蚂蚁出现在厨房可能还有其他原因）。如果讲话者在最初陈述之后又说"她不应该那样做"或者"她这么做真是不负责任"，这会成为愤怒的原因。可以想象，对这项刺激因素的反应不一定是愤怒，也可以是惊讶或好奇——"这不是很奇怪吗？我们现在发现了蚂蚁，以前从来没有过。这不是我们第一次把食物或脏盘子搁在那儿。"讲话者的不同感受，如烦躁、好奇或愤怒，也会通过声音语调体现出来。

（2）在我看来，这是在描述愤怒的原因。"应该更谨慎"意味着对错误行为进行评判。不带评判的描述可以是"我睡过头了，因为我关掉闹钟，然后又睡着了"。

（3）这也是在描述愤怒的原因；讲话者是在指责和评判店员，而不是描述发生了什么事。如果讲话者说："我要的是 AA 电池，而店员给了我 AAA 电池。"这是在描述刺激因素。

（4）这句话暗示了愤怒的原因。讲话者谈及母亲应该做什么，因为那是她的"责任"，不带评判的观察结果可以是"妈妈在开车，而孩子没有坐在儿童安全座椅上"。"责任"可以视为一项未满足的需要："看到这个，我感到担心；我希望人们对安全问题要了解、关心和负起责任来。"

（5）这是在描述愤怒的刺激因素，其中不存在评判。"伴侣应该在性生活方面取悦你，这是恋爱关系的一部分。"这种想法属于愤怒的原因。

（6）这是在描述愤怒的原因。讲话者描述的是他"必须做什么"，而没有描述观察结果并与需要建立连接。描述愤怒的刺激因素可以是："医学预科顾问说，医学院一般不会接受我这种分数的学生。"如果我对顾问、医学院或我自己抱有"应该"的思维方式（例如，"顾问应该给予更多的支持"、"医学院招生时应该更灵活"或者"我应该更努力学习"），我的愤怒也就会相应地对准顾问、医学院或者我自己。

愤怒是一种因为其他感受汹涌而至所产生的强烈感受。
愤怒可视为一种"紧急"信号，说明有情况需要注意：
有需要未能得到满足，而且情况严重。

注意那些信号

关于愤怒需要了解的第二个关键点是，愤怒是一种因为其他感受汹涌而至所产生的强烈感受。如果我们觉察到某种需要和价值观对我们来说具有深远的意义，而且注意到我们在生活中没有体验到这种价值观，那么我们可能会产生悲伤、烦恼、受伤或恐惧的感受。如果刺激因素很强烈，我们对未满足的需要的反应迅速加剧，我们就会感到"难以承受"。我们不知所措，只能在最低限度上觉察自己的感受；我们甚至可能变得麻木，把受伤或恐惧的感受压抑到意识觉知下面。在这种时候，我们无法觉察到强烈的愤怒感受，也许甚至到了狂怒的程度。就像刺耳的警笛或闪烁的红灯，愤怒可视为一种"紧急"信号，说明有情况需要注意：有需要未能得到满足，而且情况严重。

"紧急"的英文 emergency 来源于 emerge，emerge 的意思是出现或变得可见。愤怒让对我们来说很宝贵的需要变得更加显眼，这会带来极大帮助。同样，引起愤怒的评判和"应该"的思维方式并非本质上是"坏"的或讨厌的。评判和愤怒可以帮助我们识别和关注真正重要的东西，把重点放在重视我们的需要上，从而为我们的幸福做出贡献。

练习2：找到愤怒的根源

第一部分

想象一下你处于以下每一种情况下，正感到愤怒。

（1）你可能产生哪些评判、批评或责备的想法？

（2）你体验到哪些感受隐藏在愤怒之下？

（3）你认为自己的哪些需要引发了这些感受？

让我们从下面的例子开始。

情况	评判	感受	需要
1. 你的朋友来拜访，想借用你的电脑。你没有关掉电子邮件的窗口就让朋友用了电脑。你朋友离开后，提到了你的电子邮件的内容。你敢肯定他没有征得你同意就读了你的一封电子邮件。	"他很自私，完全不关心我的隐私、我的权利、我的空间。他只想着他自己。我是想帮他个忙，而他辜负了我的信任！"	生气、愤怒、不安、受伤、挫败、害怕	关心、尊重、安全、信任、空间、选择、体贴
2. 你刚刚收到房东的通知，说她要卖掉房子，你必须在30天内搬出这间公寓；而你们刚刚新签了一年租约。			
3. 你的上司指责你把一份重要的工作文件放错了地方，而你确定在借来之后的第二天就还给她了。			

这一周，当你变得愤怒时注意一下，哪些感受和需要隐藏在愤怒下面。事后看来，这些感受和需要是否在你注意到它们之前又"退了回去"？在你的日志中记下这些内容。

练习3：对别人的愤怒做出反应时拥有选择权

第一部分

想象你处于以下每一种情况下，然后回答下面的问题：

（1）你没想太多时的"下意识"回应是什么样子？自由表达你所有的评判，这样会帮助你明确自己的需要。

（2）隐藏在你的评判下面的感受和需要是什么？

（3）一旦你与自己的感受和需要建立了连接，在每一种情况下你会怎样回应？注意你可以选择诚实地表达自己的感受和需要，并且抱有同理心回应讲话者。

示例：你的老板说："你不称职、不负责任。你被解雇了！"

（1）我的回应可能是："留着你那份愚蠢的工作吧！我要它做什么？你从来没喜欢过我。你大概想雇用你儿子。"

（2）我感到愤怒，隐藏在愤怒下面的是害怕、受伤和紧张的感受。我想要的是安全、信任、开放和诚实。

（3）连接性回应："我听到你说我不称职和不负责任。你能否告诉我，我做了什么，让我能理解你为什么对我这么生气？"

现在你来试试:

（1）你的伴侣说:"你在家里干的活儿太少。他们也是你的孩子！"

①

②

③

（2）你的姐姐说:"我厌倦了你完全不把家庭当回事,你眼里只有你自己和你的工作！"

①

②

③

（3）你在加油站就账单提出疑问,那名员工说:"如果你不喜欢就去别处吧。"

①

②

③

（4）你的爱人说:"为什么我们总是做你想做的事情？"

①

②

③

第二部分

回顾上面每一种情况,猜测另一个人的感受和需要。这是否会影响你对这种情况的感受和需要? 你会如何回应?

同理倾听愤怒的挑战

愤怒的后果比愤怒的原因更为严重。

——2世纪罗马皇帝马库斯·奥雷利乌斯（Marcus Aurelius）

愤怒是一种激烈的情绪，可能会刺激我们产生强烈的感受和需要。如果我们还没有学会怎样应对如此强烈的体验，甚至只是能够适应（很多人连这都做不到），我们可能会想办法压制或避开它们。听到别人对我们发泄愤怒，就像听到别人评判我们的错误，可能刺激我们产生自我评判，听起来同样令人难受。除了这些挑战之外，别人的愤怒还可能刺激我们过去与愤怒的人相处的记忆，而那种情况下我们会担忧自己的身体或情感安全。故而我们很容易根据这些以前的体验，而非现在发生的事情给出回应。

通过实践，我们可以学会在几乎所有人表达愤怒的情况下怎样带着同理心给出回应，无论那是针对另一个人还是我们自己。我们依次看一下这些情况。

面对我们自己的评判带来的恐惧

沉溺于愤怒，就像喝醉了葡萄酒，把我们向别人展现出来，却对我们自己隐藏起来。

——约翰·德莱顿（John Dryden，17世纪英国诗人和剧作家）

如果我们同意另一个人对我们表达的愤怒中混合的全部或部分评判，如果我们所采取的行动的某些方面也令我们自己感到困扰，我们就很容易陷入自我评判。这种时候我们会听到来自我们自己内部和外部的"立体声"评判。在这种受刺激的状态下，我们很难听到别人的愤怒，因为我们本身就已经难以承受。如果我们因为自己的需要未能得到满足（可能包括理解、接纳和共同理解的需要）而感到心烦意乱，那我们几乎不可能听到那个愤怒的人身上发生了什么。即使愤怒的表达方式不是特别激烈，也会出现这种现象。立体声效果令我们难以承受时，不一定伴随着尖叫或咒骂。

　　在这种时候，如果另一个人的愤怒刺激出我们内心的赞同、自我评判或恐惧，关键是要暂停一下，与我们内心的感受和需要建立连接，从而使我们的话语基于连接需要的能量，而非谁对谁错的观点。我们可能会选择实践自我同理，坦率诚实地表述出我们身上发生的事情，也可能选择对另一个人的需要进行同理倾听。一旦我们与自己的需要建立了自我连接，我们就有空间也有能力采取这两种做法。

练习 4：关掉立体声评判

　　回忆一下最近三次别人对你生气的情况。他们对你的评判是否也触发了你的自我评判？把每种情况都记下来：

　　（1）你听到他们表达的评判。

　　（2）作为回应，你对他们的评判。

　　（3）你对自己的评判。

　　现在把每项评判转换为感受和需要。如果你跟这些感受和需要充分建立连接，在每一种情况下，你会怎样回应？

胡萝卜和大棍：害怕别人的愤怒

强烈的愤怒比刀剑更具破坏性。

——印度谚语

有时，别人的愤怒会刺激我们产生害怕或恐惧的情绪。如果有人生气时，我们亲身体验或目睹了人身伤害或受到惩罚，我们可能会害怕现在再次发生这种情况。也许我们并不记得那次创伤、没有充分意识到它的存在，或者没有在认知上理解它与当前事件的关联，但它仍然会产生影响。正如有人指出的，愤怒（anger）和危险（danger）之间的区别只有一个字母。我们有些人亲身体验过这种紧密连接。

我们大多数人习惯于寻求别人的认可或接受。如果有人对我们感到愤怒，我们会认为是自己做错了什么事。"是我的错——又是我的错！"如果陷入这种思维，我们会尽自己的一切努力保持平静并相信："如果他们认为我挺不错，那我肯定挺不错。"于是我们得出结论：如果有任何人对我们的言行举止感到不满，我们就必须做出改变。我们对别人的感受负责，以别人的反应而非我们自己的内在价值观和需要来指导我们的行为。著名治疗师维琴尼亚·萨提亚（Virginia Satir）把这称之为"讨好别人"。

我们中的很多人变成讨好者并不奇怪。我们大多数人都伴随着惩罚和奖励长大：我们被告知，如果做了正确的事情会得到奖励，做了错误的事则会受到惩罚。我们得到奖励和惩罚的方式有很多种，如成绩、饭后点心、每周的零花钱、责备和体罚（打耳光或打屁股）。

我们成年后，这种奖惩体系仍然存在，比如工资、晋升、滞纳金和交通违章等。就像训练小狗学会技巧一样，奖惩体系导致我们需要别人指导我们的选择。我们不会无条件坚持自己的价值观。从童年开始，我们就听到人们说："我很生气，因为你把玩具扔在地上！""他很伤心，因为你不跟他玩。你不愿意把你的卡车分享给他，让他开心吗？""我很沮丧，因为你总是说'不行'。"人们总是向我们反复传达是我们的行为导致他们产生各种感受，因此我们感到困惑也是可以理解的。

我们大多数人都倾向于相信我们的行为是出于自主和自愿。我们过于习惯生活在奖惩体系中，几乎看不到这个"体系"怎样影响我们的决定。它无处不在，但我们几乎不会发现或认识到它。几乎每一天，我们的决定都受到恐惧或社会规范的驱动。我们可能会问自己："如果我被抓住了怎么办？我父母会怎么说？我的朋友们能不能理解？"相比之下，我们很少思考对我们来说什么才是重要的：我们真正重视的是什么？我们想要什么样的生活和行为？如果不能深入思考这些问题，不能充分认识我们的价值观，我们可能就无法拥有完整的生活，甚至无法真正活着。

十几岁时，我问我妈妈她为什么选择生孩子。她在 19 岁刚结婚一年的时候生下我哥哥，又过了一年生下我。她回答说她真的不知道："那时候所有人都这样做：结婚和生孩子。"结婚和生孩子似乎是一项策略，用以实现接纳和包容（融入社会），简单和安心（不确定人生的下一步）。从其他人那里听到类似的故事，思考我自己曾经采取的行动，想到人们怎样做出决定，包括我对重要选择会怎样考虑，都令我感到悲伤。因为这些过程往往是"自动驾驶"，而不是完全有意识、有选择的决定。

寻求和得到认可似乎能实现接纳、安心与和平，但这是有代价的。

这样做无法支持真心诚意的互动，学习怎样倾听和回应别人的愤怒才能做到这一点。

练习5：你是否会寻求别人的认可

第一部分

（1）阅读以下内容。哪些行为是你熟悉的？

· 当别人对你大喊大叫时，你感到非常焦虑。

· 在别人生气时，你感到有必要解决问题或道歉。

· 在别人生气时，你躲开他们。

· 你忽略信息或依靠"善意的小谎言"避免争吵。

· 为了避免对别人说"不"，你去做你不愿意做的事情。

· 有时你会为了维持和平而道歉，即使你其实不觉得自己做错了什么。

（2）在生活中找三个你讨好别人的例子。你做出这样的选择是希望满足什么需要？在你的日志中记下来。

第二部分

（1）回顾你从童年开始的生活。举出5个在"教育"中应用奖惩的例子，场景分别是家里、学校里以及整个社会中。我们先举个例子帮你开始。

① 成绩：考试"不及格"或"及格"。

② _____

③ _____

④ _____

⑤ _____

⑥ _____

（2）回忆一下你在生活中做出的一些选择，包括你视为"重大"决定的选择。哪些信息导致你做出这些选择？评判或奖惩是否影响了你的选择？得到接受或认可的愿望呢？

（3）如果你完全不害怕受到指责或评判，你在生活中会选择怎样做？在考虑这个问题时，要确定这项选择满足了你所有的需要（包括对生活做出贡献、关心体贴别人的需要等）。

转换立场：向别人表达愤怒

可以肯定的是，很多人不喜欢感到愤怒。从身体上来说，这是一种充满压力、令人不快的感觉，往往令人感到紧绷、有压力和憋闷。当我们感到愤怒时，我们很可能不会体验到建立连接、易于沟通、理解或信任的感受。我们迫切需要表达和宽慰，对大多数人来说，这些需要是至关重要的。我们强烈渴望别人能听到我们的想法，希望我们的评判是"真相"。（它们必须是真相，否则我们为什么会如此愤怒？）在这种时候，我们表达观点的方式最难让别人听到，而我们又尤其喜欢分享自己对别人的评判。我们这样做也许是因为我们重视真实性，只会说出"真相"和事物的"本来面目"。但以这种方式表达我们的想法，怎么可能让我们的想法真正被对方听到、让我们的需要得到满足，并且按我们的价值观来生活？

愤怒可以是正当的吗

我们的感受和需要越强烈，我们就越难把它们与刺激因素区分开来，从而也难以区分刺激我们的那个人与刺激因素本身。尤其是在受到严重创伤的情况下，很难想象我们经历的痛苦是我们自己的需要未得到满足导致的结果。当然，如果司机没有闯红灯，你现在就不会因为断了腿躺在医院里，错过春节。当然，如果你的伴侣没有爱上别人并离开你，你不会感到心烦意乱、孤独寂寞。在这种情况下，我们非常容易对别人做出评判。刺激因素或触发因素与你的感受之间的关系，就像是因果关系，简单明了。

如果我们受到刺激且感到痛苦，尤其是巨大的创伤性痛苦，我们也会希望有人承担责任或为我们的苦恼"付出代价"——让他们也尝尝那个滋味。我们可能会想："只有让他们受到像我一样的伤害，他们才会理解我都承受了什么，才会知道那是怎么回事，并决定以后不会再那样做。"在这种时候，我们想要的可能是建立关系、理解和慈悲。我们可能也需要对他人的行为影响到我们生活的部分有责任心和觉知。

事实上，这种思维方式是同理心的一种错误应用。我们希望其他人体验痛苦或得到报复，这是一种建立关系、分享体验和负责任的策略。这种"报应"的思维方式其实会引导人们承受别人的痛苦。他们可能认为自己得到了同理倾听，但事实上，这只会带来更多的痛苦，导致连接断开，使人们陷入痛苦和损失的循环中。简而言之，正如马歇尔·卢森堡所说："如果你对正义的概念建立在善恶的基础上，人们应该为自己所做的事情而受到报应，这会使人们享受暴力。"在附录的访谈中，他在社会和国际层面探讨了这方面的不同例子。

此外，确定我们和别人做出的选择，了解这些选择与我们持有的价值观有何不一致所产生的理解更有可能满足各种需要，包括修复、和谐与正义的需要。

非暴力沟通不是理想主义、善良或者慷慨待人，而是为了建立连接，这样做可以大大增加我们自己的需要和我们关心的问题得到满足和解决的机会。

练习6：修复还是报复

第一部分

阅读附录中对马歇尔·卢森堡的采访，回答以下问题：

（1）为什么"报应"是最危险的词语？

（2）"报应"的概念怎样激励和灌输报复式正义？

（3）为什么死囚被执行死刑时，得克萨斯的大学生会庆祝死刑并举办聚会？

（4）修复式正义与报复式正义有何不同？它们分别基于什么产生？

（5）为什么道歉"太廉价、太容易"？

（6）"造福生活"的评判与"道德"评判有何不同？

（7）什么需要可能促使一个人强奸另一个人？

第二部分

回忆一下你想让别人为他们的行为受到惩罚或付出代价的情况。你当时有何感受和需要？想象你和另一个人的对话，或者想象给这个人写封信。你会怎样应用抱有同理心的表达方式来表达自己的痛苦并进行修复？

穿越我们的愤怒

在非暴力沟通实践中，我们不会回避或压制自己的愤怒；相反，我们希望确定是什么刺激了我们，以及此时此刻是什么样的价值观在起作用。我们希望与人分享这些信息，提出请求以满足我们的需要并处理我们关心的问题。也许你害怕表达自己的愤怒，因为你知道唯一能表达愤怒的方式就是评判和责备。但这种评判下面隐藏着对你来说真正最为重要的东西。觉察到自己想要的是什么，你就来到了能够设法得到它的最佳位置，并以未来不会后悔的方式提出请求并得到它。

在回应你的愤怒时，很多原则会带来不少帮助，其中一些我们已经介绍过了。

- 对自己的感受和需要负责，并区分刺激因素和原因。我们每个人对互动过程中发生的事情负 50% 的责任，对我们的体验（刺激产生的感受和需要）负 100% 的责任。我不必为我的行为对别人产生的影响负责；同样，他们也不必为他们的行为导致我的需要未能得到满足负责。

- 对不同的策略或结果抱有开放的心态。如果我们相信自己的需要只能通过一种方式或一个人来满足，我们就是给自己制造机会面对挫败、受伤、不快乐，甚至是某种形式的暴力。

- 如果试图以正确—错误的能量做出回应，也要努力记住你的目的：是为了与另一个人建立连接，解决一个使双方都受到刺激的问题，还是为了证明你是"正确"的？

- 应用你的评判。注意"评判秀"。通过倾听你的想法和意见的能量和内容，你会更容易与自己的感受和需要建立连接。

- 要切断评判和愤怒之间的链条。经常被遗漏的一种最关键的方法，就是先得到同理倾听，使我们能敏锐地觉察到我们的感受和需要，从而让我们可以不带批判地分享这些内容，不认为其中存在任何错误行为。在处理自己的愤怒和别人的愤怒时，自我同理是一项非常重要的技能。
- 与你所有的感受建立深入连接，包括可能隐藏在愤怒下面的感受。愤怒是一种强烈的感受，有时会与其他感受混合在一起，比如悲伤、失望或恐惧。这些感受，尤其是恐惧，经常会激发我们的怒火。

边说边走

有一种非常有用的工具可以整合我们讨论的所有步骤，那就是"愤怒楼层图"（参见图 7-1），改编自拉杰·吉尔（Raj Gill）、吕靖安（Lucy Leu）和朱迪·莫林（Judi Morin）的著作《非暴力沟通主持人工具箱》（*NVC Toolkit for Facilitators*）。你可以在经历这个过程时仔细观察并把手指放在不同的方框和步骤上。还有一种更好的做法就是：你可以把每个方框打印到一张 A4 纸上，然后把这些纸按图中所示的顺序放在地上；每个方框之间留出 10 厘米左右的距离。然后你在处理每个方框的内容时，可以在各个方框之间真正地走来走去。

第一步

注意图上的"S"这个字母。这是为了提醒你，一旦你意识到自己的愤怒，关键是要停下来深呼吸。

第二步

站在（或者把手指放在）第一个标为"感觉"的方框上。

S	S
感觉	"应该"的思维
体内的身体感觉， 例如，炽热、 紧绷、刺痛、 沉重……	愤怒的原因： 认为某人应该或不应该 以某种方式行事， 或认为某事应该或不应该以某 种方式进行；可以采取评判、 责备、批评等方式

S	T
刺激因素	转换为需要
实际上或者事实上 发生了什么？ 不带评判的观察结果	通过倾听隐藏在其下 未得到满足的需要， 转换"应该"的思维方式

	O
	以开放的心态对待感受
	以开放的心态对待 我们触及自己未得到满足 的需要时浮现出的情绪， 例如恐惧、受伤、 羞耻、悲伤、 绝望等感受

	P
	当前的请求
	以积极具体的语言 提出当前的请求， 帮助我们满足隐藏在 愤怒下面的需要

图 7-1　愤怒楼层图

资料来源：NVC TOOLKIT FOR FACILITATORS © 2009 Raj Gill, Lucy Leu, Judi Morin
（经许可使用）。

要发展出一种对于怎样回应愤怒拥有充分选择的感觉，最好的做法就是觉察自己的身体感觉并让自己充分体会。你是否注意到胸口悸动、手臂紧绷、呼吸急促，甚至有一种想要打什么东西的冲动？花点时间留意一下这些感觉的性质和强度，与之共存，不要评判或试图改变它们。

第三步

当你完全了解自己的感觉之后，移动到下一个标有"刺激因素"的方框。

实际发生了什么事，发生了任何人都能看到或听到的什么行为刺激你感到愤怒？是谁说了什么或者做了什么？用非暴力沟通观察结果的语言来描述，尽可能不要出现评判和评价。

第四步

这个方框标为"'应该'的思维"，指的是你头脑中的想法和评判，你告诉自己的事情，那才是愤怒的原因。我们对某个人应该或不应该做什么评价，我们对他们的行为的责备，会引起我们的愤怒。

第五步

标为 T 的方框表示转换为需要的语言。

在上述步骤中仔细倾听你的评判。这些评判就像金矿一样，可以帮助你明确一些对你来说非常重要的需要和价值观——它们构成了你生活中的体验、目标和意义的基础。每一项评判下面可能隐藏着很多相互连接、不同层次的需要。随着你深入研究这个丰饶的金矿，确认每一项需要，你会更接近一小块真正的自我，为你的自我理解注入活力。

第六步

标为"O"的步骤指的是以开放的心态对待感受。

随着你确定隐藏在体验下面的需要,你也会觉察到对你来说不太熟悉的感受;这些感受安静地藏在更容易听见和看见的愤怒下面。你可以应用附录感受列表中的那些更微妙的感受重新介绍给自己。

第七步

P 代表当前的请求。

在这里,我们请你向自己或别人提出一项请求,一项包含具体行动、可以合理完成的请求,以支持你之前确定的需要,或者推动对话继续进行。解脱或前进的感觉不必和某一种策略绑定,提出多项请求也会带来帮助。

第八步

完整地边说边走。

应用愤怒楼层图不是一个线形过程。随着你展开体验中的不同部分,你往往会走来走去,并多次跳过某些方框。例如:

- 随着你确定一项需要,你可能会觉察到比你目前为止表达出来的更多或更激烈的评判。在这种情况下,你可以选择回到"'应该'的思维"的方框。
- 随着你觉察到一种不太熟悉的感受,例如绝望,你可能会选择移向"转换为需要"的方框,比如希望或信任的需要可能藏在你体验到的感受下面。
- 此外,你可能希望具体说明在这个环境中发生了什么(刺激因素)与你的绝望存在关联。

- 在构想一项请求时，脑海中可能出现另一项刺激因素，你可以选择研究这项刺激因素。

用愤怒来玩跳房子

现实生活中的例子是怎样的？几周前，我和一个名叫帕特里克的年轻人谈话，他在完成学业和家庭关系方面遇到了困难。他父亲病得很重，据说剩下的时间不多了，家里入不敷出。他要应对父亲的疾病和即将来临的死亡引发的剧烈情感，还要为将来做出计划。帕特里克征求我对他17岁的妹妹萨曼莎的意见，她的行为刺激他产生熊熊怒火。她经常夜不归宿，摄入酒精和毒品，不肯帮忙做家务，导致他们的父母忧心忡忡。他对于萨曼莎在家庭已经不堪重负的时候还出现这么多问题感到愤怒。针对这种情况，他接受我的邀请走上愤怒楼层图，他曾经在我的课上了解过这个。

"好的，那么首先我需要停下来做个深呼吸。呼！吸气，呼气。吸气，呼气。"

"好的，现在我体会到一些感觉（他走向下一个方框），而不仅仅是我的愤怒。我的心脏实实在在地跳动，我感觉双腿好像准备跳起来。现在我感受到自己再次开始呼吸，我的胳膊和双手变得紧绷。"

"当我想到萨曼莎做的那些蠢事，我真的很想打她。"他边说边走向"'应该'的思维"："她太不体谅别人、太不成熟了。我曾经想办法跟她沟通，我不知道她怎么会觉得带来这么多麻烦也无所谓。"

"我看到下一个方框是刺激因素。让我想想，她具体做了什么？好吧，上周她没跟我们打招呼就彻夜未归，也没有告诉我们她在哪里。"

"我们很害怕，一整夜都没人能安心睡觉。她这样做太不为别人着想了，毫无必要。"（这时我建议他走回"'应该'的思维"。）

"当时我们只希望尽可能让我爸爸舒服一点。我们很担心钱的问题，正需要互相支持。她怎么能这样对待我们？"

他走向"转换为需要"的方框，说："让我想想：这里的需要是什么？我希望这种时候她能为家庭带来支持，至少别再增加问题，这一切已经令人不堪重负了。这种支持对我们来说很重要——每个人都感到痛苦，如果她能像我们关心她一样关心我们，我们会很高兴。"

"我的意思是，她大半夜能去干什么好事？她怎么能这样对待我们？"（我建议他再次走回"'应该'的思维"。）

"和她一起鬼混的那些人不会关心她，他们甚至比她更迷茫、更失败。我很沮丧、很担心，害怕她会遇到什么事。我想我现在才觉察到这些不同的感受。"帕特里克走向"以开放的心态对待感受"。

"是的，我很害怕。我爱萨曼莎。"他停下来，稍微想了一会儿后说："我只是希望她安全。"

来来回回深入研究不同的方框之后，帕特里克走向"当前的请求"："我想知道怎么做才能让她改变她的行为。"

这时，我请帕特里克保持这种感受（沮丧、恐惧和担忧）以及他确定的需要（体贴、支持、关心和安全）作为构想请求的基础。

我请他考虑一下哪些需要或价值观是他在这一刻最珍视的，包括建立连接——始终保持互相对话。在深入思考所有这些对他来说很重要的价值观之后，他表示保持连接可能是最重要的。如果他的家人不能彼此倾听，不能相信他们所有的需要都是重要的，他们也就不太可能找到办法满足集体需要。

然后，帕特里克开始考虑，为了支持他如此关心的连接，他可以对自己提出什么请求。他想到了一些请求："我可以问萨曼莎是否愿意在接下来三天里花 20 分钟时间告诉大家她情况怎么样。我也想花点时间告诉她，我有多么爱她，我多么担心她的安全。我想我没有以那种方式表达过我的感受，过去往往只会大喊大叫和责备。"

"我也想对自己提出请求，至少每周两次与能够理解我的朋友谈话，让自己获得同理心支持，从而使我能以开放的心态倾听萨曼莎的想法，而不会进行评判。"

"我想我还会和本地临终关怀机构谈谈，看看有没有人能为我们提供具体理念和指导，支持我们面对接下来的变化。"

"你知道，"帕特里克继续说，"我觉得自己想得越来越清楚了，萨曼莎现在正在体验多么强烈的痛苦。在某种意义上，我理智上是知道这一点的，但我现在才能真正理解。问题在于，她不想表现出来，而是想让我们看到她是'坚强的'。"

我问他，他是否认为夜不归宿和喝酒是萨曼莎为了缓解现状给她带来的压力而选择的策略，也许她的朋友们会给她带来一些支持。

"我不这么认为，"他回答，"我认识一些跟她一起鬼混的孩子。我真的不觉得他们为她做了什么。她看起来也很不开心。另外，她总是有点固执——必须以她自己的方式做事，尤其是当有人提出不一样的建议时，她会更固执。"

我思考了一下，在我听来，她对于自主权（自己决定自己要做什么和不要做什么）的需要非常强烈。

"是的，而且她经常说，'你们为什么不能相信我，让我自己去犯错、自己去解决问题？'我想我确实经常告诉她应该做什么，好像她还是个小孩子一样。我只是不想让她受伤，不想让她去做一些非常愚蠢的事情。"

谈话就这样继续下去。应用愤怒楼层图，帕特里克对自己的愤怒抱有同理心，看到了隐藏在评判下面的东西，从而确定了自己的感受和需要。他与关心妹妹安全的需要建立连接，开始理解萨曼莎必须通过她的选择满足她对自主、安慰和友谊的需要。随着帕特里克与自己的需要的价值和意义建立连接，他更能认识到萨曼莎同样有着对她来说很重要的需要。他能看到她的选择是为了努力满足她的需要，也能够更有效地倾听她的声音。他一直以来对她抱有的正确—错误的思维方式也能得以改变。最终，萨曼莎、帕特里克和他们的母亲一起制定了一些策略，更好地回应每个人的需要。

练习7：倾听愤怒中的生命

需要大量实践才能把愤怒转化为感受和需要。看看下面这些情况，你能否猜出感到愤怒的讲话者和他们为之生气的对象可能存在什么感受和需要。这次我们也从一个例子开始。

第一部分

（1）"当我离开商店时，安全警报响了，因为我付了款的毛衣没有拆掉防盗装置。保安拦住我的样子好像我是小偷一样。我再也不会去那家商店了！"

　　讲话者的感受和需要：讲话者感到愤怒，隐藏于其下的感受可能是受伤、悲哀、害怕或尴尬。需要可能是信任、关怀、安全、尊严和尊重。

　　保安的感受和需要：他们可能感到恼火，因为他们必须询问一个没有在商店里行窃的人，一个明显对检查感到烦躁的人。刺激因素可能涉及轻松工作、与顾客建立连接，以及希望别人能看到他们渴望有效完成工作。他们可能也会感到愤怒，并且希望人们能理解他们检查那个人的包只是因为职责所在。

　　（2）"我真不敢相信我姐姐上次体检时医生没有给她拍 X 光片！现在肿瘤已经长得很大了，她可能会因此而死亡！真是不负责任！他为什么不能更仔细一点？"

　　　　讲话者的感受和需要：

　　　　医生的感受和需要：

　　（你也可以猜测姐姐的感受和需要。）

　　（3）"我的朋友从不打电话给我，总是我打电话给她。她只想着她自己。跟她相处就像走上一条单行道。"

　　　　讲话者的感受和需要：

　　　　朋友的感受和需要：

　　（4）"我不敢相信，律所合伙人没有让我成为合伙律师。我的工作干得和他们选中的那个律师一样好。什么是他有而我没有的？为什么我总是错过机会？"

　　　　讲话者的感受和需要：

　　　　合伙人的感受和需要：

第二部分

回忆一下你在自己的生活中对某个人感到愤怒的情况，或者应用下面这些情况。使用愤怒楼层图探索你的愤怒体验的各个方面。一定要慢慢来，在这个过程中保持耐心，让自己有足够的时间充分关注每个方框里会出现什么。

（1）"你曾经告诉我，如果我因为爸爸做手术需要请假，直接去就行，什么也不用担心。而现在你告诉我，我要么补上工作时间，要么这些日子没有工资。我以为你主张以慈悲心经营企业。可你对我谈不上有一丝慈悲！"

（2）"你说晚上想用我的汽车，但我完全没想到你会在道路结冰时开出去！你怎么会这么粗心大意？"

（3）"我告诉你要保密的事你却告诉了芭芭拉。我对她有好感，想和她约会，但我真的还没有准备好让她知道这一点。现在我觉得和她在同一间办公室里工作都很不自在，我也注意到她开始对我保持距离了。你怎么能那样背叛我？我以为你是我的朋友！"

康纳慈悲沟通指数

当我第一次开始学习非暴力沟通时，我感到非常兴奋。最重要的是，我希望和我丈夫一起应用非暴力沟通，他是我深爱着的人，但我们多年以来的沟通方式已经根深蒂固。有时，我们之间的沟通比以往任何时候都顺利，这真的令人感到兴奋又充满希望。然后我们又发生冲突，我们中的一个人或两个人被触发情绪，于是又回头用我们原来的模式。新生的亲密关系又消失了，我们会产生更强烈的痛苦和损失的感受。因为亲密感越强，失去的感觉也越明显。

发生冲突时，我丈夫会成为我眼中的敌人，那个伤我最深、毁掉了我幸福的人。这会给我们之间的沟通带来毁灭性的影响。我意识到我需要放慢速度，对自己耐心一点。多次经历这样的痛苦之后，我发展出康纳慈悲沟通指数。在任何艰难的谈话中，我都会监控自己对另一个人的感受，把我的感受从 1 到 10 评分。10 分意味着在我看来，这个人是上帝赐予人类的礼物。1 分意味着我把这个人视为最大的敌人，就像希特勒一样。

如果我对另一个人的感受降到 7 分以下，我会停止谈话。我可能会离开房间或大楼，或者挂断电话，"对不起，我现在离开一下"。我知道，除非我看到那个人的评分升高，否则我们之间无法实现有意义的连接。早期，我只能等待随着时间的流逝，指数自行升高；后来，我从同理倾听伙伴那里获得同理倾听之后，指数会升高。随着时间的推移，我能更熟练地应用自我同理，很快就能提升我的康纳慈悲沟通指数，有时甚至用不着离开房间。

练习 8：应用指数

下一次，当你发现自己变得愤怒或恼火时，停下来应用康纳慈悲沟通指数。从 1 到 10 评分，你视为"敌人"的互动对象得到多少分？觉察到这一点会怎样影响你做出的选择——离开还是继续沟通？

应对这个世界的愤怒——改变这个世界

激怒你的人也就击败了你。

——澳大利亚护士伊丽莎白·肯尼（Elizabeth Kenny）

并非只有朋友和家人会触发我们的愤怒，即使和陌生人互动，我们也可能受到刺激，尤其是在互动中挖掘出新的需要或者以前未满足的需要时。让我们来看一个真实的例子，了解自我同理发挥的作用。

骑自行车满足了我的很多需要，包括保护环境、锻炼身体和享受乐趣等。我喜欢停在曼哈顿大桥上，看着火车驶过，看着驳船和拖船在东河上航行。这样做的时候，我会感觉充满活力。

但骑自行车也是一个巨大的痛苦来源。我几乎每天都会遇到一些事，不符合我对体贴、关心或安全的需要。比如：有人看都不看就在我骑行的前方打开车门；司机从我旁边驶过，没有暂停一下也没有打转向灯就从我前面拐弯；汽车离我的自行车只有半米远，差点就撞上我等。

我该如何应对这种冲突？多年来，我都以暴力的方式回应。我朝对方大喊大叫，用拳头猛击汽车窗户或引擎盖。我希望确保自己的人身安全，但事实上反而加重了我的脆弱性和风险程度。当我开始学习非暴力沟通时，我决定针对这种情况进行试验。

我首先仔细思考自己愤怒的原因。在这种情况下，很明显是司机不负责任、自私自利！我陷入了责备的思维方式。然而，正如我们之前讨论的，除了你自己，没有人能让你生气。我把这项原则牢记在心，决定关注一下我自己的行为。我无须向内责备自己或向外责备他人，因为我还有另一项选择：同理心连接。

首先，我对司机抱有同理心。我猜他们也有移动、空间、安全和放松的需要。但对我视之为"敌人"的人抱有同理心，对我来说没什么效果；这是理智的，完全在我大脑中进行，而我自己感受到了太多的痛苦。这是一个明显的需要"教导之前先同理"的例子。觉察到这种需要后，我从同理心伙伴那里获得帮助，每次骑车被激起怒火时就开始实践"紧急自我同理"。

我要对我自己的需要抱有同理心，很明显，我非常需要安全、关心和放松。我希望在路上能被人看到——就是字面意义上的看到。我通过骑自行车减少污染、噪音和交通拥堵，从而支持环保并提升每个纽约人的生活质量。我希望有人能欣赏我的这种做法。每次在路上发生刺激性的事件时，我会瞬间想到我在世界上看到的令我不安的更广泛的情况：那些掌握权力的人（在这种情况下是司机）没有像我希望的那样关心别人，自然界发生的一切都令我感到担忧。我脑海中的想法会这样发展："如果连骑自行车都无法保证安全，这个世界其余的事情还有什么希望？我们怎样才能减少能源消耗、终结全球变暖和战争？"就像火山活动，即使最小的"局部"情况或事件也会触发火山爆发，导致更大的"全球性"痛苦和恐惧。

我也意识到，我的要求完全不可行。不可能每一天路上的每一个司机都能觉察到我想要什么，而且愿意这样做。然后，对于与我互动的所有司机，我感到真心的同情。他们遇到的一个骑自行车的人，其实是个即将引爆的炸药包！我提出了不可能的要求，而我甚至没有意识到这一点。

我越了解自己的需要，也就越了解用以满足这些需要的可行策略。我找到更多能满足我对安全的需要的路线，比如穿过我以前没有注意到的一个美丽的公园，或者纽约小意大利街区一些安静的街道。我开始在路上打手势，我以前从来没这样做过，也没想到这能带来什么改变。根据我看到的司机们的反应，我相信这些手势可以提升可见性、关心度和安全性。

现在我觉得，践行以前我从未想到过的这些策略是件很有趣的事。如果我把注意力完全集中于责备别人，坚定不移地认为司机应该在路上为我让道，我就完全不会考虑其他选择。我只会觉得这是他们的"过错"、他们的责任。而一旦我明确了自己的需要，并为无法满足的需要进行哀悼，我就能把注意力集中在这种情况下我可以满足的需要上。我感到激动、兴奋、充满力量。我不仅在看似毫无希望的情况下实现了理解和进步，同时也满足了对觉察、责任、选择、安全和轻松的需要。

我继续实践被我称之为"积极"自我同理的做法。如果我在路上感到愤怒，我就会花点时间体会自己的感受，并对它们进行深入同理。有时，如果我真的被触怒了，我会离开马路"暂停一下"，体会自己的评判和激发评判的痛苦。我关注自己的身体感觉。当我选择和司机打交道时，我认识到在提出任何意见之前，人与人之间的连接是关键所在。我会这样开口："嘿，你好吗？"如果我不愿意跟一个人类同胞打招呼，就表明我在开口之前需要一些"积极"的同理倾听。

我发现抱有同理心行事与头脑发热做出的行为导致的结果截然不同。就在上周，我应用非暴力沟通技巧与一位在路上将车切到我前面的司机交流。他自己主动说："下一次我驶离路边时肯定会注意的。"我对连接和关心的需要因此得到了充分满足。在回应愤怒时进行自我同理、拥有选择，成为我的救命工具，这是骑自行车的人最好的"反光背心"。

练习 9：抱有同理心采取行动

回忆一种不止一次令你受到刺激的情况，可能只是件"小事"，比如你的伴侣或室友用完卫生纸没换新的或者把脏衣服丢在地板上不管。实践自我同理或者从朋友那里获得同理倾听。你受到刺激的"核心"需要和信念是什么？这些需要怎样影响你对这个世界的看法？你希望怎样与别人一起生活并互动？你可以把这些内容记在你的日志里。

继续前进

对于大多数人来说，无论他们是表达愤怒还是接受愤怒，应对愤怒这种情绪都颇具挑战性。但在理解愤怒和实践同理倾听时，我们可以学会利用这种强烈情绪中蕴含的能量，更好地与别人和自己沟通。如果我们与自己的需要的价值建立了充分的连接，就可以开始研究哪些策略能够更好地满足这些需要了。于是我们进入了从愤怒中获得乐趣的领域：找到快乐（以及洞见、自我连接和学习），否则只能得到评判和痛苦。

整合：进一步探索第七章的问题和练习

（1）回忆一下有人对你感到愤怒的时候。

① 你怎么知道他们生气了？他们说了什么或做了什么？

② 这种愤怒刺激你产生了什么需要？你是否感到焦虑、害怕或悲伤？

③ 对于这个人和他们的愤怒，你有何想法、评判？

④ 针对他们的愤怒，你会对自己或另一个人提出什么请求？

（2）回忆一个令你感到非常愤怒的人。给这个人写一封信，应用OFNR（观察结果、感受、需要和请求）解释你的感受。你的初稿可能包含了评判和责备，这没什么关系。把它展现出来，对你自己的感受抱有同理心，然后继续写一封体现同理心的信。你可以把这封信寄出去，也可以只作为实践自我连接和同理倾听的一项练习。

第八章

非暴力沟通不适用环境下，
如何保护性使用武力

到目前为止，我们希望你能理解非暴力沟通的价值，了解如何将其应用于工作、家庭和更广阔世界中的各种不同情况。正如你考虑过怎样实践非暴力沟通，你可能也会想到一些完全无法想象可以应用非暴力沟通应对的情况，因为任何形式的沟通在那时都是无效的。下面是一些这样的场景：

- 两个醉酒的学生在聚会上打架并拒绝停手。
- 一个蹒跚学步的小孩追着球跑，而那个球正迅速滚向车辆川流不息的街道。
- 一个男人挥动手枪走近你和你的朋友，看起来打算开枪，同时还用你听不懂的语言大喊大叫。
- 有个人激动地大喊大叫，威胁说要从屋顶上跳下来。
- 劫持人质的歹徒威胁要引爆炸弹。

在这些环境中，你可能认为只有语言是不够的，且有正当理由使用某种形式的武力。我们同意你的看法。

但首先，我们要明确，在所有的情况下，一个人的行为方式遵循非暴力沟通的意识属于这个人做出的选择，而不是一种要求或义务。虽然我们发现选择让自己的行为遵循非暴力沟通的意识很有意义也很重要，但很多时候，出于轻松、方便、习惯、缺乏陪伴或觉察的原因，我们也会选择其他行为方式。我们接受自己的局限性，同时也希望培养我们重视的意识和习惯，以提升我们的生活质量。

其次，在某些环境中，使用武力是出于遵循非暴力沟通意识的考虑。例如，在两个醉酒的学生的例子中，我们不想让他们打起来，否则其中一个人或两个人都可能受伤。根据这种情况，我们可以考虑制止他们，往他们身上泼水让他们受惊以分散其注意力，或报警请求协助。在没有能力、时间或意愿进行沟通的情况下，我们可以选择所谓的保护性使用武力。就像以其他任何方式使用武力一样，保护性使用武力也是把一个人的意愿强加给另一个人，但这与惩罚性或报复性使用武力截然不同。

在本章中，我们将探讨怎样运用四种特征区分这两种类型的武力，然后我们会看到惩罚性和保护性使用武力的一些方式有时令人感到困惑，并讨论支持惩罚性使用武力的文化和历史背景。最后，我们将与你分享几个故事，让你看到在潜在的暴力环境中，对话所拥有的惊人力量。

我们都受到共同需要的驱动

到目前为止，我们都熟悉了一项理念，即所有的人类行为都是为了满足人类的共通需要。我们也认识到，某个人在某个特定时间会认为某种需要或价值观比另一种更加重要，不同的人会认为不同的策略可用于支持或满足他们的需要。把这些原则应用到两个学生争吵的情况中，想象有两名旁观者，这两名旁观者都赞成用武力阻止学生，以保护他们不会被彼此伤害。

一名旁观者可能会想："这些人都是不成熟的傻瓜！他们怎么能这样做——毁掉了所有人的聚会，还会有损坏房屋的风险！真是白痴！"他们可能会换种方式说出这些评判："住手吧，伙计们。别毁了这个聚会，别这么傻！"这个旁观者可能想通过身体惩罚直接或间接地让他们知道打架是不对的，进一步告诉他们，他们的行为出于错误的想法、以自我为中心，拒绝以后再跟他们打交道。在他看来，这两个学生应该因为行为"恶劣"和扰乱聚会受到某种惩罚。

这名旁观者希望通过向学生们传达别人对他们的道德评判，并针对他们的行动给出惩罚，让他们学会另一种应对冲突的方式。这个人大概相信惩罚和痛苦的体验可以帮助学生们学会使用更能令人接受和令人满意的行为方式，所以他们希望学生们体验这两方面。这种应对此种情况的方式说明了惩罚性使用武力的特点：其目的在于惩罚在人们看来做出了错误行为的人，相信惩罚会带来安全、学习和成长。这个旁观者也会想："如果我们能让他们因为自己的选择感到痛苦，他们就会更好地理解我们看到他们的行为时有何感受。"这样的想法说明这个人相信惩罚有助于增进同理心理解，说明这样想的这个人也需要同理倾听。

第二名旁观者对于一开始的情况也会产生类似的反应，但却基于另一种完全不同的信念、系统。这个人可能会想："我们需要马上阻止这些人互相伤害，以免有人严重受伤。他们对我们说的话没有反应，可能是因为他们喝醉了，所以让我们用武力阻止他们，把他们分开，直到我们能坐下来对话，认真冷静地讨论这次经历。我希望能理解他们为什么这样做，我也希望他们能理解自己的行为如何影响了我和其他所有人。

我希望我们一起想办法应对这种情况，让每个人的需要都得到倾听和处理。"这名旁观者和第一名旁观者一样，也希望每个人都能实现安全、学习、成长以及同理心理解。他认为比起强加的惩罚和痛苦，进行对话分享体验、感受、需要和想法，更有利于实现这些目的。

如何区分保护性和惩罚性使用武力

可以通过以下问题确定一个人是保护性使用武力还是惩罚性使用武力：

- 隐藏在使用武力保护另一个人免受伤害背后的目的是什么？
- 是否存在迫在眉睫地被伤害的风险？
- 已经试过所有对话的选项了吗？
- 阻止眼前的风险之后，是否有意愿继续对话？

目的是什么

记住，无论是保护性使用武力的人还是惩罚性使用武力的人，都想要满足积极的共同需要。区别在于实现这一点的最佳策略的信念——使用武力的目的。第一名旁观者支持目的在于激起疼痛、痛苦或羞耻的干预方式，包括暴力，即运用武力将一个人的意愿强加给另一个人。即使在事件结束之后，这个人也希望继续对他们施加惩罚。第二名旁观者支持对话，认为彼此交流想法和体验是改变人类行为的最佳方式。虽然这个人也会使用武力，将其作为在不可能进行对话而又存在迫在眉睫的威胁影响安全和幸福时采取的最后手段，但如果威胁已经过去，有可能进行对话时，武力就会被收回。

遇到类似情况时，如果希望评估你的目的，最简单的方法是核实令你担忧的行为涉及的想法。你是否会想"他们怎么敢那样！"或者"这是一种暴行——我无法忍受。"或者"我会让他们瞧瞧。"还是会想"在这种情况下我怎样才能最好地保护每个人？""伤害最小的干预方式是怎样的？""我真的希望每个人都安全，包括行为举止令我心烦的那个人！"

是否存在迫在眉睫的造成伤害的风险？风险有多大

只有在当时的情况表明存在迫在眉睫的风险并可能造成严重伤害时，才能保护性使用武力。这种时候会有一种紧迫感，因为如果情况持续下去，可能造成无法挽回的后果。这种紧迫感不同于愤怒。你可能不喜欢一个人的言行举止，其行为可能刺激你感到愤怒，但现在是否存在身体伤害的风险？是否有时间建立连接，进行对话，探索共同需要和可能的双赢解决方案，从长远来看能产生更有效的结果？当你研究自己对这种情况的想法时，你是在想做出这种行为的那个人有多可怕，还是在考虑可能发生的伤害行为？

当然，不同的人对于潜在伤害风险会有不同的评估。如果时间允许，进一步向自己提出一些问题会带来很大帮助，此举可确认你的评估是基于现实情况，还是基于和任何实际风险无关的个人或文化偏见。关键在于尽可能客观地观察你遇到的实际行为。例如，自杀热线工作人员都接受过培训，按顺序向来电者提出四个问题并评估答案：

（1）你是不是感觉很糟糕，想自杀？如果这个人给出肯定的回答，再问下一个问题。

（2）你想过怎么做吗？如果答案是肯定的，再问下一个问题。

（3）你有自杀需要的工具吗？如果有的话，再问下一个问题。

（4）你想过什么时候去做吗？

经过实证研究验证，这些问题的答案能让我们很好地进行风险评估。答案越是肯定，越适宜于考虑保护性使用武力。

同样，我们也希望对自己提出一些关于实际情况和即将发生伤害的可能性的问题。是否涉及可能致命的武器？这个人的身体能力是否足以伤害自己或别人？我的反应是针对时间紧迫的现实感受，抑或我的紧迫感是因为对所发生的事情感到生气或愤怒？我考虑的是这种情况中的事实，还是我对另一个人应该或不应该做什么的想法？

之所以要考查实际行为而非一个人对它的评价或反应，另一个原因与文化和历史偏见有关。例如，实验表明，即使对方做出同样的行为，白人观察者趋向于认为非裔美国人做出的威胁性行为比欧裔美国人更可能对别人造成伤害。这种偏见可能产生的影响包括青少年休学以及警察射杀犯罪嫌疑人时存在严重的种族差异。专注于行动本身（给出明确的观察结果）有助于区分实际发生的事件和带有偏见的态度。

对话的作用

非暴力沟通的一项公理是：如果各方的需要都得到充分了解和考虑，并且所有人在制定计划满足这些需要时都起到积极的作用，这时候找到提升所有人生活质量的解决方案的可能性最大。这个公理反映了圣雄甘地提出的一项信念：能满足最多人类需要的，也就最接近真理。因此，有必要让各方尽可能地进行对话。但对话意味着有能力、意愿、时间和空间等资源进行沟通。例如，蹒跚学步的孩子跑向街道，他对话语作出反应的速度无法像成年人认为足以避免伤害所需要的那么快；如果对方说的是一种你不懂的语言，你们需要翻译；如果这个人因为毒品对大脑的损伤或认知障碍导致无法理解你的话，你可能需要留出一段时间让这个人戒毒，或者由经过培训的专业人员帮助你与残障者沟通。

在所有这些情况下，对话暂时是不可行的，你可以选择保护性使用武力。待情况发生变化时，再恢复对话。同时，我们对别人的关心、让所有人都感到幸福的目的，也会影响我们的行动。例如那个蹒跚学步的孩子，你把孩子抱起来，把你的意愿强加给他，把他带到安全的地方。你可以说："因为我关心你和你的幸福，所以我把你放在这个带围栏的院子里，相信你在这里可以保证你的安全。"这和你抱起孩子说"坏孩子！你从来不听我的话！我告诉过你不要跑到马路上去！"再打他一顿作为惩罚，属于两种完全不同的反应方式。

我们来看看另一些情况。想象你看到一个人正打算做出危险行为，比如醉驾甚至自杀。考虑到时间问题和沟通障碍，采取实际行动，控制住自杀者或拿走醉酒者的汽车钥匙，会造福生活。如果有人打算吞下药丸或者从桥上跳下去，来不及进行同理倾听去了解他为什么采取这种行动，只有等他安全以后才有时间建立连接。就像蹒跚学步的孩子那个例子，你在可能进行对话之前使用武力的时候，可以让对方知道你的目的。例如，"我要把你这些药片拿走（或者控制住你），因为我关心你，希望你能安全。"跟一个喝醉了的人建立同理心连接几乎是不可能的，你可以等迫在眉睫的危险过去后再与他建立连接。同样，你可以告诉那个人你为什么要采取武力："汤姆，我担心你的安全。你今晚喝多了，我开车送你回家。"

混合油与水

即使人们采取行动是为了保护别人，这些行动也经常受到评判和谴责的"污染"。希望一个人安全和幸福，其中可能混入了另一些需要和基于评判的核心信念。虽然一种保护性行为最初的目的是造福生活，但一旦它混入评判或责备，就无法再造福生活、保护人们。

比如说，一位母亲看到小孩走近火热的炉子，她担心孩子会被烧伤。她可能会说："吉米，别当坏孩子！妈妈告诉过你离炉子远点！我告诉过你离它远点，我说真的！"当然，她是真的关心孩子的安全。同时，除了保护和维持生命的愿望之外，可能还有其他需要在发挥作用。她可能希望安心、体贴、受到尊重、有人倾听她的想法。这种需要有时藏在诸如"别当坏孩子。你听我说，否则……"之类的说法后面。

恐惧通常会表现出侵略性，或者令别人产生这样的感知。当我们感到害怕时，我们的语调和措辞听起来会特别强有力，有时甚至比我们意识到的更明显。如果有人做出道德评判——"别那么蠢！"或"不要做出错误行为。"往往是他们的恐惧（连接到造福于生活的需要）驱使他们做出评判。为了完整地实践保护性使用武力，关键是在受到触发时以自我连接为基础并实践自我同理，包括紧急自我同理。必须注意忧虑和恐惧：这些强烈的感受提醒我们注意自己浮现出的那些至关重要的需要。如果我们与自己的感受和隐藏于其下的需要（安全、保护、和平、幸福）充分建立连接，我们采取行动时就会从洞察力和慈悲出发，并且拥有更多的选择。

暴力有时不是必要的吗

很多人认为暴力是一种"必要的邪恶"，有时可以是出于善意使用。例如，父母打孩子时可能会说"这是为了你好"或"这样做我比你伤得更重"。政府领导国家发动战争时，市民们被告知为了"维护和平"这是必要的"牺牲"。公园里绝大多数的雕像和纪念碑是为了纪念过去的战争，那些战争都声称是为了崇高的目的而战，比如自由、安全、和平与民主。很多宗教告诉我们"有人打你的右脸，连左脸也转过来由他打"，但同样也有传统告诉我们，"以眼还眼，以牙还牙"。复仇与报应被视为公平的、可接受的，甚至是值得期待的。只有这样，另一方才能"吸取教训"，"错误可以得到纠正"。完全可以说，每一场战争都涉及将另一群人视为敌人，以及正确—错误的思维方式。这种想法的关键在于人们相信"善"终将获胜，上帝站在"正确"的一边，也就是我们这一边。

这种信念贯彻得如此彻底，以至于大部分人坚持认为惩罚有时是合理的，而且比其他教育人们改变行为的方法更有效。教师、父母以及其他当权者尤其容易持有这种观点。这种长期普遍存在的信念在我们的社会中起到很大作用，导致社会中充斥着体罚、罚款和监禁。在很多文化中，武力、服从和惩罚都受到尊重；人们认为不使用这些措施是有害的或危险的，尤其是涉及儿童的时候。"不打不成器"就是支持这种观点的一句老话。

然而，始终有研究表明，惩罚性使用武力对于改变人类行为来说是无效的。即便暂时看来似乎有效（为了满足某些需要，比如保护），但长远看来会适得其反。这样做会产生消极的效果，比如怨恨、报复和复仇，实际满足需要的成功率很低。当然，也有案例显示如果父母不实施体罚，后代可能会走上另一条不太理想的道路。但对很多人来说，惩罚性使用武力会导致怨恨、敌对，最终侵害他人。

如果你考虑使用武力，尤其是暴力，不妨重温一下我们在本书前面讨论过的两个问题：我们希望别人做什么？我们为什么希望他们这样做？你是希望别人的行为与他们的价值观一致，还是希望他们出于恐惧、评判或惩罚做出（或不做出）某种行为？如果主要驱动力是恐惧或惩罚，那么在没有人看着他们的时候，你会期待他们做出怎样的行为？例如，我们知道父母会告诉孩子不要抽烟，并且绝对禁止在房子里抽烟。违反这些规则往往就要承受后果。孩子们会怎么做？他们会选择在父母不在他们身边的时候抽烟。这是他们父母希望达到的目的吗？

最后，如果父母和其他人通过惩罚来教育孩子分辨"正确"和"错误"，孩子们的注意力会集中于行为的外部后果——奖励和惩罚上，而非行为的内在价值上。结果可能与期待的完全不同，不一定会有利于健康或者造福生活。凯利·布赖森（Kelly Bryson）在《别当滥好人，当个真实的人》（*Don't Be Nice, Be Real*）中举了一个例子：必胜客在孩子们每读完一本书时，给他们一张免费披萨优惠券。这种奖励的结果是，孩子们会选择他们能找到的最薄的书。阅读仅仅是为了得到披萨的奖励，而不是为了阅读本身带来的享受或益处。他认为这个"奖励"系统的长期后果只会带来一群体重超标且讨厌读书的孩子。

同样，如果阻止一个孩子打另一个孩子的理由是可能会有年龄更大的人伤害或惩罚他们，"给他们一点教训"，脑子聪明的孩子（所有的孩子都很聪明）会得出这样的结论：打架得选别人看不见的时候。孩子也会学到，打别的孩子没关系，只要你更强壮、年龄更大，或者只要你有理由证明你做得没错："我是为了给他个教训。""我要让他看看谁是对的！"这是你想要的结果吗？

比枪支更具保护性：把保护性使用武力付诸行动

假设你走在街上，有人袭击你。你应该试着心怀慈悲与他们交谈，还是应该用武力保护自己？有很多真实的故事说明，同理心连接比跆拳道黑带或枪支更有效。不赞成携带武器的贵格会教徒分享了很多这样的故事。一位女士在我们的一次研讨会上讲述了下面这段经历。

有一天，19岁的劳伦囊中空空地穿过一个富裕的社区。一个胡子拉碴、衣衫褴褛的年轻人抓住她说："把你的钱给我，否则我会杀了你。"她没有呆若木鸡或惊慌失措，而是专注于眼前正在发生的事情。她冷静地看着那个男人的眼睛。"我没有钱，"她说，"你为什么要杀了我？"他没有回答。"你为什么要杀了我？"她又问了一次，带着些的好奇。那个男人无法回答这个问题，并且显然感到很吃惊，于是他转身离开。

在另一个类似的真实故事中，一位老妇人带着一堆食品和杂货步行回家。她注意到有个男人紧紧跟在她身后，感觉他可能打算抢劫她。她没有试图逃跑或与他对抗，而是转过身友好地跟他打招呼。"我很高兴你跟我一路走！"她说，"我真的需要有人帮我拿一下这些袋子。"她递给他一个袋子，然后他们一起走向她的公寓。到了门口，她从那个男人手里接过袋子，想给他一些钱以感谢他的帮助。那个男人拒绝了并转身离去。

这些故事说明，在面对暴力或威胁时，同理心连接非常有效。即使在自己的安全受到威胁时，这两位女士的行为也是出于慈悲，她们能够作为一个完整的人做出反应，促使潜在的袭击者也能基于他们自己最完整的人性行事。与这些故事中的证据一致，研究表明，使用非暴力手段来应对暴力的人，比以暴制暴的人，存活率要高得多。

我们中很多人可能会觉得，很难像这些故事中的人一样平静地做出反应，尤其是在我们刚刚开始实践同理倾听时。你需要自行评判怎样最能满足你的需要，包括关照自己、照顾和关心别人的需要。

不接触，不暴力

我们可以考虑的最后一种慈悲沟通方式包括撤退、沉默或不沟通。有时，人际关系严重恶化，信任程度非常低，改善关系的希望几近于无，以至于最佳选择可能就是断开连接以节约能量和资源。采取这一选项也可能是为了维持和保护生活、健康和幸福，可视为另一种形式的保护性使用武力。挂掉对方的电话，不给别人开门，看似属于攻击性行为。然而，如果你是与跟踪你或暴力威胁你的人断开连接，这种行为实际上是造福生活的。如果你心怀慈悲、不带评判地做出这些行为，也许更能够满足你对安全和关照的需要。

我们在本章前面探讨的标准，比如"是否可能进行对话？""我是否抱有开放和慈悲的心态？"是关键所在。内部资源（眼下我们能处理的东西）也会影响可能发生的事情。例如，在充分对话之后，我认为与我认识的某个人减少联系对我来说可以造福生活，因为与他的关系会给我的生活带来负面影响。我会以关怀和慈悲的心态表达出这个选择："我关心你，我也关心我自己的幸福。根据我们之间的谈话，你表示不愿意改变一些行为，而我认为这些行为会给我带来伤害，所以我想我们从现在开始最好不要接触。"

出于同理心而非惩罚采取行动

如甘地所述，非暴力的基本原则之一就是我们采用的手段与我们的目标是一体的。这与大部分世界历史中体现的信念，即只要目的正当，就可以不择手段有着明显冲突。例如，有些人相信，使用武力推翻他们视为"错误"或"邪恶"的独裁者和无能政府是正当的。然而历史一次又一次地告诉我们，这样会带来多少痛苦、暴力以及生命的流逝。在南非，纳尔逊·曼德拉（Nelson Mandela）、德斯蒙德·图图（Desmond Tutu）以及另一些人坚持非暴力和公民不服从（受甘地的做法和美国民权运动的启发），那里产生的社会和精神影响是革命性的。最近埃及出现了类似的"社会革命"，组织者以非暴力社会活动为基础发起行动。

我们可以通过坚持保护性使用武力，把这种非暴力精神带到日常生活互动中。你是否感到生气、愤怒或害怕？你脑海中是否出现了批评或评判？你的身体有何感觉？如果你感觉无法集中注意力或专注于当下，你可以选择应用评判帮助你保持专注，探索与之存在连接的感受和需要。抱有同理心尝试与别人建立连接，然后选择最能满足你需要的行动方式，包括关照别人和保护别人的需要。要确定使用武力的动机，一种最简单的方法是问问你自己："现在我是否抱有开放的心态？我是否心怀慈悲行事？"如果你觉察到危险，确定对话是不可能的，并且感到自己的行为是"发自内心"的，那么你的行为很可能属于保护性使用武力。

整合：探索第八章的问题和练习

（1）选择你熟悉的一次战争或国际冲突，可以来自历史课、你自己的经历或者时事知识，然后回答以下问题：

① 这个事件或其中的某些方面是否属于保护性使用武力？

② 为什么答案是肯定的（或否定的）？除了造福生活之外，是否还有其他需要或目的在发挥作用？

③ 保护性使用武力在这种情况下会是怎样的？结果会有何不同？

（2）阅读本书附录中马歇尔·卢森堡的访谈"超越善恶：创造一个非暴力世界"，然后回答以下问题：

① 根据马歇尔的形容，你会如何描述"修复式正义"？

② 为什么马歇尔不那么关注身体暴力行为？

③ 马歇尔为什么反对死刑？他建议怎样用保护性使用武力来代替死刑？

④ 人们怎样证明自己是保护性使用武力？

⑤ 根据马歇尔的说法，"9·11"事件的起因是什么？怎样才能避

免？缺乏同理心怎样导致越来越多的暴力行为？

⑥ 美国对伊拉克的攻击是否属于保护性使用武力？为什么？

⑦ 马歇尔评论道："我们现在的情况是，最好的保护就是与我们最害怕的人沟通。别的办法都不起作用。"根据访谈中这段话的上下文，在这种情况下马歇尔为什么这样认为？你是否同意他的说法？为什么？

（3）考虑以下情况。保护性使用武力在每种情况下是怎样的？（记住，保护性使用武力也涉及我们行动的目的，这一点不一定能被对方看到。）第一项给出示例：

① 情况：一个孩子正在火炉旁玩耍。

保护性武力：问孩子"你想不想到另一个房间里和我一起玩积木？"

② 情况：一个孩子从院子里跑出来，冲向繁忙的街道。

保护性武力：

③ 情况：一个人威胁要打另一个人。

保护性武力：

④ 情况：你坐在一辆行驶的汽车上，认为车速过快、不安全。你已经两次请求司机减速而司机充耳不闻。

保护性武力：

第九章

如何用非暴力沟通表达感激

你的礼物很棒！太完美了——你真会替人着想！

你是最棒的，没有人比你更适合做朋友。

你把玩具收拾好了，你真是个好孩子。

在你表现好的时候，我非常爱你。

接待那位客户时你做得很好。

想象一下有人对你说出这些话。你会有何感受？很多人会说"太好了"或"棒极了"。谁不会呢？毕竟，这些话都是表达感激和尊重。有什么话能比这更令人愉快？

虽然这些说法表达或暗示了对别人所做的事情很满意，但它们都属于评判：评判倾听者和他们的行为。比起责备，虽然我们大多数人更喜欢表扬，但所有形式的评判，无论认可还是不认可，都是正确—错误的思维方式，以好—坏的连续谱为基础。这种思维方式，无论是否"积极"，都会导致我们在评估自己的行为时看重别人的意见。关于我们实际做了什么为别人的幸福做出贡献，这种说法几乎无法提供多少信息。

看看第一个例子："你的礼物很棒！太完美了——你真会替人着想！""很棒"是什么意思？虽然它在程度上比"好"或"很好"更强，但并不能确切告诉我们是什么令讲话者感到满意。收到礼物的人是否感到自己被人重视，因为这份礼物与一项对他们来说很有意义的兴趣有关？这份礼物是否令收礼人的生活更加轻松，因为这份礼物可以减轻他们平时完成某项家务的工作量？我们没有听到明确的观察结果和这份礼物满足了什么需要，也就不可能了解它为什么会带来如此美妙的体验。我们作为送礼人，也无法与收礼人的快乐体验建立充分连接；相反，如果能充分连接到收礼人的快乐，就会增加我们自己的快乐，因为这会为我们提供完整的信息，让我们了解自己做出了怎样的贡献。

在本章中，我们将探讨以怎样的方式表达感激不会涉及评判，而是联系到对我们有意义的价值观。如果我们以这种方式表达感激，而非将感激作为满足其他目的的策略，比如接受或认可，感激会成为生命的"动力燃料"，它本身就是最大的回报。我们也将探讨必要时如何诚实地说"不了，谢谢"。

练习 1：是否对评判心怀感激

第一部分

回忆一下你最近三次听到或说出的感激：

（1）_____

（2）_____

（3）_____

在每一个例子中，你是否完全清楚自己采取什么行动会令讲话者感到满意，或者相反？每段话表达或暗示了什么评判？如果你愿意的话，

> 需要是令人信服的所有生命的驱动力。

可以把这些内容写在日志里。

第二部分

回忆一下你在生活中得到积极的反馈或赞美时，这些评判是否以任何方式对你产生影响？你是否以不完全符合自己价值观的方式做出选择或改变行为？

例子：

我的高中理科老师经常称赞我，于是我选了更多的理科课程，包括解剖学高级课程、解剖标本和组织学。老师继续表扬我。但大约两年后，我才意识到其实自己对理科不感兴趣！我一直去上这些课，是因为我渴望能被人看到和欣赏，是因为有人告诉我，我在这方面做得"很好"。当我和我的理科老师分享这一点时，我可以看出他感到受伤和失望，因为他的目的是支持我朝着对我来说有意义的方向发展，而不是让我做他重视的事情。他喜欢我来上课，他很重视指导在他看来对理科有兴趣、认真参与的学生，这也是他鼓励我选修更多理科课程的部分动机。事后，我希望他能给我另一种不同的反馈。但我也知道，他不知道该怎么做。如果我能更好地理解他的需要和我的需要，我想我会做出不同的选择，更关注自己真正感兴趣的事情。

感恩的力量源泉

正如我们在本书中探讨的，需要是令人信服的所有生命的驱动力。当我们为别人的幸福做出贡献时，我们的贡献满足了他们的需要，而这样做反过来也满足了我们所有人最重要的需要之一——造福别人的生活。当我们所做的事情造福自己的生活时，我们所拥有的即时反馈系统——我们的感受，可以告诉我们是否成功地满足了自己的需要。但当我们采取行动为别人做出贡献时，我们无法直接了解他们的感受和需要。因此，我们可能不知道自己是否取得成功，除非他们告诉我们，他们的感受和需要是怎样的。接受感激是我们判断自己的行为（有意或无意）是否有价值的一种重要途径。

有时，尤其是当人们非常了解彼此的时候，或者很清楚前因后果的时候，简单的一句"谢谢你"或一个微笑就足够了。但通过接受"基于需要"的感激，我们可以更好地理解一个人以及他最渴望得到什么。我们可以知道我们的选择可以怎样使需要得到满足，从而明确现在和未来做出的决定。大多数感激之情令我们陷入黑暗。而"同理心感激"，包括观察结果、满足的需要和感受是点亮灯烛的一种办法。

练习 2：快乐原则

回忆一下你最近做的某件事情，你确信那为别人的幸福做出了贡献。

第一部分

回忆这一行为时，你有何感受？你注意到自己的身体产生了怎样的感觉？这种感觉与你生气或悲伤时的感觉有何不同？

第二部分

（1）你采取了什么行动？用一两句话描述一下。

（2）你采取这种行动是希望满足什么需要、支持怎样的价值观？

（3）这些需要是否得到满足？这些价值观是否得到支持？你是怎么知道的？

（4）你从别人那里得知怎样的观察结果，从而确认你为他们的幸福做出了贡献？

（5）他们的回答中有哪些让你无法确定他们的需要是否完全得到满足？

第三部分

你是否曾经采取一项你确信会为另一个人做出贡献的行为，结果却发现对方并不这样认为？送礼物时尤其可能发生这种情况。例如，有一次，我下厨做了一顿大餐款待一位朋友，结果却发现她对其中一些食物过敏。回忆一下你曾经采取行动想要为另一个人提供帮助或做出贡献，而事实上未能满足对方的全部或部分需要。你怎么知道对方的需要没有得到满足？

经常应用 ONF

表达一项行动对造福生活的感激之情，明确它怎样为我们自己或别人做出贡献时，我们只需使用非暴力沟通模型中的前三步——观察结

276

果、需要和感受（ONF）。注意，我建议在表达感激之情时先考虑需要再考虑感受，稍后我会解释原因。现在我们先来看看这些步骤在表达感激时是怎样的：

（O 代表观察结果）

你具体观察到什么令你心怀感激？

（N 代表需要）

这种行为满足或支持了你的哪些需要？这种行为与你的哪些价值观一致？

（F 代表感受）

这种行为刺激你产生什么感受？

现在你已经熟悉了这些步骤。然而在表达感激时，还有另外几点需要记住。在表达感激时，如果我们没有首先考虑相关需要和价值观，而是直接考虑另一个人的行为刺激产生的感受，那么我们主要会觉察到感激和快乐的感受——这些感受相当普遍。与我们的需要和价值观建立连接之后，我们可能会觉察到更微妙、更具体的感受，传达我们的体验中更柔软、更私人的方面。

现在让我们来看看一些感激缺乏诚意的例子（单纯感谢某人），然后将同样的感激转换为高冲击力的 ONF：

感激：谢谢你永远在我身边。你一直都是我最好的朋友。

ONF：今天凌晨 3 点你到汽车站接我，你的关心和支持对我来说真的很重要，尤其是在我妈妈病得那么重的时候。你的出现令我感到如释重负，这样我可以不用担心怎么叫出租车，也不用担心车费。

感激：你的礼物太棒了。我太感谢你了。

ONF：你给我的那家新餐馆的礼券正是我需要的！写完论文我想庆祝一下，但我和我男朋友没什么钱。现在我们可以好好庆祝一下！我太兴奋了！

感激：你是我见过的最棒的男孩。你表现好的时候我太爱你了。

ONF：我很高兴你今天把玩具收回架子上。因为房间现在很整洁，我走来走去时感到很安全，想找东西也很容易。

看到这些例子，你可能会注意到它们没有完全遵循"正式"的非暴力沟通模型。没有使用"需要"一词，只在某些情况下明确提及共同需要。但每一次表达感激时，都给出了明确的观察结果，无论是餐馆礼券还是凌晨 3 点在车站接人，也会提及感受，例如安全或兴奋。而且，即使没有直接提及，也会暗示自己的需要已得到满足，例如赞颂、关心、安全、放松或支持。

试着大声读出这些内容。你是否发现 ONF 感激更令人满足、更有意义？你的身体对每一种感激有何体验？在 ONF 版本中，你也许会实现更好的理解和连接（身体更开阔和放松），因为你可以清楚地看到这对接受者的体验产生了怎样的影响。接受者会与他们的感受建立连接，欣赏得到满足的需要。这会展现事物的全貌，促进共同理解。你也可能对自己发现的事情感到惊讶，因为我们的行动会以意想不到的方式为别人做出贡献。例如，预算有限的学生拿到礼券肯定很高兴；听说那名学生刚写完论文，希望以一种特殊的方式庆祝一下，这份礼物的意义和价值就提升到了极高的水平。

也许最重要的是，ONF 感激始终都是积极的。当然，我们表达谢意时会提到满足感和"积极"体验。但讽刺的是，以传统的方式表达谢意时，人们经常使用消极的措辞。例如，如果孩子把他的玩具收拾好，父母可能会说："你能收拾玩具真是太好了，这里总是乱七八糟的！"或者如果正在听音乐的人把声音调小，提出这个请求的人可能会说："谢谢。那真让我头疼。"提到某种情况中不好的地方，如"乱七八糟"和"头疼"，不同于描述得到满足的需要，无法实现清晰、满足或连接，因此这句话很容易被解读为间接批评。积极表达我们的需要，例如秩序、安全或和平，会增加得到理解、付诸行动、与我们共同庆祝的机会，也会增加它们未来得到满足的机会，因为我们周围的人现在知道了我们想要什么（而非不想要什么）。

练习 3：猜测需要

第一部分

想象有人对你说了下面每一段话。你认为每段表达中，讲话者的哪些需要得到了满足？

陈述	可能满足的需要
（1）"非常感谢你为狂欢节做的工作。"	支持、创造力、关心
（2）"你出席我的生日聚会对我来说非常重要。"	
（3）"你一直是个很好的朋友。"	
（4）"我一直爱着你的心灵。"	
（5）"你为我做了这么多。非常感谢。"	

第二部分

回忆一下你最近三次基于评判表达感激之情的例子，然后将它们转换成 ONF：

（1）基于评判：_____

ONF：_____

（2）基于评判：_____

ONF：_____

（3）基于评判：_____

ONF：_____

第三部分

将下列"消极"表扬转换为"积极"赞美 ONF。

（1）消极表扬："我很高兴你剪了头发。以前那样真的不适合你。"

ONF：_____

（2）消极表扬："你辞掉了那份没前途的工作，我妈妈真的感到很欣慰。"

  ONF:_____

  （3）消极表扬："你给这个房间刷漆以后看起来好多了。以前真的很沉闷。"

  ONF:_____

赞美和表扬不是好事吗

> 你弹钢琴的方式太不可思议了！你是个出色的音乐家。
>
> 你真聪明。你什么都能做到。
>
> 你是全校最好的运动员。我希望我也能像你那样多得分。

  很多人认为像这样的赞美可以帮助别人感觉自己受人赞赏，从而增强信心和自尊。但如果有人听到积极评判感觉良好，当他们听到（也必然会听到）消极评判时会有何感受？我们是否应该依靠别人的评判决定我们对自己的想法和我们的选择？在赞美别人时，我们一般希望建立连接、分享理解。基于评判的赞美，就像基于评判的感激，把注意力集中在讲话者的意见上，而不是接受赞美的人做了或没做什么。这样几乎无法提供信息，因此要说明具体发生了什么事打动了讲话者。例如，"完美"是什么意思？"完美"就像任何一种评判一样，对不同的人意味着不同的事情。

  作为评判，这种欣赏也将接受者置于无人地带——一片永久静止的土地。没有人弹钢琴永远都"完美",也没有人知道一切事情。基于评判的赞美往往会令我们感到不舒服,因为我们怀疑讲话者下一次对我们的评判就不一样了。我们不想对这种整体泛泛而言的表扬承担责任。如果可以知道自己当时具体做了什么给讲话者留下积极的印象,我们会感到更舒服。

和感激一样,我们可以应用 ONF 模型来创造不带评判的赞美。我们看到或听到的什么与我们的价值观一致?哪些行为令我们感到自己的价值观得到支持、接受或举例证明?同样,请求的步骤可能没有必要出现,除非我们好奇另一个人听到我们的欣赏和表扬有何感受。

在表达 ONF 感激和赞美时,你可能希望称之为"反馈",因为你有意识地不进行评价或评判,而是"回馈"别人的言行对你的生活做出的贡献。在这种交换中(给予和接受并让别人知道你接受了什么),你会体验到为别人做出贡献带来的真正快乐。

练习 4:实时反馈——ONF

第一部分

再看看上面基于评判的赞美的例子,把它们转换为 ONF。下面第一项是一个已完成的示例:

评判:你弹钢琴的方式太不可思议了!你是个出色的音乐家。

ONF 反馈：听到你快速演奏中间一部分音符，又以缓慢冥想的方式演奏最后一段，我产生了灵感。我没想到有人能以如此不同的方式演奏乐器。我对弹钢琴产生了莫大的兴趣，也考虑今后在我自己的艺术表达中试着加入一些对比。这真是棒极了！

（1）评判：你真聪明。你什么都能做到。

ONF 反馈：_____

（2）评判：你是全校最好的运动员。我希望我也能像你那样得分。

ONF 反馈：_____

第二部分

回忆一下你最近给出的三次基于评判的赞美，并应用 ONF 将每种评判转换为实时反馈。注意在表达感激的情况下，我们建议的顺序不同于一般的经典模式，而是观察结果、需要和感受（ONF）。

（1）基于评判的赞美：_____

ONF 反馈：_____

（2）基于评判的赞美：_____

ONF 反馈：_____

（3）基于评判的赞美：_____

ONF 反馈：_____

双重评判并非表扬

针对基于评判的赞美，还有另一点需要注意：评判可以是双向的。思考一下前面的一个例子："你是全校最好的运动员。我希望我也能像你那样多得分。"讲话者是在赞美你，同时他也通过比较直接或间接地对自己进行评判。当他们说"我希望我也能像你那样……"或者"我希望我当初那样做……"，他们其实是在谈论自己的行为，以及因为他们所做的选择而未得到满足的需要。讲话者将你的表现（或者至少是他对此的诠释）作为一面镜子，使他看到他认为的自己的缺陷。在这种情况下，你的行为怎么能为别人做出贡献？听到这种"倒转"的赞美真的会令人感到愉快吗？这种"赞美"其实不算是一种赞颂，因为它传递的是关于对方未满足的需要的信息。它们把注意力拉回表达赞美的人身上，而非集中在接受赞美的人身上。

当你听到倒转的赞美时，可以应用同理倾听技巧，支持讲话者连接对他们来说很重要的价值观，以及这些价值观怎样造福他们的生活。下面是一个例子：

讲话者：你是跑得最快的人。我希望我也能做到。

倾听者：听起来你感到气馁。你也想跑得很快？

讲话者：其实不是的。只是我练习这么久仍然无法赢得比赛，我感到很沮丧。

倾听者：所以你真正希望的是自己的努力得到回报？

讲话者：是的，也许只是这种运动不适合我。但我希望如果我真的在某件事情上投入，就能做出成果。

倾听者：那么，你真正想要的是做出成果？

讲话者：是的，没错。我只是希望我在某件事情上投入的努力和精力，与我取得的成果在一定程度上保持平衡。事实上，我能不能赢并不重要，我只是想看到明显的进步。

倾听者：对，我明白了，是成就感。

讲话者：没错。嘿，你怎么练习的？也许你能给我一些建议，帮我更好地训练。

倾听者：当然！明天我练习的时候，你跟我一起跑怎么样？到时候我可以给你一些建议。

讲话者：太好了！谢谢你的倾听。我真的很感激。现在我更清楚自己真正想要的是什么了。

作为策略的赞美

赞美除了作为一种自我批评的形式之外，也是一种没有用心陪伴却试图影响别人情绪的方式。你有没有注意到，如果你感到悲伤或气馁，有些人会试着通过赞美帮你振作起来？例如，他们可能会说："就一次考了低分不用感到失望。每个人都知道你有多聪明，你是班上最棒的！"像这样的赞美会带来多少满足或安慰？虽然你也许听到了藏在这些话背后的目的，有可能满足了你对理解和支持的需要，但这种"赞美"会否定你的感受或尝试"修复"它。而这对于建立信心来说几乎没有效果。比起听到别人说你的感受是毫无根据的（这表明倾听者并未用心陪伴你、倾听你的感受），拥有另一个人的陪伴和关心更能令人感到满足。例如："我看到你因为低分感到低落。你是不是担心申请材料，担心能不能达到你的目标？"

赞美还是强迫

正如我们之前讨论的，为别人的幸福做出贡献是人类最主要的需要之一。这种需要得到满足会发展出连接、信任和意义。同时，我们做某件事情是为了响应自己为别人的幸福做出贡献的内在需要，还是因为我们想要得到奖励、认可或回报，这之间存在微妙而关键的区别。基于评判的赞美和欣赏很容易模糊界线。

在小男孩收拾玩具的例子里，他这样做是想让妈妈感到高兴，被看作一个"好"孩子吗？也许他根据以往的经验知道，如果他不当个"好"孩子，可能会受到责骂或惩罚。这完全不同于出于对母亲的关心收拾玩具，因为他知道这样可以为她喜欢的整洁、安心、体贴和安全做出贡献。这又回到了我们之前考虑过的问题：我们希望别人做什么？我们为什么希望他们这样做？如果我们给出基于评判的赞美和欣赏，人们行为的驱动力多半是害怕，或者对得到认可或奖励的渴望，而不是为别人做出贡献和分享共同的价值观，这两项动机都支持爱的连接和敞开心扉的奉献。

应对策略性表扬

如果你怀疑表扬是出于除了欣赏和赞颂之外的目的，你会怎么做？不管使用什么策略，无论是奖惩、比较（消极的自我评判）还是试图影响你的感受，你都可以再回到OFNR。如果是消极的自我评判，你可以对未得到满足的需要进行同理倾听。你可以确认一下讲话者希望满足什么需要，比如这样问："你是不是想通过帮我振作起来，表达你对我的关心？"或者你可以猜测一下这些需要是什么，这也是无声同理的一种形式。通过这样做，你可以理清思路，理解当前是什么驱动对方出于其他目的表达感激。

练习5：作为庆祝而非策略的表扬

在下面每段陈述中，表扬是一种策略而非庆祝。请你对每段话进行同理心猜测，以促进理解和连接。让我们从一个例子开始。

示例：

（1）"我永远做不好事。我希望我能像你那样擅长做事。"

同理倾听："听说你没有得到你想要的工作，你是否感到气馁？你想要的是固定收入带来的安全感，想要你的才干能得到赏识？"

（2）"你做了家庭作业——真是个好孩子。现在你可以出去玩了。"

同理倾听：＿＿＿＿＿＿＿＿＿＿＿

（3）"我不担心输掉那场比赛。所有人都知道你是队里最好的选手，我们学校是第一名。"

同理倾听：＿＿＿＿＿＿＿＿＿＿＿＿＿＿

（4）"你穿那套衣服真漂亮。我也希望能穿上那样的裙子，但那不适合我。"

同理倾听：＿＿＿＿＿＿＿＿＿＿＿＿＿＿

ONF反馈发挥作用：造福生活，拥有选择权

让我们来看看应用这些原则的一个真实例子。大概一个月前，我在一个为在学校中遇到困难的学生开设的小班里，观察一位教师和一位助教。我注意到这两位都经常表扬学生，比如会说"干得好"、"很棒"、"做得不错"。那位教师告诉我，这些孩子过去常常受到很多批评，而几乎没有得到过表扬，所以她想帮他们树立自信心。我认为她的目标很有价值，她的关心和奉献也令我感动。但我也担心她表扬学生的方式会让他们依赖于她的评判，而非发展出对他们自己重视什么的内在感觉。

有一次，助教告诉一个名叫约翰的男孩，他画的一幅表现肺部工作原理的图画"很棒，真的很棒"。我问他："你的画上有什么是你喜欢的吗？"他说："没有。"我告诉他我喜欢那种对称性——两侧肺看起来很平衡，然后我问助教喜欢这幅画的什么地方。她描述了自己喜欢的地方。之后很快，约翰也指出他欣赏的地方。如果没有这段谈话，约翰可能并不知道他做的什么"很棒"。现在他自己也能看到，而且他可以相

信自己，未来照此行事。这远比不明确、不具体的表扬更能有效地建立自信和信任。

"嗯，谢谢！"

观察结果的力量——两位大提琴家的故事

我最大的愿望就是听帕布罗·卡萨尔斯演奏。有一天，我的愿望差点就实现了，我跟他见了面。但讽刺的是，演奏者是我。当时是在冯·门德尔松家里，房子里到处都是埃尔格雷科斯大提琴、伦勃朗大提琴和斯特拉迪瓦里大提琴。弗朗切斯科·冯·门德尔松，这位银行家的儿子是一位天才大提琴家，他打电话问能不能接我过去，他们家里有位客人很想听我演奏。

"这是卡萨尔斯先生。"我被介绍给一个拿着烟斗的矮个秃顶男人。他说他很高兴见到像我和塞尔金这样的年轻音乐家。鲁道夫·塞尔金僵硬地站在我旁边，看起来他像我一样正在努力克服害羞。鲁道夫在我抵达之前已经演奏过了，卡萨尔斯现在想听我们一起演奏。有人正在钢琴上弹贝多芬的《D大调奏鸣曲》。"你们一起演奏如何？"卡萨尔斯问道。我们两人十分紧张，而且几乎不认识对方，所以我们表现很糟，在中间某个地方就停了下来。

"好！好！十分精彩！"卡萨尔斯鼓掌。弗朗西斯科带来了卡萨尔斯想听的舒曼大提琴协奏曲。我的表现再没有比这次更糟的了。卡萨尔斯想听巴赫。令人恼火的是，我的演奏风格更贴近贝多芬和舒曼。

"太好了！棒极了！"卡萨尔斯说着，给了我一个拥抱。

我不知所措地离开。我知道我演奏得有多差，但他作为一位大师，为什么要赞美和拥抱我？这么明显的不诚恳比其他任何事情都更令我感到痛苦。

几年后我在巴黎见到卡萨尔斯时，惭愧和开心的感受变得更强烈。我们一起吃了晚饭，还演奏了大提琴二重奏，我一直为他演奏到深夜。他强烈的热情和快乐促使我对他坦白了他在柏林表扬我时我产生的想法。他一下子生气了。他冲向大提琴，"听着！"他演奏了贝多芬奏鸣曲中一个乐节。"你不是用的这个手指吗？啊，你做到了！这对我来说很新奇……很好……还有这里，这个乐节你不是用上弓起音的吗？像这样？"他一一说明。他接着说到舒曼和巴赫，一直强调他喜欢我演奏的一切。"其余的，"他充满热情地说，"留给那些只盯着失误评判的无知和愚蠢的人吧。我感到很美妙，你的演奏肯定很美妙，哪怕是一个音符，一个很棒的乐节。"我离开时，感觉自己遇到了一位伟大的艺术家，也是一位朋友。[7]

——格雷戈·皮亚蒂戈尔斯基

（Gregor Piatigorsky，《大提琴家》作者）

嗯，谢谢

我们表达感激的另一种不甚清晰的方式是：我们用早就学会了的习惯性的方式，并不真心诚意地说"谢谢"。从小就有人在我们收到礼物时提醒我们说"谢谢"，无论我们是否喜欢这份礼物。年轻时，我不认为我曾被询问过哪怕一次某件礼物或某种行为是否真的满足了我的需要；相反，我被认为应该"礼貌"地感谢别人给我的东西。我敢肯定，要求我这样"感谢"别人是努力在我和别人之间建立连接、加深感激之情。然而，如果缺乏真心诚意，我们怎么可能感到与另一个人建立了连接？如果这些东西其实没有真正对我们的生活做出贡献，我们怎么会感激这些礼物和贡献？

即使作为成年人，有时我们也会收到与我们的品味和价值观不符的礼物。有时一个人出于满足需要的目的去做一些事情，但并没有得到想要的结果。在这种情况下我们该如何应对？这个话题在我的一次研讨班上引起了热烈讨论：你应该撒谎并假装喜欢这份礼物，还是把它还给对方，或者转送给别人？你是否应该避免让别人知道他们的"帮助"并没有给你带来帮助？你能不能只对礼物背后美好的目的表达感激之情？当然，这些策略中每一项都能满足不同的需要，包括体贴和安心。然而，如果我们坦诚慎重地分享自己的真实感受以及我们的需要是否得到满足，那么这本身就是一种贡献，可以促进亲密关系，建立连接、信任和理解。

几年前的一件事对我来说是个很好的例子。我看到一个洋娃娃，觉得我哥哥的女儿肯定会喜欢。虽然我跟他们不常见面，因为我们住的地方相距甚远，但我知道他是研究俄罗斯的专家，而这个洋娃娃穿着传统俄罗斯服装。我想我的侄女正处于喜欢洋娃娃的年龄，而我觉得这个娃娃非常可爱，于是我兴致勃勃地买下这个礼物送给她。过了一段时间，我问我哥哥："莫妮卡收到洋娃娃了吗？她喜欢吗？""嗯，是的，她收到了。我们懂得它代表什么，很感激你能想到我们。但莫妮卡其实从来没喜欢过洋娃娃。我们把它送给了喜欢娃娃的人。我希望你不要介意。"我买下并送出这份"完美"礼物的目的是为对方带去快乐，对于未能达到预期的目标，我感到悲伤失望。但在随后的讨论中，对于我的侄女我有了新的了解，比如她对哪些事情感兴趣或不感兴趣。我也很感激我哥哥的诚实和信任。这次谈话的结果是，随着我们更好地了解彼此，我们之间的关系得到了进一步巩固。我的感受从失望变成了连接和感谢。

礼貌还是真实

人们在收到礼物或得到帮助时要"礼貌"，通常是为了避免伤害别人的感受。但根据我的经验，只要存在真实、理解和连接，与未满足的需要相关的感受，比如受伤或焦虑，很快就会发生转变。无论如何，我们是否希望"伪造"我们对别人的反应？我们是希望在失望时露出微笑，在想说"不"时说出"是"，还是希望保持真实，包括真心诚意地连接和感激？如果我们不能充分觉察得到满足的需要以及我们的行动怎样为别人做出贡献，听到感谢的话语又怎么会感到满足？就像拿到一个巨大的礼物盒，包装精美还扎了个蝴蝶结，然后却发现里面空空如也。

当然，我们也希望关心和体贴别人。如果你关心别人的感受，希望对方能了解你的诚实，一种很有帮助的做法是觉察自己此时此刻所有的感受和需要，并与别人分享其中错综复杂的情况。例如，如果你因为关心别人的感受而感到犹豫和担忧，你可以向对方一一指出这些感受。然后你也可以告诉别人你重视诚实和正直，你希望实现真心诚意的连接。也许你也希望提及因为他们的礼物或帮助满足和未满足的所有需要，比如关心和体贴，并尊重他们的意图。你可以尊重得到满足的需要，同时保持诚实和真实。

练习6：作为礼物的"不，谢谢"

第一部分

回忆一下你曾收到的一份你不喜欢的礼物。这份礼物没能满足你的什么需要？你有没有把你的感受告诉送给你礼物的那个人？为什么？

第二部分

想象一下在下面每一种情况中以ONF说"不，谢谢"。作为回应的一部分，试着对得到满足的需要和对方的付出表达感谢：

（1）一位朋友主动提出帮你在聚会前收拾房子，但独自一人做这类家务令你感到放松，就像一种冥想体验。

拒绝：_____

（2）你的主管打算离职，加入一家创业公司，并邀请你跟他一起去。你担心换工作会带来财务风险，更愿意继续做目前的工作。

拒绝：_____

（3）一位朋友请你晚上去跟她和她丈夫一起打桥牌，但你不喜欢和他们打桥牌，因为他们总是因为怎么玩牌吵起来。

拒绝：_____

缺乏欣赏

基于真实和需要的欣赏，就像液体黄金。它会使整个给予和接受的系统活跃起来，促使需要得到确认、庆祝和满足。然而，如果感激是如此令人振奋、令人满足，那它为什么没有更多地出现在我们的生活中？就像我们常说的，为什么大多数人都把注意力集中在杯子空的一半而不是满的一半上？也许这是因为当我们的需要得到满足时，我们会感到满意和满足；相反，当我们的需要未能得到满足时，体验是如此令人不快，我们的感受更深、更明显。这会导致我们不会庆祝自己在生活中喜爱的事物，而是关注我们缺少的东西。多么不幸啊！

也许这可以解释为什么大多数人感觉自己没有得到欣赏。问问你自己：你是否感觉自己在工作中、学校里和家里所做的事情得到了欣赏？你觉得自己为别人的幸福做出贡献的努力是否被人看到、得到认可？你觉得自己的贡献是否达到了目标，实现了你希望做出的贡献？可悲的是，大多数人并不觉得自己的行为被人看到、得到认可或感激。

享受表扬

我们很多人被告知，我们不应该被赞美"冲昏头脑"，或者太把自己当回事。有些人很难接受欣赏或赞美，会说"哦，这其实不算什么"，"我真的做得很糟糕——根本谈不上好"，或者"我只是运气好罢了"之类的话，来否认或弱化讲话者的说法。我们不想听到赞美的原因有很多，其中不少是因为赞美往往是作为评判出现的。被人评判，即使是"积极的"，也会引导我们评判自己，或者把自己与别人进行比较，而这往往是消极的。就像前面讨论的，当听到另一个人的肯定性评判时，我们会体验到"焦虑"，并且担忧以后可能令同一个评判者感到失望。

多年来，我一直在努力接受别人的赞美，包括基于评判的赞美。当然，我也希望知道自己的行动怎样为人做出贡献。现在我学会了向别人了解更多信息，结果令我非常开心。我不仅得到了更多的欣赏，也开始认识到一项行动可以满足多少需要！最近一次诗歌朗诵会之后，我尝试进行试验。每次有人读过我的作品并对我表达谢意时，我会请他们列出一项得到满足的需要。这样反复进行，讲话者和我都对结果感到惊讶。每个人说出的需要各不相同。在思考了一会儿之后，每个人都对他们识别出的需要感到满足和惊讶。以这种方式思考，他们就可以从全新的角度欣赏阅读及其意义。把"基于评判"的赞美转换为需要就像打开一块幸运盒子！

在教学和研讨班中，我经常提出同样的问题："你是否愿意告诉我我的演讲对你有帮助的其中一个点？"答案帮助我把欣赏的一般说法转换为更有用的 ONF 陈述。就像我的诗歌阅读试验一样，这为我打开无数幸运盒子，让我能够从中学习。我对别人也了解更多，包括他们最重视的是什么，以及是什么使他们这样做。通过同样的方式，听到别人称赞另一些人时，我喜欢问："这个人做了什么，使你说他们'太棒了'？这可以帮助我了解对你来说最重要的是什么！"通过这样做，我对讲话者了解了很多：他们看到的、欣赏的是什么，往往还有他们自己希望仿效的是什么。

当人们告诉我他们不喜欢我的描述时，我会试着以同样的方式再次回应，而且通常会更加具体。人们往往会假设，只要我们给别人"积极"的反馈，就不需要更多的细节了。事实是，无论别人做了什么，在反馈中描述清晰的观察结果以及满足或未满足的需要是非常有用的。人们经常提到的"建设性批评"，即给出细节、包含关心的批评。类似地，ONF 反馈可视为"建设性赞美"，其中的信息可以帮助和支持你进一步满足自己的需要，并且为别人做出贡献。听到这样的"表扬"，你会发现自己希望给予和接受更多的感激，因为其中有实实在在的内容，从真正有意义、有效的角度来说是"积极的"和"建设性的"。

练习 7：列出一件事

回忆一下真正令你感到兴奋或享受的三件事。可以是你崇拜的一个人、你喜欢的一件艺术作品或一个音乐作品，或者你喜欢的一项活动。对于每件事，考虑 ONF 中令人满足的一个方面。

（1）_____

（2）_____

（3）_____

研究缺乏欣赏的问题

为了更深入理解我们大多数人体验到的缺乏欣赏下面隐藏着的感受和需要，我请一些学生应用O、N和F写下他们希望某个人怎样对他们表达欣赏。

一名学生写道，她希望听到她父亲这样对她表示欣赏：

当我看到今年你比足球队里其他女孩进球更多的时候，我非常非常高兴。我很看重你尽你所能地提升技术。我很高兴我们一起练习时我也可以参与其中。最重要的是，我希望你成长为一个强壮健康的人。这也让我对你得到大学足球奖学金产生了期待，我非常希望你能拿到。因为我相信大学会令你的生活更加丰富多彩，而我赚的钱不足以支付你的大学学费。现在我相信你将能追求你的梦想，我感到非常欣慰和高兴。

另一个学生写道，他希望他的前任女朋友能这样说：

当我想起你把我抱在怀里，听我说我在家和学校里遇到的问题时，我想让你知道，你的关心和爱对我来说有多重要。即使我们因为对生活方式的看法不同而选择分手，但当我想到你对我的亲切和支持时，我眼中仍然会出现感激的泪水。

然后我让他们每个人猜测一下，对方没有通过这种方式表达欣赏是为了满足什么需要。第一个学生写道：

> 我认为他害怕，如果他告诉我他的感受，我就不会这么努力、做得这么好。我也知道对他来说，谈论感受比较困难。他可能害怕我认为他不够强大，不是个"真正的男人"。我也知道他因为没能赚到更多的钱而感到羞愧，也许他认为谈到这个会令他感觉更糟，令我看不起他。

第二个学生写出以下内容：

> 我想我女朋友不想让我知道我的爱对她来说有多重要，因为她害怕这会威胁到她非常重视的独立自主。分手对我们来说很难，即使我们感觉这样做是正确的，也许她希望保护自己和我不要再次感受到分手的痛苦。

在我听到的这些和其他类似的故事中，最常见的偷走欣赏的窃贼是恐惧。害怕表现出脆弱或被人评判，会阻止人们表达自己的真实感受。他们害怕谈论自己的感受，担心接受感激的人会怎么想。我们很多人只是不习惯说出感谢的话语，反而习惯于"严厉的爱"——通过批评和要求表现出我们的"关心"。另一些时候，我们收到的积极反馈还伴随着附加要求："现在你做 X 做得更好了，所以现在你需要做 Y。"

除了恐惧和缺乏感激"流畅性",表达欣赏的另一个障碍在于,人们经常认为他们的需要是相互竞争的。赚钱少的父亲怎么才能对女儿表达欣赏,而不会流露出他因为没能赚到足够的钱感到悲伤和后悔?女朋友怎么才能在表达谢意的同时满足自己对尊严和自主的需要?但如果我们能真正理解他们,各种需要之间从来不曾存在冲突;表达我们生命中最重视的东西与稀缺性无关。我们选择满足一组需要的某些策略,有时会与满足其他需要的策略相冲突,但需要本身并不会彼此竞争。例如,鼓励孩子在体育运动方面进步,与了解和重视自己的贡献和诚实正直这两种需要并不冲突。自主性的需要与连接的需要并不冲突;如果你不能拥有空间成为一个独立的人,也就无法以有意义的方式与另一个人建立连接。

　　我们怎样才能正确应对看似彼此竞争的感受和需要,并表达感激之情,即使我们感到害怕?有一种做法是,如果我们愿意的话,与我们此时此刻的所有感受和需要建立连接,坦诚面对我们的需要的复杂性。在表达谢意之前,我们可能希望提到我们其他"层次"的内心感受。例如对着踢足球的女儿,父亲可能会说:

　　　　一想到我赚得这么少,没有能力为你付学费,我就感到悲伤。而想到你足球踢得这么好,以及我当初支持你学着踢足球,我也感到很自豪。知道这也许能在经济上帮助你读完大学,我很高兴也很欣慰。

女朋友可能会说:

你知道我真的很重视我的自主性，所以你这么说我感到有点害羞甚至紧张……我希望你知道，我有多么感谢你的支持。我想我从未感受过这么多的温柔和关怀。

如果你能以这种方式坦诚以对，很可能希望提出连接请求，询问对方怎样倾听和解读你的话语。当我们感到脆弱时，建立连接和共同理解尤其关键。

如果人们给予我们基于价值观、不带评判的感激或赞美，那我们就更容易倾听和领悟他们希望与我们分享的内容。我们不会虚伪地谦逊或否认，而是可以和他们一起庆祝得到满足的需要，包括我们自己的和他们的需要。最终，这将变成庆祝共同的价值观和互相关心。

练习 8：你希望收到的欣赏

（1）写下你希望特定的某个人对你表达的欣赏。这样的欣赏一定会包括：

① 那个人观察到你的哪些值得欣赏的具体行为？

② 你的行为满足或支持他的哪些需要？这种行为与他的哪些价值观相符？

③ 这种行为刺激他产生了什么感受？

（2）现在停下来写出欣赏之情。

观察结果：

需要：

感受:

（3）你已经写下这些欣赏之情，现在想一想是什么感受和需要阻止或妨碍这个人对你表达欣赏之情。试着让自己站在对方的立场上思考。参考附录中的需要列表也许能给你带来帮助。你可以在日志中写下这些内容。

练习9：感恩的生活

试着在一周内每天练习同理心感恩。每天，在早上或晚上，列出5件你感激的事情（观察结果），然后列出你的需要和感受。一定要写下你对自己的感恩之处！

示例：

观察："昨晚你开车送我们到80公里外去看我想看的戏剧。"

需要：支持、乐趣、友谊、连接

感受：温暖、温柔、感谢

现在你来试试。

观察结果	需要	感受
（1）		
（2）		
（3）		
（4）		
（5）		

欣赏我们自己和我们的选择

可以说，我们大多数人都没有从别人那里得到我们想要的欣赏，可能也没有对自己表达多少欣赏之情，因为我们是为满足自己的需要做出贡献，很容易认为自己的努力是理所当然的。但只有表达自我感激，才能令我们充分觉察到自己所做的事情能（或不能）有效满足我们的需要。自我感激通过这种方式完成一种非常令人愉快、毫无压力的"行为矫正"——关注并强化我们认为最能造福生活、最有价值的行为。

当然，我们对自己所做的选择不一定始终满意。但我发现，某些方面令我后悔的选择（因为未满足的需要），现在我会在另一些方面庆祝（因为得到满足的需要）。觉察到这两方面有助于我充分庆祝和践行我的价值观，这样的感激有助于自我接纳、放松和平衡。

例如，我仍然对离开爱尔兰感到难过，我在那里住了好几年。因为离开那里，我未能满足清晰、理解、关照自己、觉察、自我连接、洞察和选择（我怎样做出离开的决定）的需要。因为不再住在那里，所以我经常"浮现"对美、意义、与大自然连接、分享价值观以及很多其他方面的需要。但随着时间的流逝，我发现离开那里也满足了我学习、自我发展和自我接纳的需要。还有一点就是，如果我没有回到美国，我也就不会了解到非暴力沟通。

现在，对于这项曾经令我痛苦的选择，我可以对自己表达感激。当我想到自己如何处理离开爱尔兰这件事，离开那个我非常热爱、满足了我很多需要的地方时，我对生活的热情、决心和适应性令我自己也感到惊奇。在经历了这一切之后，我相信我能游刃有余地处理任何事情！以

无论是为未满足需要进行哀悼，还是庆祝需要得到满足，
都属于庆祝：歌颂我们生命中最重视的东西以及为我们的幸福做出贡献的事物。

这种方式对自己表达感激令人感到非常满足，它为我带来欣赏、自信、自我接纳与平静。归根结底，无论是为未满足需要进行哀悼，还是庆祝需要得到满足，都属于庆祝：歌颂我们生命中最重视的东西以及为我们的幸福做出贡献的事物。

练习 10：庆祝和哀悼

选择一种情况或一项决定，曾经在某些方面令你感到后悔，如今也能就某个方面进行庆祝。列出两个列表，一个是未满足的需要，另一个是满足的需要。如果你心里"浮现出"未满足的需要，先对此进行同理倾听，然后写下因此得到满足的需要以及你对自己多么感激。以这种方式对自己表达感激会带来怎样的感受？

情况（观察结果）：_____

未满足的需要：_____

满足的需要：_____

对你自己的感激：_____

请别人表达谢意

我们不愿意自我表扬；社会也教育我们，请求或邀请别人表达谢意是不可接受的（被评判为自私自利、傲慢，也许还有不可靠）。但我经

常听到人们提及，自己的贡献很少如他们所愿地被人看到并得到感谢，尤其是在夫妻和组织成员之间。本着提出请求满足需要的精神，我会庆祝自己采取行动满足了自己的需要。我希望自己所做的事情得到反馈或者被别人看到，所以我喜欢提出请求。我发现这样能赋能、建立连接，同时我也会得到信息，了解我的行为使另一个人产生了怎样的体验——不一定都和我想象的一样！最初，这种做法可能有点可怕，尤其是你会担心别人怎样评判你，但我发现，根据我体验到的整体连接和理解，这是值得冒险的。有时，对认可和感激的请求其实可以解决误解和断开连接的问题。

例如，最近我为一家大公司工作，帮助一个内部存在冲突的团队。一名员工抱怨他的直属上司，他评判这个人过于苛求、永远不会满意，而且完全不讲道理，不遵守公司关于生活工作平衡的方针。这名员工相信，对方总是期待他周末加班。我同理倾听他关注的事情，判断他当时的核心需要是欣赏和认可。这名员工关心项目和团队，非常愿意加班，包括周末，但他从未感觉到他的这位直属上司真正欣赏这些努力。经过基于非暴力沟通的指导，他与这位直属上司见面并分享了以下内容：

> 我有点担心你听到这些会怎么想，因为我以前从来没有这样做过。我想知道你是否了解过去两个月为了这个项目我工作了多少个小时，包括周末？我对自己的努力程度感到满意。我想知道你看到的是什么，尤其是你是否欣赏我为这个项目做的工作？如果你能给我反馈，我真的很感激。

结果这名员工得到的回应超出了他的预期：他的直属上司在他的表

现中看到了连直属上司自己都没有看到的东西——他与团队中其他人合作的能力。直属上司给出反馈之后，员工对他表示感谢，并解释说，虽然他个人有动力努力完成这个项目，但如果在他加班时直属上司能给出一些建议，会带来很大的帮助。然后他们制定了一个计划：每月检查这个项目中已满足需要的各种方法，而不是仅仅关注什么地方出了问题需要改变。

我发现在夫妻之间、家庭中，包括在我自己的生活中，也有同样的动力发挥作用：基于观察结果的真诚感谢有助于建立连接、带来激励。很多夫妻只关注出了什么问题并解决问题，而一段时间后，夫妻中的一个人会开始认为一切都不对劲。研究表明，经常互相表达谢意的夫妻更有可能长期拥有幸福美满的婚姻。

在感激的力量的鼓舞下，我定期记录感恩日志，每天写 10 分钟。通过专注于得到满足的需要，我对自己学到了多少东西、实现了多么深入的自我理解感到惊讶。我也会化身为所谓的城市感恩侠。当我在地铁或大街上看到或听到什么我喜欢的事情时，我会走向这些完全陌生的人，并告诉他们我的感受。例如，我可能会说："我无意中听到你对你的孩子说的话，我非常开心，也很欣赏你听到她哭起来时给她的陪伴，我希望我们所有人都能这样养育我们的孩子！"或者我会说："我真的很喜欢你穿的这身衣服，颜色丰富多彩。它真的照亮了我的一天！"每一次我递出这样的感谢"卡片"后，对方的脸上都洋溢着喜悦。我喜欢与路过的陌生人建立短暂的连接。在我看来，他们所说或所做的一些事情有助于生活更加令人满意、令人愉快。我知道，通过关注和指出这些事情，我也会使他们感到开心。

练习 11：充分表达你的感激之情

（1）这个星期至少尝试一次当感恩侠。如果你面对完全陌生的人太紧张，可以先和家人或朋友试一试。记得给出观察结果、满足的需要以及你的真实感受。

（2）你的生活中有没有哪方面是你希望得到认可和欣赏的？如果有的话，想一想你采取了什么令自己欣赏的行动，并确定这一行动满足的需要。你可以对另一个人提出什么请求，庆祝你所做的事情并请他们表达欣赏？

（3）本周试着写一本感恩日志。关注生活中你在每一个领域得到满足的需要。这本日志对你产生了什么影响？

（4）如果你有一位同理倾听伙伴，或者在你下一次有机会接受同理倾听时，庆祝得到满足的需要。

充满感激的生活

玛丽安·威廉姆森（Marianne Williamson）很好地总结了基于价值观的赞美和欣赏的精神，以及它们如何影响我们成为完整的自己、尊重他人、造福生活：

> 我们最深的恐惧不是我们能力不足，而是我们的力量无法估量。我们最害怕的是我们的光明，而非我们的黑暗。我们问

自己："我算什么？我怎么可能是杰出的、迷人的、才华横溢的、令人难以置信的呢？"事实上，你怎么会算不上什么呢？你是上帝的孩子。你只发挥小小的作用，不愿造福世界；你自行退缩，避免让周围的人感到没有安全感，这并不明智。我们生来注定发光，就像孩子一样。我们生来就是为了证明我们体内存在上帝的光辉。不是仅仅存在于我们中一部分人身上，而是存在于每个人身上。随着我们让自己的光芒闪耀，我们无意识中也允许别人这样做。随着我们从自己的恐惧中解放出来，我们的存在也自然而然地使别人从中解放。[8]

我们并不是很难甚至不可能表达太多欣赏——真心诚意的那种。我们希望你能每天练习表达欣赏，包括对自己和他人。对于培养慈悲人际关系以及充分觉察你在生活中最重视、最渴望和希望进一步体验的事情，这是最佳方式之一。

整合：进一步探索第九章的问题和练习

非暴力沟通的一项基本假设是，付出是快乐的。下面这项练习旨在帮助你探索为自己和为别人付出怎样使自己获益。

（1）在接下来一周里，有意识地选择一件能满足你的需要的事情，可以是为了有趣、刺激、休息或关照自己。可以是实物，比如一件衣服、一张你最喜欢的乐队的音乐会门票、一种特殊的食物或者其他令你感到愉快的东西。也可以是非物质的，比如悠闲地洗个澡、和好久没见的朋友见面、花点时间读一本书、慢跑、散步或游泳等等任何你喜欢的事情。

在决定你的"礼物"之前，你可能希望列个"需要清单"。列出此时此刻你所有最明显的需要。对这些需要抱有同理心，看看你能想到什么礼物来满足这些需要。把这份礼物送给自己之后，看看你有何感受。你是否感到欣赏和感激？你满足了哪些需要，比如关照自己？

（2）现在为别人做些你相信能为他们带来快乐的事情。选择你真心喜欢做或付出的事物，这样也能满足你自己的一些需要，比如表达、意义、真实性和完整性。这项行动可以只是打电话给你最近没有联系的朋友或家人，让他们知道你想念他们；或者帮助朋友准备考试，在后院里帮你父母干活，在当地福利院帮忙等很小的事。在采取这项行动期间和之后，你有何感受？满足了什么需要？如果你体验到消极感受，是哪些需要（包括你自己的需要）未能得到满足？

（3）比较一下这两种体验，刺激产生的感受有何相似或不同之处？哪一种会刺激产生更强烈的感受？满足或未满足的需要是相似的还是不同的？

第十章

如何把非暴力沟通
融入你的生活

如果你读过前面的章节，已经学到了怎样有力改变你和自己、别人、世界之间的联系，你就会了解到，在你希望抱有非暴力沟通意识生活的每一刻，拥有三项主要选择：自我同理、同理倾听和诚实表达。你学到了非暴力沟通实践中各种各样的"支持"，比如节奏一致的对话。我们希望你已经尝试过其中一些步骤，并且亲眼看到同理连接的影响和力量。

如果你已经试过这些工具，也许你有好几次发现实践非暴力沟通并没有促成你希望实现的连接和理解。也许这些经历令人失望、沮丧、灰心丧气，你不太确定该怎样看待这种情况。理论听起来很棒，但为什么不一定有用呢？

我在第一次深入研究非暴力沟通时就体验过这种情况，当时我参加了 2003 年非暴力沟通中心组织的为期 9 天的国际强化训练（International Intensive Training，IIT）。那 9 天改变了我的人生。我意识到非暴力沟通拥有巨大的潜力，能够为我的生活带来更多的理解和连接。我也亲眼看到实践非暴力沟通时可能刺激别人明显地产生痛苦，尤其是在我们之间的关系中，我们的需要一直未能得到满足时。

好几年以来，我和我十几岁女儿之间的主要冲突是关于她的作息时间、她和哪些朋友相处，还有喝酒的问题。在 IIT 中，想到把非暴力沟通融入我的生活可以为我提供清晰的路线图，使我们彼此之间的关系变得更轻松，我激动不已。我很兴奋，在培训结束前几天打电话给她。我渴望试一试这些新技巧，应用我正在学习的概念和练习的对话。作为一个乐观主义者，我确信现在我们会进行一次温暖的、"梦幻一般的"对话，以触动我们双方的心灵。

我们谈了一会儿各种小事，比如这一天遇到的事情。然后对话发生了变化。

  我：那周末你有什么计划？
  女儿：哦，周六晚上我要去芭芭拉家里。

我立刻想："太好了！现在我可以应用我学到的所有那些很棒的工具了。"想到她的计划，我先无声地实践自我同理，让我与自己的感受建立连接：紧张和害怕，需要她能安全无虞。我也希望我的担忧能被她听到，我的关心能被她看到。与这些愿望建立连接后，我决定采用最诚实的表达方式——通过表达我的感受和需要，真心诚意地告诉她我的担忧。然后我会提出连接请求，看看她是否能理解我的想法。我已经计划周全了！于是我深吸一口气后开始了：

  我：听到你说你打算周六晚上去芭芭拉家里，我感到紧张和担心，因为我很重视你的安全。你能不能告诉我，你听到我说了些什么？我希望你能听到我对你的担忧和关心。

> 把非暴力沟通的概念记在脑子里是很简单的，但在现实生活中进行实践时，尤其是之前与别人有过痛苦的经历或者环境可能触发以前的痛苦或伤害时，保持非暴力沟通意识远比想象中困难。

结果并没有得到我预期中的反应：

女儿：妈妈，你为什么要讲这些话？如果你不想让我去，就直接说，别转弯抹角。我不想听这些乱七八糟的话！

我：我不知道为什么我还要费心尝试。为什么你不能为了做出改变跟我合作一下？

你也能想象，从那时开始，谈话越来越糟，最后我心碎地挂断电话，内心极其失望。我接受的这一切非暴力沟通培训究竟怎么回事？为什么不能像我们在研讨会上练习的那样有效？当时明明感觉那么容易！

我从这次沟通中学到了非暴力沟通圈子里经常引用的一个教训："非暴力沟通很简单，但也并不容易。"这句话的意思是，把非暴力沟通的概念记在脑子里是很简单的，但在现实生活中进行实践时，尤其是之前与别人有过痛苦的经历或者环境可能触发以前的痛苦或伤害时，保持非暴力沟通意识远比想象中困难。例如在我刚刚描述的情况中，一开始我抱有最好的意图：及时实践自我同理；真诚地分享我的担忧。即便如此，当听到我女儿的反应与我希望的相距甚远时，我又回到过去的模式、故事和绝望中。我开始意识到，当我们的情绪被触发时，我们都是初学者。

在本章中，我们将探讨如何进一步深化非暴力沟通实践，使之自然地融入你的生活中。然后我们将把非暴力沟通的各方面作为一种语言工具来考虑，怎样以通俗的非暴力沟通方式应用这种工具，以更全面、更容易地在一系列文化和亚文化中实践非暴力沟通意识。最后，我们将再次考虑，如果之前未能在你希望的层次上建立连接，怎样重新开启一次谈话：实践"非暴力沟通急救"。对于所有这些主题，我们将讨论的大部分内容是回顾或进一步应用我们在本书前面章节中考虑过的实践。在阅读本章的过程中需要理解的是，实践非暴力沟通最重要的是你的心态：慈悲的意识（看到每个人完整的人性，即使他们处于最糟糕的时刻）以及希望重视每个人的需要。这些工具和模型将支持你保持这种心态和精神。

这是一项"内部工作"

把非暴力沟通融入你的生活中，必然会导致你看待自己和别人的方式发生重大变化。在我的成年生活中，很多年以来我一直在责备别人，尤其是那些我最亲近的人，因为他们所说或所做的事情令我感到烦恼。他们的行为促使我产生烦恼，我认为这就是原因所在。"你的所作所为令我很生气。"我会这样说或这样想，十分肯定我的愤怒是由他们的语言或行为引起的。我也很确定，作为诱因，他们必须做出改变，让事情变得"正确"。我不知道自己的烦恼是由我未满足的需要和价值观引起的。要么是他们做了什么"错误"的事情，要么是我自己，要么我们双方都有"部分过错"。然后就是他们的过错有多大、我的过错有多大的问题：以一种追究过错/责备的方式来看待某种情况和这个世界。我似乎没有想到，也许我们双方都没有做错任何事。我很难从冲突的观点（主要基于指责、贴标签、将人们固定地分为一种人或另一种人）转向双方都在努力满足有价值的、造福生活的需要这样一种观点。如果我的看法来自责备和贴标签的观点，倾听者很难认为我的话不是进行评判，

313

也很难想象我真心关注他们和他们的幸福。他们最可能出现的反应是防守或反击。

我们如何摆脱螺旋式断开连接的恶性循环？想要让非暴力沟通意识在我们的生活中占据更多部分，最重要的任务在于我们自己的意识和临在。但对于我们目前并不了解的事物，我们怎样才能提升意识？就像那个老笑话一样："我怎么才能到卡内基音乐厅去？"它告诉我们："练习，练习，练习！"

学习任何新的技能或生活方式，都有各种不同的实践方法：整合新的概念，提醒自己注意我们已经了解的内容，并将这些知识融入我们的生活中。我们可以通过非暴力沟通伙伴、非暴力沟通培训师以及更大的非暴力沟通社区或自己进行这些实践。我们也可以参与促进身心连接和自我觉察的实践，这提供了最好的"土壤"来"种植"你每一天的非暴力沟通实践。

下面是一些关于定期实践或支持实践非暴力沟通的觉察和意识（分为可以自己进行或者和别人一起进行的实践）的建议。这些项目没有优先顺序，只是几个例子。你可以考虑一下哪些能更好地支持你的实践，然后与自己达成协议：你在每天、每周、每个月、每半年或每年的基础上打算怎样做来支持你学习非暴力沟通。无论采取哪种形式，持续定期的实践都最有助于将非暴力沟通融入生活。

自己实践非暴力沟通的方法

- 阅读非暴力沟通书籍以强化非暴力沟通模式和意识，听取其他实践者的例子。
- 进行书面练习（应用本书或其他非暴力沟通书籍）。记住，你可以反复进行同一项练习，根据不同的日子或不同的情况推进你的实践。

- 日志。很多非暴力沟通实践者喜欢每天记录同理倾听日志。你可以应用日志来实践自我同理、猜测别人的需要、庆祝得到满足的需要、支持自己做出决定（评估不同策略满足和未满足的需要），或者在谈话前后实践非暴力沟通。你也可以使用日志进行"自我状态"探索（你在此时此刻或生活中某个时间点的感受和需要）、回顾生活中最近的事件，或者庆祝抵达一个里程碑。日志的另一个用途是为自己设定非暴力沟通实践目标并检查你的进度。

- 记录评判日志。如本书前文所述，你可以拿一个小笔记本记下你在一天中做出的评判，然后把它们转换为感受和需要。

- 观看非暴力沟通实践的视频，可通过视频网站观看（搜索非暴力沟通或个人培训师的姓名）或购买 CD（来自 cnvc.org）。

- 一天之内的自我核实。当所做的事情（洗澡、洗碗、做饭、洗衣、园艺、开车等）不需要全神贯注时，每隔几分钟与自己核实，进行实践并熟悉模型。问问自己：我在此时此刻有何感受？我需要什么？看看你是否能追踪与自己的感受和需要相连接的想法（观察结果），看看你的感受和需要多久会发生变化。你也可以把一天之内的自我核实与特定活动结合起来，例如查看电子邮件、听到电话铃声或者吃饭。定期核实不仅可以支持非暴力沟通模型的实践，也可以支持自我觉察和连接——这两方面对于保持非暴力沟通意识来说都很关键。

- 加入非暴力沟通 Listservs。参阅 Listservs 的资源部分，它涉及非暴力沟通和育儿、社会变革以及其他主题。Listservs 除了分享有关非暴力沟通的信息、未来活动和相关主题，也包含了成员分享的自己实践非暴力沟通的经验。

· 买一套 GROK（感受和需要）磁铁，然后把它们放在家里冰箱上或者工作场所的磁性公告板上。使用这些磁铁进行实践和自我核实。（GROK 卡片和磁铁可在 www.collaborative-communication.org 订购。）

与别人一起面对面或通过模拟现实技术练习非暴力沟通

· 找个人当你的同理倾听伙伴，你们可以每周或每两周通过电话交流。两人轮流（每人半小时）抱有同理心倾听对方的话，练习模型的四个步骤和反馈技巧。你们也可以达成协议，互相提供"紧急同理"倾听，一方在需要时可以打电话给对方。在你寻求紧急同理倾听时，一定要先核实对方在那个时候是否愿意进行同理倾听；如果是的话，再确认对方愿意花费多少时间。

· 参加非暴力沟通培训、课程、研讨会、住宿集中培训、家庭训练营，或者与 CNVC 认证培训师或其他经验丰富的实践者一起静修。关于即将举办的培训以及认证培训师和支持者，请参见 cnvc.org。如果你希望在你所在的地区组织培训或静修，请联系 cnvc.org 上列出的个人培训师，或者请 CNVC 把你的请求发给认证培训师列表上的人。

· 参加远程课堂或网络研讨会，其中很多都由非暴力沟通学院提供。

· 亲身或通过电话加入同理倾听或实践小组，最好是由认证培训师或经验丰富的实践者领导的小组，以便于寻求支持。你也可以加入或组织"领导型"小组，由参与者自行领导；在这种情况下，你可能格外希望应用吕靖安的著作寻求指导和支持，或者接受培训师的帮助。你可以使用非暴力沟通列表或 meetup.com 组织这样的小组。

- 加入研究小组。邀请你的朋友和其他实践非暴力沟通的人一起阅读、观看或收听非暴力沟通材料，然后共同实践。这样的聚会可以面对面或通过虚拟现实技术（电话、Skype 网络电话、网络研讨会）进行。

- 通过电子邮件实践。每次发送或接收电子邮件，都是一次实践自我同理、对别人进行同理倾听和诚实表达的机会。

- 应用社交媒体（脸谱网、推特、领英和类似网站）与别人建立连接、进行实践。

- 与认证培训师或经验丰富的实践者合作。在这些指导课程中，你可以抱有同理心倾听、练习非暴力沟通技巧，进行角色扮演（排练或回顾你生活中的对话或情景），以及制定和评估你的非暴力沟通实践发展的目标，乃至你的整个生活（个人生活和职业生活）。一些非暴力沟通培训师也是职业生活教练。可参见 cnvc.org 上的培训师名单及其个人简介。

- 加入促进非暴力沟通意识的全球虚拟非暴力沟通社区，比如 ctc.learnnvc.com。

- 在家里、工作中和街头（在邮局、购物时或任何地方），与你见到的每一个人，在你记得并且愿意这样做的每一刻，都可以进行实践。记住，无声的非暴力沟通实践与有声的同样有效，有时甚至更能建立连接。为了寻求每天实践非暴力沟通的灵感，你可以看看《城市同理心》（*Urban Empathy*）一书，其中收集的一些例子逐字复述了非暴力沟通实践。

支持自我连接和正念的方法

以下活动有助于增强非暴力沟通实践的意识。

· 冥想，如伊涅萨·洛夫指导的或其他形式的冥想、静坐或吟诵。

· 聚焦和内部关系聚焦（www.focusing.org）。这种实践与非暴力沟通高度统一，可以支持身心觉察和自我连接。

· 祈祷、意图或肯定（关于你对这一天、特定情况或某次谈话的意图）。

· 带来灵感的阅读、诗歌或"记忆"，重现你与非暴力沟通意识相符的价值观。你可能希望了解的一些作者包括伊斯兰教苏菲派诗人鲁米（Rumi）和哈菲兹（Hafiz），或者大卫·怀特（David White）、玛丽·奥利弗（Mary Oliver）等当代诗人。

· 瑜伽、合气道或太极。我发现瑜伽的伸展运动和深呼吸是非常基础的训练。合气道是一种非暴力武术，为你提供了一种高度符合非暴力沟通原则的身体练习。你也可以考虑其他形式的锻炼，帮你"扎根于天地"和"归于中心"。

· 与大自然建立连接，出门散步，或者找到其他方法探索大自然。

· 参与精神实践。任何实践，如果支持你与别人相互依存或者与这个世界沟通交流，会培养出一种小马丁·路德·金称之为"至爱社区"（beloved community）的感觉并支持非暴力沟通意识的持续发展。这种至爱社区涵盖了包括人类在内的所有生命。

同样，这种意识本身（我们专注于连接和关心所有人需要的价值观）能够真正为非暴力沟通实践带来有益的信息和支持。在你的日常实践中，记住要确认你是否真正保持这种觉察和存在方式。

练习 1：实践的计划

再次查看这些建议列表。哪些能引起你的共鸣？你能否想出其他实践方法？哪些有助于支持你的意图，帮助你记得去实践？

在你的日志或一张纸上，为下周、下个月或明年制订计划。例如，每天或每周记录几次日志，下个月找到一个同理倾听伙伴，或者今年至少参加一次住宿集中培训。

为了使你的请求切实可行，记住要设定明确的目标和时间线，并通过自我核实了解你的实践情况。例如，你可以决定下个月每周与你的同理倾听伙伴会一次面。到了月底，你可以与伙伴一起核实，这对你们两个人都有效果。计划或承诺不一定要永远持续下去！

如果你要创建每日或每周实践计划，看看这些计划能否与你生活中其他日常活动联系起来，比如洗衣、购买食物、去健身房、做饭等等，从而提醒你实践非暴力沟通。例如，你可以决定每次听到电话铃响，都花点时间自我核实感受和需要。你也可以决定在每次剪头发或者给车换油的时候定期核实自己的实践。利用你生活中的另一项活动作为一种助记方法，帮助你记住非暴力沟通实践。

来自地狱的同理心

对自己和他人抱有同理心时，我们的意识和意图，而非我们使用的形式、方法或词语，产生的影响最大。回忆一下那个古老的悖论：先有鸡还是先有蛋？在非暴力沟通实践中，很明显是先有意识！模型会支持这种意识，但不能取代或"伪造"它！如果你使用模型中的一种同理心模板（"你是否感到_____，因为你需要_____？"），这是为了引导你把注意力转向那里，而不是一种说话的公式。如果你在表达时没有用心，只是死记硬背这些格式，那就会成为我们在非暴力沟通中所说的"来自地狱的同理倾听"。"空心的"、无情的同理倾听令人不快，甚至比完全没有同理倾听更糟。如果你表现出这种"人造"的同理倾听，那么得到强硬的回应也不要感到惊讶："扔掉那些心理学废话吧！""你为什么不能像正常人一样说话？""不需要你来告诉我我有什么感受！"

如果你发现自己正在实践"来自地狱的同理倾听"，那就花点时间自我核实。你实践非暴力沟通时是否心不在焉，只是将其当作一种习惯？你是否应用这种格式作为满足除了连接之外其他需要的策略？有一次，我曾经的伴侣告诉我，她这天的工作中发生了一些令人苦恼的事情。我的注意力集中在别的事情上。我也希望在忙碌的一天之后能有一段轻松愉快的时光，渴望专注于此时此刻。我真的没有"带宽"可以承受她分享的超激烈的内容。我自动给出一个同理心猜测，就像水泥从十层楼高的建筑物上落到人行道上。她用尖锐的声音回答："不要把那些非暴力沟通的东西用到我身上！"

在那一刻，我把非暴力沟通的东西"强加"在她身上！我没有用心陪伴她。这时诚实的表达会比同理心更有帮助："我明白你今天压力很大，我注意到我现在需要一些空间保持平静——我今天也很忙。我们花几分钟时间安静地散步，你能接受吗？我想等到晚饭后，我会愿意听你说说你老板的情况。"

　　如果你陷入空心的同理倾听，可能是因为在那一刻，你自己的需要尚未得到满足。也许你走一遍同理倾听的步骤是因为你认为自己"应该"保持慈悲，或者认为这样做能缓和局势，这种情况下你真正想要的是和平、安心和放松。无论出于什么原因，你选择了对别人进行同理倾听，却没有先照料好自己，而事实上你可能是那个最需要帮助的人。你可以试着关注别人的需要，但如果你自己也浮现出感受和需要，你就会分心，无法充分地与对方同在。

　　在这种情况下，你需要先填满自己同理心的杯子。花点时间核实自己的感受和需要，对自己实施紧急自我同理。如果无法实现你想要的自我连接和陪伴，你可能希望推迟对话，直至你获得自己需要的同理倾听。你可以实践诚实表达，就像我在前面的例子中模拟的。

　　当然，有时虽然你充分连接到自己抱有同理心陪伴、真心诚意希望建立连接的意图，但仍然会面对"拒绝非暴力沟通"的情况，因为我们的陪伴和关心并不一定能被另一个人听到或接收。在这种时候，我们得到的回应可以为进一步的同理心连接带来机会："你无法信任我的意图？""你是否觉得我的话听起来很奇怪？""这是不是听起来很奇怪，因为你以前从未听过我这样说话？"

　　无论你的非暴力沟通实践得到怎样的"消极"反应，这种拒绝都可以提醒你注意与自己和别人之间的连接，并为进一步建立连接提供机会。无论出现什么样的评判或反应，你都可以和隐藏在其下的感受和需要建立连接。一旦听到对方的话语，你就可以分享自己实践非暴力沟通满足需要的经历，并试着抱有同理心倾听他的话语："我正在学习一些新东西，希望这些能帮助我们倾听彼此的心声。虽然一开始听起来可能有点奇怪，但我希望你愿意接受我的尝试！"

练习 2：从地狱到天堂

第一部分

拿着你的日志，回忆一下曾经有人对你的反应就像你给出"来自地狱的同理倾听"。重新进行那次对话，这一次抱有同理心回应（要么诚实表达，要么进一步给出同理心猜测）。你也可以实践自我同理，考虑你在那一刻的感受和需要，以及你是否真正专注于同理心连接。

第二部分

与熟悉非暴力沟通的人，比如同理倾听伙伴一起进行角色扮演。采取以下步骤：

- 对你的搭档进行同理心猜测。"你是否感到_____因为你需要_____？"
- 你的搭档的反应就像你刚刚给出"来自地狱的同理倾听"。"你说的都是些什么莫名其妙的话？"
- 深呼吸，进行自我连接，实践自我同理。你现在有何感受和需要？

- 以诚实的自我表达或进一步的同理倾听回应你的搭档。例如，"你感到困惑是不是因为你以前从未听过我这样说话？"看看你的搭档现在有何反应。如果可能的话，通过角色扮演修复连接。重新建立连接后，与你的角色扮演搭档分享你和他们一起实践非暴力沟通是希望满足什么需要。
- 切换角色。
- 你们轮流扮演过每个角色后，讨论一下这次体验。你的搭档面对"来自地狱的同理倾听"有何感受？你在实践自我同理以及抱有同理心回应和诚实表达时有何感受？你从这项练习中学到了什么？

诚实以待：你是个新手

在你新接触非暴力沟通、刚刚学会当个更有同理心的倾听者时，你很容易出现"虚假同理倾听"。你尽最大努力希望更有效地进行沟通，而这使你得到了什么？更多的悲伤！虽然你打开了同理倾听"天线"，但它们还不够强大或坚固，无法实现你希望建立的连接，帮助你放松或真心诚意地应用模型。你努力尝试倾听和关心，而你得到的只有不满和停滞不前。别人会觉得你讲话很奇怪："你怎么了？你说话很奇怪。""你想强迫我做什么吗？你为什么这样说话？"甚至有人会说："让我告诉自己有什么感受，这听起来像是企图操纵我！"

在这种时候，积极主动面对并应用诚实表达会带来很大帮助。坦白你正在学习一些新知识，并告诉对方为什么这对你来说很重要。你这样做的时候，已经有机会建立连接并实践非暴力沟通，包括提出请求。"我真的希望提升我们之间的沟通质量，想要尝试不同的谈话和倾听的方式。你能不能暂时对我耐心一点，虽然我还有点笨拙？""我知道有时候我显得有点严厉，会评判别人。所以我试着学习一些新的沟通方式。你是否愿意接受我的尝试？我还是个初学者，所以我知道我的话听起来可能有点不自然。"

下面一个例子可说明实际对话是什么样子的：

乔治有个 12 岁的儿子杰里米，他离婚后没有拿到儿子的监护权，而且儿子跟他屡生冲突。乔治学习非暴力沟通的部分动机就是改善亲子关系，他们多年以来都不算亲近，且自从乔治和妻子一年前分手之后，情况变得更糟。为了准备这次谈话，乔治在与他的同理倾听伙伴两次会面期间都探讨了他与杰里米的关系对他来说意味着什么，以及同理心连接和互相尊重对于乔治来说有多重要。他确定自己产生了悲伤、恐惧和受伤的感受，因为有时他以不符合自己价值观的方式生活。他认识到，与杰里米谈话时，他希望巩固他们之间已有的连接、敞开心扉表达、更好地了解杰里米，并应用连接请求保证对话进行下去。他和同理倾听伙伴一起练习角色扮演，让他能更顺畅地把此时此刻的感受和需要转换为文字。他不想背剧本，而是希望与自己的价值观建立连接，把这些价值观中对他来说真实的东西表达出来。

对话最终会变成这样：

乔治：杰里米，我想告诉你，我正在学习一门名为非暴力沟通的课程。我想让你也了解一下，因为我学到了很多关于我自己的事情，我怎样表达自己、怎样倾听自己，有时候我在倾听这方面做得不太好。你愿意听我说说吗？

杰里米：嗯，好吧。我正要去蒂姆家——他租了一部电影。

乔治：在你过去之前，我们谈大概10分钟可以吗？

杰里米：我想没问题，蒂姆还在吃晚饭。

乔治：太好了。我真的很感激能有这个机会告诉你一些对我来说很重要的事情。我去上这门课程是因为我想它能帮助我成为一个更好的倾听者，进一步努力理解你对事物的看法。你觉得怎么样？

杰里米：听起来不错。

乔治：听到你这么说我很高兴。我知道我们并非总是看法一致，所以我真心希望进一步了解你的观点。还有另一点也很重要，那就是我希望诚实地表达自己的想法，而不是责备你或我——我想告诉你，我对我们之间发生的某些事情有何感受。如果我不告诉你我的想法，它就会逐渐积蓄起来，最终爆发。我认为那会使我们两人都很难受。你明白我的意思吗？

杰里米：当然，我讨厌你对我大喊大叫。

乔治：我也一样。因为我在尝试一种新的讲话方式，可能有时听起来很奇怪。你对我的变化有何看法，我希望你能诚实表达出你的感受，同时希望你对我耐心一点。怎么样？

杰里米：你打算换种方式讲话？

乔治：是的。我想礼貌地讲话，而不是大喊大叫。也许一开始听起来很笨拙，但我仍在努力，我们都不喜欢大喊大叫。我希望你能和我一起坚持下去，对我们的意见分歧找到一种新的讨论方式。

杰里米：好吧。不管怎样，我现在能去干我的事了吗？

乔治：可以。所以你觉得现在已经谈够了？

杰里米：是的。

乔治：不过，你对我尝试我新学的这些东西感觉挺好？

杰里米：是的。不可能比你冲我大喊大叫更糟了！

（他们都笑起来，然后互相击掌。）

在这段对话中，乔治明确表示一些价值观对他来说很重要：了解自己、倾听、理解、自我表达、诚实和尊重。他没有直接说出自己受伤、损失和悲伤的感受，而是在提到他也不喜欢自己大喊大叫时暗示了这一点。乔治专门询问杰里米对他刚说的话有何反应，并对杰里米的观点持感激和开放的心态。

在某些情况下，说出一个人的感受甚至比提出问题更有帮助，因为未能明确表达出来的感受，尤其是恐惧的感受，往往会令对方感到具有侵略性。当然，你表达的方式也会受到这段关系当前特点的影响。

下面是进行实践的另一个扩展事例：

娜塔莎的朋友索菲亚有个习惯令她感到苦恼，索菲亚来她家过周末时，会把个人物品丢在娜塔莎的客厅、走廊和厨房，而不是客卧。索菲亚经常来访，因为她会来娜塔莎居住的城市出差。娜塔莎知道自己比索菲亚更重视家里的井然有序，因为她见过索菲亚的公寓。她犹豫着要不要告诉索菲亚，索菲亚的行为令人烦恼，可是她不想破坏这段友谊。她考虑过找个借口以后不再请索菲亚来住，比如说她这个周末很忙，以这种方式回避那个问题，但这可能使情况更糟。学习非暴力沟通之后，她决定直接向索菲亚提出这个问题和她自己忧虑的感受。

娜塔莎：索菲亚，我想跟你谈谈，你做的一些事情令我感到苦恼，我一直不敢提出来，因为我真的很珍惜我们的友谊，不想破坏这段友谊。但我也害怕如果一直不谈会变得更糟，那意味着我们不能真实地面对彼此，可能积蓄不满和愤怒。现在讨论这件事合适吗？

索菲亚：当然。我也不希望我们之间有秘密，或者你跟别人讨论你感到苦恼的事情而不告诉我。我也不喜欢那样。怎么了？

娜塔莎：嗯，当你和我住在一起的时候，我经常发现你把雨伞、外套、书和其他东西丢在走廊、厨房或客厅里，而不是客卧里。这样在房子里到处乱丢东西，让房子显得杂乱无章，令我感到不舒服。我需要一定程度的井然有序，这样容易找到东西，在公寓里也行动方便。我不知道你听到这些感觉如何？

索菲亚：当然没问题，我明白了。有时我可能会忘记，我知道我不像你那么爱整洁。但如果有必要我很高兴你能提醒我。这对你来说如此重要，我感到吃惊的是你为什么不早点告诉我。

娜塔莎：我想我只是不习惯制造冲突。在过去，如果我把类似的话说出来，有时人们会产生防备心理，我们之间会变得不自在。我不希望这对我们的友谊产生负面影响。

索菲亚：是的，我能理解。有时我也会这么做，对于令我烦恼的事情什么都不说。我很高兴我们能讨论这件事，我更喜欢双方坦诚以待，解决问题。

娜塔莎：我也是。我想下次如果我有什么担心的事情想和你分享，我会更容易开口。这次谈话令我更有信心诚实地面对你。

索菲亚：那太好了！我真的很感激能住在你家里，我很喜欢跟你相处，所以我也很高兴我们能讨论这件事！

鉴于非暴力沟通语言的整体目的在于引导我们把注意力集中于理解别人以及他们的体验、语言和行动上，所以你和对方当前关系的性质会影响你表达的方式。对于你尝试以新的方式沟通，你可能希望对方抱有一定的同理心。改变长期使用的沟通模式不是一件简单的事。要理解你希望自己做出的努力需要从别人那里得到认可和"紫心勋章"，至少最初是这样。

练习 3：提出改变

找个你已经认识一段时间、希望和对方一起实践非暴力沟通的人，可以是一位朋友、家人或同事。与同理倾听伙伴或者在日志中进行实践之后，诚实地告诉这个人或记录你正在学习非暴力沟通，以及你为什么要这样做。确定他们对你的非暴力沟通实践是否抱有开放的心态，并提出在你尝试新的做法时你希望他们怎么做，比如对你有更多的耐心和理解你。

像"普通人"一样说话：街头非暴力沟通

在非暴力沟通中，我们把最高优先权放在人与人（包括我们自己）

之间的连接上。我们在本书中用大量篇幅详细介绍了观察结果（不涉及评判）、感受（不涉及思想）、需要（不涉及策略）和请求（不涉及要求）这些组成部分，因为了解观察结果、感受、需要和请求有助于建立和保持坦诚的连接。然而，正如我们之前提到的，在现实生活的对话中，我们经常不会使用严格的 OFNR 格式，而是使用更口语化的表达方式。要记住，目标是建立连接，而不是保持某种特定的说话方式。我们在大脑中牢记 OFNR，就像出行时在口袋里放了一张地图，而我们的语言可以通过多种不同形式建立连接。如果你有一个目的地，通常有很多路线可以抵达那里。

街头非暴力沟通指的是不符合 OFNR 模型，但在表达时仍使用关心所有人需要的非暴力沟通意识的语言。例如，假设我有个朋友感到悲伤和愤怒，因为她男朋友说只跟她一个人约会，而她发现他也在和别的女孩约会。我可能会猜测她强烈的痛苦来自这样的价值观：她希望生活中能有更多的信任和诚实。如果她谈到自己无法信任这个人，我会同理倾听的是她希望在这段关系中能信任对方，而不是泛泛而谈地信任。比较下面两种类型的回应：

维吉尼亚：我真不敢相信他是个骗子！他曾发誓他眼中只有我，现在我知道那都是谎话！

经典回应：一想到他和别人约会，你就会大发雷霆，是不是因为你重视信任和诚实？

街头回应：你这么火大是不是因为你想要相信他对你是诚实的？

经典回应强调的是作为普遍共同价值观的信任和诚实，而街头回应强调的是在这种具体情况下希望他能诚实。一开始，提及具体情况（人物、地点、行动、时间或物体——PLATO）的猜测会感觉与讲话者的连接更紧密，因为其中包含了讲话者关注的情况的各个方面。根据其定义，这些细节确定了满足共同需要的某种策略，最终帮助讲话者与对他们来说很重要的价值观和需要建立连接，令他们感到自由且拥有力量，而且可以运用很多方法体验这种有助于提高生活质量的共同价值观。如果她意识到自己信任的需要可以运用各种不同方法、在各种不同的关系中（包括与她自己的关系）得到满足，她就不需要将继续维系某一段关系，作为唯一可以满足她对信任的需要的途径，这使她敞开心扉迎接更广泛的可能性。

除了提及关于某个需要的策略中涉及的某些方面，实践街头非暴力沟通时，一种很有帮助的做法是避开模型中的正式词汇，比如"感受"或"需要"，改为简单陈述这个人的感受和需要："你很累是因为你想得到支持？"当你抱着开放的心态询问这个人实际体验到什么时，在非暴力沟通的口语化实践中，你也可以通过提问的语调（句子结尾用升调）来表达你的陈述，或者选择恰当的词语说明你在确认对方的体验："所以你现在真的希望能得到理解……这样说准确吗？"

思考一下，与正规模型相比，哪些同义词与你的日常说话方式更相配也会带来不少帮助。例如，你可能会注意到，你在工作中的讲话方式不同于你在家里对爱人说话的方式，也不同于在街上跟陌生人说话的方式。根据谈话对象年龄的不同，你的讲话方式也会有所不同。例如，在工作环境中我不太可能说"让我给你反馈"，而是使用工作场所中更常用的词语，如我可能会说"让我重复一遍"或者"让我们回顾一下刚才讨论的内容"。我可能会把这与口语化的需要相结合："我想确保我们立场一致"（清晰、共享现实）或"这里的细节很重要，要保证精确、能推动进展"（精确、进展、有效）。同样，感受和需要往往是暗含在内的。重要的是你的意图——理解与合作。你也可以加入口语化的修饰语，比如"一点"或"很多"，使你的非暴力沟通话语更自然。

街头非暴力沟通

街头观察结果

省略"听到"、"看到、"想到"，以动词描述行动（直接说出观察结果）：

"所以当汤姆约她出去吃饭时……"

"你忘了带钱包……"

"所以知道苏说了那个……"

感受的街头表达

在这里，就像后面关于需要的部分一样，在省略号（……）的位置添加主语和动词（谓词），在下划线的位置插入感受列表中的词语。例如："想到你的工作情况，你是否体会到悲伤？"或者"我在学习弹钢琴时，会感受到真正的快乐。"注意在这些例子中，观察结果的步骤放在最前面，在这些情况下是"你的工作情况"和"学习弹钢琴"。

存在	接触	体验
……体会到_____	……体会到_____	……没有充分感受_____
……拿着_____	……拿着_____	……探索_____
……拥有_____	……拥有_____	……经历_____
……携带_____	……携带_____	……体验_____
……意识到_____	……意识到_____	

需要的街头表达

在下面的示例中，在省略号（……）的地方插入不同的词组和主语，使用适当的动词和时态，在下划线的位置插入需要。例如，在"感激"这个词前面可以加上"我很"、"你很"或者"他们很"。在需要的位置（下划线），可以列出令你感激的任何得到满足的需要（或物体）。例如，"我很感谢能有一种解决了这个问题的感觉。"再举一个来自幸福小组的例子，"一种充盈着友谊的感觉支持我的工作。"

意义 / 价值	幸福	感激
你 / 我重视_____ 对你 / 我来说_____ 很重要 _____对于你 / 我很重要 _____帮助你 / 我感到_____ 你 / 我关心_____ _____给予你 / 我	你 / 我因_____充满活力 _____帮助你 / 我产生安全感 _____滋养你 / 我 _____支持你 / 我 _____令你 / 我维持生计 _____让你 / 我继续前进 _____给了你 / 我希望	你 / 我欣赏_____ ……爱_____ ……爱护_____ ……珍爱_____ ……感谢_____ ……真的使你 / 我感到开心自在

渴望	迫切渴望	希望 / 未来
你 / 我……希望_____ ……向往_____ ……希冀_____ ……切盼_____ ……渴望_____ ……想要_____ ……渴望体验_____	你 / 我……渴盼_____ ……渴求_____ ……迫不及待想要_____ ……梦想拥有_____	……希望_____ ……期望_____ ……期待_____ ……盼望体验_____ ……想要培养 / 创造 / 表现 / 发展 / 想象 / 支持 / 保持_____

街头请求

意愿：想不想……，希望……，如果……感觉会有所帮助，……感觉怎么样。

示例：

"你现在想不想去吃饭？"

"你是否希望我们今天谈谈这个？"

"如果我们在回答之前重读一下报告感觉会有所帮助。"

"今晚待在家里，你感觉怎么样？"

确认："你同意吗？""你会这样做吗？""你觉得……怎么样？""这跟你的理解一致吗？""这对你有用吗？"

注意：对于所有的步骤，你都可以添加修饰语或情态动词（可能、可以）来表示强度、表达方式或准确程度，比如下面这样：

观察结果："所以你真的确定你听到 / 看到……"

感受："你感到有点……"

需要："你可能喜欢……"

请求："我强烈希望……"

练习4：口语非暴力沟通

你注意到口语非暴力沟通和经典非暴力沟通有何不同？对于每一类非暴力沟通，再给出两个你能想象自己说出口的例子。

（1）给出反馈（对于所听到内容的观察结果）：

· "所以我对这个的理解是……"

· "你说的是……"

· "我从中听到的是……"

· "对你来说最重要的是……"

· "根据我听到 / 读到的，听起来……"

（2）请求反馈：

· "你能否告诉我你听到我说了什么，以便确定我们立场一致？"

· "你能否重复一遍我刚才介绍的内容，以便让我知道我说明白了？"

· "我对此感到非常兴奋，并且希望能完全理解……你能否再给我说说，让我再听一遍？"

（3）观察结果：

· "所以你听到 / 看到……"

· "你看到 / 听到的是……"

· "当你想到……"

· "从你的角度来看，你看到 / 听到 / 读到……"

（4）感受（省去"感受"一词，使用列表中的感受词汇）：

· "我内心中……"

- "我注意到……"
- "我有点……"
- "你是否……"

（5）需要（使用"需要"的同义词）：

- "我 / 你想要的是……"
- "我 / 你希望 / 期待……或者我 / 你想要 / 渴望……"

（6）连接请求：

- "你听到这个觉得怎样？"
- "我想知道，你了解了这件事后有何感受？"
- "我很好奇你对这个是怎么想的。"

选择"正确"的频率

除了在模型中省略一些关键词以外，也可以使用同义词、添加一些口语表达令你的非暴力沟通实践更"自然"。根据环境和谈话对象考虑你使用的感受和需要词语的强度并进行调整也会带来帮助。例如在工作环境中，我可能会犹豫要不要问别人是否感到害怕。这可能无法满足另一些需要，比如舒适、信任和安心。相反，我会使用在工作环境中更常用的词语，比如"担心"，即使这弱化了那个人感受的真实强度。同样，当我和一个五岁的孩子说话时，我可能不会说"你是否感到无聊，想要刺激和活力？"而是使用对于他们的语言水平而言更熟悉的词汇："你是不是想开心地玩耍？"

在考虑一系列词语时，思考一下词语的正式程度也会带来帮助。在英语中，来自拉丁语的单词（通常是多音节的）是最正式、最具学术性的。来自德语的英语单词往往更像俚语、更不正式。例如，英语中的"消沉"（depressed）和"低落"（down）意思类似，只不过第一个更正式、第二个更通俗。来自德语、不那么正式的单词通常会使用介词"upset"、"shut down"、"opened up"。使用日常口语化的语言（英语中以德语而非拉丁语为基础的单词）可以使你的"非暴力沟通语言"听起来更口语化。使用有些词语也可以支持你在诚实表达时感到舒适和安心，平衡你自己对真实、诚实和坦率的需要，以及安心、舒适、自信、信任还有创造力和选择的需要！无论正式程度和激烈强度如何，应用一系列感受和需要词语都会为你的非暴力沟通实践带来新鲜感。

下面是一系列感受的示例，涉及不同的正式程度和激烈强度：

激烈 / 正式	中等	不太激烈 / 非正式
暴怒	愤怒	火大
绝望	沮丧	丧气
欢欣鼓舞	快乐	快活
恐惧	害怕	紧张
震惊	惊讶	吓一跳

下面是一系列需要的示例。注意，这些词语不完全是同义词，而是属于类似的需要"家族"。此外，你对哪些词语不那么强烈或正式的观点取决于你的文化和社会背景。

强烈 / 正式	中等	不太强烈 / 非正式
和谐	平和	安心
爱慕	温暖	连接
感恩	感激	感谢
相互关系	平等	平衡

　　再来看看，你怎样通过使用同义词、口语表达和比喻把乐趣、幽默和活力纳入你的街头非暴力沟通实践中。例如，你可以问："这条新闻听起来就像一吨砖头击中了你？"你可以用这样的句子表示惊讶或震惊。或者你可以问："对于现在工作中的这种情况，你是不是希望能缓和一下局势？"这说明你渴望安心、和平与和解。

练习 5：街头讲话方式

第一部分

　　选择上面例子中没有用到的、你认为比较正式或强烈的 3 个感受词语，并给出同一个词语的中等版本和不太强烈 / 非正式的版本，包含口语表达、比喻和介词短语（动词和介词的组合）。

第二部分

　　查看附录中的需要列表。你认为在工作中使用哪些需要词语最合适？在家里呢？和朋友一起呢？

第三部分

查看附录中的感受和需要列表，并想出 5 个比喻来描述这些体验。

沉默是金：无声同理的价值

如果你的非暴力沟通"翅膀"还是稚嫩的，或者你尝试与别人实践非暴力沟通却遭到对方拒绝，要记住无声同理的重要性。在别人说话时，自己安静地猜测他们的感受和需要，也可实践无声的自我同理：你的感受和需要是什么？回忆一下那个模型，你会注意到，无声地确认那个人是对什么观察结果（刺激）给出回应会带来很大帮助。同样，你可以无声地考虑此时此刻怎样的策略（请求）能够发挥作用。如果你继续无声实践这个模型，最终它会开始影响你对自己和别人说话的方式。这可能是最自然、最容易实现的街头非暴力沟通形式：明确你的意图（建立连接），并对自己和别人实践无声同理。这种内部连接，会导致从你口中说出的话语以及情况的发展与你以前所说或所做的事情完全不同。

练习 6：无声的语言

回忆一下你一直觉得难以应对的某个人或某种情况。下一次与这个人互动时，或是下一次遇到类似情况时，你有意识地选择实践无声同理。不必努力改变你说话的方式，只需在谈话后注意实践无声同理怎样增进了你的理解和连接。

.

黄金法则：实践你所追求的

和很多人一样，我刚开始学习非暴力沟通时，有个完整的名单，上面列着我想与其"试一试"非暴力沟通的人，以及我确定他们"需要"非暴力沟通的人——比我更需要！我迫不及待想要应用非暴力沟通告诉他们这一点：我想让他们尽快改变！如果我母亲了解非暴力沟通该多好，还有我的老板、我的父亲、我的兄弟以及我的一些朋友。这是个很长的名单！只要他们学会了非暴力沟通，生活会轻松得多。当然，这是一种策略，目的是满足我的很多需要，包括进步、安心、连接和放松等。

当然，最需要非暴力沟通的人是我。就像那句老话：要医人，先医己。我才是那个被触发的人，我渴望改变自己的生活；我才是那个以自己不喜欢的方式对情况做出反应的人；我才是那个在互动中感到痛苦的人。说到底，非暴力沟通是要对我们自己的体验、自己的感受和需要、如何用心对待我们的需要以及如何满足这些需要承担起最重要的责任。没有人能替你，或者替我这样做。我们都可以为彼此的幸福做出贡献，但归根结底，学习非暴力沟通是我的任务。

讽刺的是，通过改变自己的想法和表达方式，我开始以不同的方式与别人互动，他们反过来也改变了与我互动的方式。虽然我的计划不是这样的，而且我知道我无法控制别人的行为、信念、言语或想法，但最终结果就是这样。就像俗话所说的，探戈要两个人来跳，一旦我改变了自己的舞步，整个舞蹈都会随之发生变化。

而且，当我把非暴力沟通模型纳入自己的生活时，别人也会对我行事方式的变化产生兴趣。这方面我最喜欢的一个故事是关于我家人的。几年前的一个假期，我跟我的母亲和哥哥一起坐在餐桌旁。我妈妈说了些什么，显然让我哥哥很生气。他转过身说对我说："你怎么受得了她？不可能受得了她！"我还没来得及回答，我妈妈提高声音说："她能跟我相处，是因为她了解非暴力沟通。"从那时起，我妈妈也开始学习非暴力沟通。我们一起进行实践，这为我们的相处和相互理解带来极大帮助。我相信，如果是我建议她学习非暴力沟通，或者我对此有任何期望或要求，结果都不会是这样。她看到了非暴力沟通为我的生活和我们之间的关系带来的变化，正是这一点促使她想了解更多。

我相信，在自己身上实践非暴力沟通是最快和最有效的学习方法。毕竟，你每周7天、每天24小时都和自己在一起。我也相信，每一天绝大多数的暴力都发生在我们自己脑子里，发生在我们对自己说话的方式中。保持自己的非暴力沟通意识，你可以通过自我同理推动非暴力沟通实践，加强自我连接、正念和慈悲。所有这些都将进一步支持你和别人一起实践非暴力沟通。

练习7：实践你所宣扬的

花点时间思考一下本周你打算怎样自己实践非暴力沟通。在你的一天和一周中哪些时间可以用来实践？是洗澡、开车、坐地铁、刚醒来时还是睡觉前？你会记录日志吗？你会实践自我核实，还是决定在下一次被特定事件触发时实践自我同理？

给你的同理心电池充电；揭示核心信念

在本书中，我们重新审视了自我同理实践的价值。在你希望对别人抱有同理心时，在你被所发生的事情触发时，在你希望明确自己的感受和需要时（比如做出决定时），在你庆祝需要得到满足需要时（你对自己所做的选择感到满意时），在你仔细思考后悔的事情时（你的行为导致自己的需要未得到满足时），这样做格外有用。定期实践自我同理对整体非暴力沟通实践至关重要。如果我们不对自己心怀慈悲，也就不可能对别人抱有慈悲心。

在元层次上，我们被触发往往是因为浮现出了一些核心需要，这些需要未能得到满足往往与某些特定的人或某些特定的情况有关，或者与我们童年开始便有了的某种关键做法有关。除了在当下实践自我同理之外，了解我们的哪些核心信念影响了这些触发因素也会带来帮助。其中很多是我们从别人那里学到的（比如父母、兄弟姐妹、教师或社会），也有很多是基于我们整个社会的核心信念，且往往与分离和匮乏有关。它们通常以某种方式"全面化"，使用诸如"永远"和"绝不"等副词来表达。核心信念可能包括："我永远干不好。""绝不会有人爱我。""试也没用——永远不会成功。""我总是错失良机。"

因为核心信念对于我们如何看待和走过这个世界来说非常本质，所以最初反而很难看到。这就像我们呼吸的空气或者在水中游动的鱼。但如果你定期实践自我同理，包括与自己体内的感觉（以前的触发因素保留的位置）建立连接，随着时间的推移，你会开始注意到各种模式，包括什么样的词语或情况会成为你的触发因素，以及你惯常会浮现出的各种感受和核心需要。这种逐渐增强的意识也有助于你进行自我同理实践。就像在街上遇到一位老朋友，轻松地对他说"哦，又是你"，从而更容易、更迅速地实践自我同理。自我同理也可以帮我们深入了解此时此刻促进或驱动激发因素的核心信念。为了解放核心信念并在充分觉察的层次上确定它们是否真正为我们和我们的生活服务，抑或只是我们现在希望丢弃的包袱，这属于第一步。

在探索核心信念的实践中，接受所谓的"深入同理倾听"，并与熟练的培训师一起完成这项任务，会带来不少帮助。也许你的同理倾听伙伴也愿意并且能够支持你关注核心信念模式，以连接到隐藏在下面更深处的感受和需要。虽然使用的语言可能不同，但有些人发现可以跟治疗师或教练一起进行这种深层次的、疗愈性的核心信念工作。我也发现，我可以通过记录日志探索这个过程，找到更多的"尼斯湖水怪"：潜伏在日常生活和意识之下的触发因素。

练习 8：解放核心信念

第一部分

核心信念包括大量的自我评判和对世界的评判。我们文化中的很多信念都是通过俗语表达出来的，比如"早起的鸟儿有虫吃"或"人不为己，天诛地灭"。花点时间思考一下成长过程中你在家里、从老师或朋友那里听到的俗语，然后思考一下这些理念怎样出现在你的核心信念中。想一想这些信念怎样影响你经常遇到的触发因素（在评判或反应中浮现），检查一下你的核心需要是什么。在与你的核心需要建立连接之后，花点时间用心思考，体会这些品质对你来说多么重要。在这一步中，温柔慈悲地对自己说话，就像面对一个小孩，你对他抱有全心全意的爱和关心。下面是这个过程的一个示例：

俗语：人不为己，天诛地灭。

核心信念：人们骑到我头上，他们只关心他们自己。

触发：有人挡住我的路、撞到我，或者排队时走到我前面。

评判/反应：把我当什么，看不起我吗？认为我不值一提？

需要：重要、被看到、关心、重视我的需要。

自我慈悲/整合实践：花点时间温柔地对自己说话，就像对一个小孩说话一样："你真的希望被人看到，希望你的需要得到重视？你真的希望在这个世界上得到关心——你的需要也一样。"

通过反复实践这种深入自我同理的过程，随着时间的推移，你能够将核心信念转变为觉察、开放的心态和选择。

第二部分

核心信念影响我们如何看待世界的另一种原因是，这是我们生命早期反复出现的体验或创伤导致的结果。有时，这些体验与我们反复从父母、有影响力的家庭成员或其他人那里听到的事情有关，或者与他们反复出现的行为有关。

例如，在我家里，我经常因为做了"错误"的事情受到批评和指责，随后还可能出现身体惩罚，所以我很小就下定决心要"做正确的事情"。但无论我多么努力，某些时候我父母都不可避免地还是会发火，这使我在"缓刑"期间（相对和谐安全时）的希望和兴奋又再次变成沮丧、忧虑和恐惧。我在这段时间的核心信念（保护自己不至于更加失望和自责的策略）是"没用的——我永远没办法把事情做对"以及"永远不够好"。我也会把从父母那里听到的评论记在内心里，比如"你只要注意点就行！"

作为一名成年人，我意识到是自己让这些信念随便进入我的内心，我在当下的情绪反应（比如突然深深地失望和沮丧）往往是由早年的体验触发的。这也影响了我在当下的选择和反应，因为它们都植根于核心信念中。这一点我最初往往看不明白，在我看来它们如此熟悉，似乎是"自然而然"的。

通过定期实践同理倾听、自我同理和其他正念练习，我觉察到了自己的很多核心信念，并学会了与它们成为朋友。现在我更容易识别出它们，并对自己（以及我的父母）心怀慈悲地做出反应。当我看到它们再次浮出水面时，我甚至会咯咯笑起来："哦，是你来了！"因此，现在我拥有更多选择。

花点时间，开动脑筋列个清单，写下你成长过程中在家里听到的说法。你会注意到这些说法在某种程度上与稀缺或孤立的信念有关。例如，与别人分享时，你可能会回忆起类似"别那么蠢"或者"你期望太高了"等令人不快的语句。你也可以思考一下童年时代反复出现的痛苦体验（例如父母一直不在家），导致你接受特定核心信念。接下来，花点时间探索这些信念如今怎样呈现在你的生活中，包括你告诉自己的话语和你采取的行动。

还有一项意外收获，那就是你可以在你的家人以这种方式说话或行动时，猜测他们的感受和需要，以及你通过核心信念满足或希望满足的需要。（在我自己的例子中，我接受"我永远都不够好"的信念，隐藏在其下的需要是保护自己不会更加失望。）

最后，你可能希望创造一个新的"故事"，基于感受和需要进行自我肯定，并围绕这些早年体验以及你的核心信念怎样在你的生活中继续发挥作用，实践深入的自我同理和慈悲。这种自我肯定的范例比如，"有足够的空间满足每个人，我能充分满足自己的需要。"在一整天中，当你发现一位熟悉的老朋友、一项核心信念冒出来时，你可以温柔地提醒自己想一想这个新的故事，也可以返回上一部分的深入自我同理和慈悲实践。这种实践简单来说就是对你自己以及未满足的需要带来的任何悲伤和失落的经历保持温柔、仁爱和慈悲。最终，这种"哀悼"变成了庆祝你在生活中最重视的一切，并希望看到这些东西完整呈现在自己身上和这个世界上。

意义深远的慈悲时刻

解放自己的核心信念，把它们挖掘出来展现在阳光下，这种深入同理会给释放内部空间容纳更多慈悲，以及抱有非暴力沟通意识的生活带来极大帮助。你越经常实践非暴力沟通，越经常实践自我同理和深入同理，就越容易发现原本的触发因素已经消失。你会越来越能够在每一刻都充满真实、连接和力量。在那些时刻，你使用的词语或正式模型并不重要。通过坚持实践，非暴力沟通地图已经把你带到你想去的地方。

我最近经历了这种不受触发做出反应的意义深远的时刻。我上课马上就要迟到了，堵车却比想象中还严重。我刚打开转向灯，打算倒车进入停车位（只剩下一分钟时间了），有人却拐进了我选中的停车位。考虑到这时候我还剩下多少时间（以及曼哈顿市中心可用的车位数量），我不想继续寻找停车位。在我接受非暴力沟通培训之前，如果发生这种事情，我会咒骂着放弃那个车位，继续找别的——即使我已经很恼火，上课也迟到了。那是第一天上课，我真的很希望能准时！那样我会有好几个小时心情不佳。

但这次，在我看来，我体验了一次非暴力沟通"奇迹"。我打开警示灯，关掉引擎，把车并排停放在另一辆汽车旁边，然后过去和那辆车的司机说话。我能看得出他不愿意摇下车窗，甚至不愿意和我说话。等他终于摇下车窗时，我说："嗨！我打了转向灯和倒车灯，打算停在这个停车位。我上课要迟到了。如果你愿意开走，把这个车位留给我，我会非常感激的。"起初他抗议道："不，你没有打信号灯。你往前开得太多了。"他当然不想放弃这个车位，再去找别的地方——我可以理解！

我再次重复我的请求，这次加入同理倾听："我知道你已经停在这里了，但是我真的要迟到了。如果你能把这个车位让给我，我会非常感激的！这真的会帮我个大忙。"

那个人把车窗摇了上去，没有回答。我以为这意味着他不打算再听我说话，也不会驶离那个车位。在学习非暴力沟通之前，我知道我会有什么反应：我会被触发，在这一刻"失去冷静"，很可能对他喊几句脏话。但现在，我只是回到了自己车上。我在实践自我同理（失望地坐在那里，思考我现在有何选择，比如付费 20 美元停车），这时我看了看后视镜：那个人正在驶离停车位，我可以停进去了！我向他挥手致谢，停好车，准时去上课。

对我来说，这是一个追求满足我自己的需要的例子：提出真实的请求（同时对否定的答案抱有开放的心态），提出强有力的请求（明确、具体、可行），并且对自己和另一个人心怀慈悲。这提醒我想到一个悖论：我们无法控制别人，而我们做出的选择会对所发生的事情和别人做出的选择产生极大影响。我也可以开车离开、放弃，整天都咒骂那个司机。我还可能有更强烈的反应，如果我在他把车窗摇上去时对他喊叫或咒骂，他可能决定把车熄火，锁上车门离开。当时我并不知道他打算把那个车位让给我。虽然我无法证明，但我相信是我在那一刻的反应，支持他随后做出把停车位让给我的决定。

在我实践口语形式的非暴力沟通时，真正发生变化的是我的意识和能量。我与那个人交谈并提出请求时完全保持中立和冷静，即使在他把车窗摇上去时也一样。当然，非暴力沟通模型的四个步骤会帮助我保持这种意识，多年实践使我对这个模型得心应手。这个模型会孕育出意识，而最重要的就是意识。

我可以提供很多我视之为非暴力沟通奇迹的例子，其中很多发生在我接收来自别人的深入同理时（我体验到转变和顿悟的"恍然大悟"时刻），在我写日志或实践自我同理时（提升自我觉察和慈悲），以及在我和别人面对面一起实践非暴力沟通时。这也会发生在比停车场上的冲突更具挑战性的情况中，我在行动中真正体验到非暴力、合作与慈悲。我把这些时刻视为奇迹，因为结果完全不同于我的想象以及以前类似情况下的经历。我也反复体验到自己心中的内在资源、和平与选择不断为我带来启发。

　　我们期待你很快就能亲自体验到这种奇迹。我们相信本章中把非暴力沟通融入日常生活的实践以及这种口语形式的非暴力沟通实践，将支持你轻松实践非暴力沟通，在生活中保持非暴力沟通意识，每天都创造出奇迹。

后记 创造一个非暴力的世界

在这本书中，我们聚焦于沟通。但我们使用的词语和实际的暴力行为之间的联系是什么？暴力从哪里开始，到哪里结束？

从非暴力沟通的角度来看，暴力是未得到满足的需要的悲剧性表现。人类的需要越是无法得到满足，发生暴力行为的可能性越大。当我们以暴力的形式表达未得到满足的需要时，我们经常会想象情况紧急，认为这种行动是"必要的"，甚至是不可避免的。使用暴力是为了一个人的"自身利益"或"更大"的利益，比如确保正义或和平。这种思维方式属于对与错、善与恶的范式。它假设人们需要矫正行为，并认为必须有惩罚和奖励才能关心和照顾别人。

在这本书中，我们考虑了存在一个完全不同的世界的可能性。在这个以慈悲为基础的世界，我们要认识到人类行为是为了满足积极的需要，在每时每刻，我们都可以选择如何满足这些需要。在选择我们怎样与别人和我们自己联系时，这种意识非常重要，这是创造一个所有人的需要都能得到满足的世界的关键所在。

石头不能做出选择。作为人类，我们应该比其他任何有生命、有呼吸的生物拥有更多选择。就像维克多·弗兰克尔[1]所说的："人类最后的自由是选择一个人在特定环境中的态度。"我们希望通过阅读这本书

---

[1] 维克多·弗兰克尔所著的《活出生命的意义》(平装版、珍藏版) 已由华夏出版社出版。

和实践练习，你现在对于自己的想法和感受，怎样对生活中的事件做出反应，选择什么策略来满足你的需要，都有了更明显的可以选择的感觉。记住，我们的选择越少，也就是说，我们看到或感受到自己拥有的选择越少，我们就越缺乏生气。

暴力在大多数情况下都会导致某种死亡；最极端的形式是肉体的死亡和毁灭。在更多变化的形式中，这种死亡是生命及其延展受到限制和压抑。如果我们不能与彼此充分建立连接，如果我们没有充分觉察和选择，如果我们混淆了策略和基本的、表达生命的需要，事实上，我们就对完整的人生，以及我们体验和接受的一切关闭了窗口，即使只是一点点。

为了造福生活，有必要打孩子吗？为了满足我们对公平、希望、安全和正义的需要，有必要杀掉另一个人、轰炸另一个国家，或者在我们已经经历痛苦时看到另一个人感到痛苦吗？我们希望你能考虑一下这些问题。为什么？因为我们相信世界依赖于此。鉴于我们目前的环境，正如马歇尔·卢森堡在本书访谈中总结的："我们处于这样一种状态——最佳保护措施就是和我们最害怕的人进行沟通，别的办法都没用。"

卡尔·桑德伯格（Carl Sandburg）在他的短诗《选择》中也生动形象地表达出这一点。

> 举起紧握的拳头准备好，
> 伸出张开的手掌等待着。
> 选择：
> 我们的会面要么是这样，要么是那样。

一个非暴力的世界会是什么样子的？在这个世界中，每个人都会对别人心怀慈悲。在这个世界中，所有人的需要都得到关心，不仅是他们自己的，还有他们的朋友、家人、城镇、州县、国家或大陆的。这种全球性的、相互连接的思考方式，可能会令人感到不知所措、十分沮丧，甚至觉得完全不可能。你怎样才能确保另一条街上或另一个城镇里人们的需要得到满足，更不用说世界另一头的人了？事实上，正如非暴力沟通中心育儿项目的协调员因巴勒·喀什坦（Inbal Kashtan）观察到的：

> 虽然非暴力沟通可以强力有效地解决社会和政治舞台上的问题，但如果没有财力或社会资源，也无法满足他们自己或他们孩子的需要。非暴力沟通语言本身不能解决人类面临的巨大挑战，也不能消除与种族、性别、阶级、性取向、身体能力等有关的社会不平等。[9]

但你刚刚学到的方法是很有效的。想一想你每天与之沟通的人数，想象一下如果你和另外 10 个人开始以更慈悲的方式进行沟通会发生什么。如果那 10 个人再激励另外 10 个人也采取同样的做法呢？慈悲，就像暴力一样，很容易在世界上扩展。就像任何巨大的变化一样，一切都始于一个人开头、一群人共同努力。你可以选择促成这一变化。这是你可以自由做出的选择，每天一次又一次做出的选择。

致谢

　　我们想感谢马歇尔·卢森堡博士创造了非暴力沟通这一工具，他毕生致力寻找能满足所有人需要的方法，并在全世界不断分享这方面的资料。我们非常感激他充满创造力和热情地把这种改变生活的实践带给全世界。

　　我们也要感谢很多培训师为我们的成长、学习和非暴力沟通社区做出了巨大贡献，包括沃尔特·阿姆斯特朗（Walter Armstrong）、杰夫·布朗（Jeff Brown）、杜克·杜奇赫勒（DukeDuchscherer）、罗伯特·冈萨雷斯（Robert Gonzales）、道·高登（Dow Gordon）、西尔维娅·哈斯威茨（Sylvia Haskvitz）、丽塔·赫佐格（Rita Herzog）、阿林娜·卡什坦（Arnina Kashtan）、克里斯汀·金（Christine King）、芭芭拉·拉森（Barbara Larson）、吉娜·劳里（Gina Lawrie）、露西·卢（Lucy Leu）、克里斯汀·马斯特斯（Kristin Masters）、基特·米勒（Kit Miller）、鲁比·菲利普斯（Ruby Phillips）、苏珊·丝凯（Susan Skye）、韦斯·泰勒（Wes Taylor）和托·威德斯特兰（Towe Widstrand）。

　　我们要特别感谢非暴力沟通培训师米基·卡什坦（Miki Kashtan）、英巴尔·卡什坦（Inbal Kashtan）以及已故的朱莉·格林（Julie Greene），她是美国湾区非暴力沟通（BayNVC）北美领导力项目的创始人。感谢他们在分享非暴力沟通时展现出来的远见卓识和热情，

以及他们为我们的学习和发展做出的巨大贡献。我们也要感谢现任
BayNVC 培训师梅甘温德·伊欧阳（Meganwind Eoyang）和南希·卡
恩（Nancy Kahn），他们坦率和勇敢地支持用非暴力沟通意识建立模型
并将其应用于生活。还要感谢 2004 年和 2005 年的领导力项目支持团
队和所有参与者，你们所有人都为我们整合非暴力沟通并学着平衡对自
己和别人的慈悲做出了意义深远的贡献。

　　我们要感谢为本书之前的版本绘制插图及给出反馈的安德鲁·荣
格（Andrew Jung）、萨姆·扎维（Sam Zavieh）、梅雷迪思·沃伊塔赫
（Meredith Woitach）、米歇尔·鲁索（Michelle Russo）、乔纳森·克
里姆斯（Jonathan Crimes）、彼得·普泽拉兹基（Peter Przeradzki）、
英巴尔·卡什坦（Inbal Kashtan）以及杰特（Jet）和玛莎（Martha）。
非常感谢最新版本的编辑谢里登·麦卡锡（Sheridan McCarthy）做出
慷慨有益的贡献，他一直告诉我们要加油并为我们提供支持。感谢哈达
萨·希尔（Hadassah Hill）和珍娜·彼得斯 – 戈尔登（Jenna Peters-
Golden）为本书的最新版本绘制插图。

　　简希望感谢罗克珊·曼宁（Roxanne Manning）的支持和贡
献。罗克珊愿意随时倾听并帮助我们进步，还编辑了本书中的
非暴力沟通的图形模型。罗克珊充满热情地组织了纽约集中培
训以及非暴力沟通和多元化静修，对非暴力沟通有意义的存在
和发展做出了巨大贡献，为社会各界人士提供了支持。

　　简也感谢很多热情的学生为这本书贡献自己的体验。她

尤其感谢她的同理倾听伙伴——梅甘妮·伊欧阳（Meganwind Eoyang）、玛莎·拉斯利（Martha Lasley）、卡尼亚·利卡纳苏德（Kanya Likanasudh）和艾琳·麦卡沃伊（Eileen McAvoy）。在她对自己和别人变得更加慈悲的过程中，他们的支持对她来说非常重要。在她长期修订这一最新版本的过程中，他们也为她提供了支持。她很感激加尔·扬（Gar Young）提供的学习和挑战，帮助她与写作背后的快乐和挑战自己的乐趣更充分地建立连接。她希望感谢本书合著者戴安·基利安，感谢戴安以自己的才华分享和支持本书的观点，并提供了一个活体实验室来研究我们对于善意和慈悲的分歧。

简希望对她的家人——比尔、贾斯汀、朱利安、吉尔、乔丹、杰西卡和保罗表达谢意，他们支持和鼓励她以有意义的方式成长和学习。她很遗憾她的父母萨姆·马兰茨（Sam Marantz）和罗达·马兰茨（Rhoda Marantz）已经看不到这本书了；他们在整个一生中为她做出了榜样，关心着这个星球上所有人的需要。

戴安·基利安希望感谢她曾经的合作伙伴玛莎·格莱维特（Martha Grevatt）在将近15年里一起分享生活时带来的陪伴、温柔、欢笑和支持，并且很高兴她们的友谊会一直持续下去。戴安也希望感谢多年来一直陪伴她的朋友格兰妮·卡蒂（Grainne Carty）、凯瑟琳·海因里希（Katharina Heinrich）

和迈克尔·海因里希（Michael Heinrich）、肖恩·布罗（Sean Broe）、玛丽亚·奥提戈萨（Maria Ortigosa）和萨拉·鲍姆（Sara Baum）。他们同甘共苦，一起经历无数合作、生活变化和挑战。她也希望感谢她的非暴力沟通伙伴们，其中有很多人和她一起成长为非暴力沟通培训师，包括杰夫·布朗（Jeff Brown）、裘德·拉德纳（Jude Lardner）、林达·史密斯（Lynda Smith）、苏·霍尔珀（Sue Holper）、吉娜·塞西奥斯（Gina Cenciose）、卡尼亚·利卡纳苏德（Kanya Likanasudh）、玛莎·拉斯利（Martha Lasley）、让·菲利普·布沙尔[Jean-Phillipe（JP）Bouchard]、盖尔·爱泼斯坦（Gail Epstein）、伊莲·格伦（Eliane Geren）、克里斯汀·马斯特斯（Kristin Masters）、西蒙·安利克（Simone Anliker）、柯蒂斯·沃特金斯（Curtis Watkins）、瓦莱里·朗屈特尔－贝达尔（Valérie Lanctôt-Bédard）和让·莫里森（Jean Morrisson）。（特别要感谢西蒙慷慨送给我们的印度神像，一直为我们消除障碍，包括赶上书稿的截稿日期。）也要感谢所有参加非暴力沟通培训和支持合作沟通中心（原名布鲁克林非暴力沟通）的人，尤其是内莉·托德·布莱特（Nellie Todd Bright）、保罗·梅里尔（Paul Merrill）、基特·米勒（Kit Miller）以及所有前任和现任董事会成员。她向与她有书信往来、不断为她带来灵感的朋友莎拉·福克纳（Sarah Falkner）、尼娜·卡拉科斯塔（Nina Karacosta），以及她的写作伙伴丽莎·弗里德曼（Lisa Freedman）、劳里·特维莱特·杰特（Laurie Twilight Jetter）表达热烈的谢意，他们动情地提醒她，非暴力沟通在这个世界上多么让人难以抗拒、至关重要。

她对合著者简·康纳表达热烈的感谢。与简合作非常愉快，简为她带来了友谊、学习、乐趣、灵感、幽默，以及最重要的——在最后期限之前完成任务的专注和支持。

最后，戴安希望感谢她所有的家人，他们都是她最好的非暴力沟通老师，尤其是她的祖母莉莲·索菲亚·恩德斯·希伦（Lillian Sophia Endress Seelen），祖母美好的存在和轻快的声音每天都为这个世界带来慈悲和美好。

非暴力沟通过程的四个部分

	明确表达 **我**是怎样的 不进行责备或批评	带着同理心接收 **你**是怎样的 而不解读为责备或批评
观察结果		
	1. 我所观察到的（看到、听到、记住、想象，不包含我的评价）有或没有为我的幸福做出贡献： "当我（看到、听到）……"	1. 你所观察到的（看到、听到、记住、想象，不包含你的评价）有或没有为你的幸福做出贡献： "当你（看到、听到）……" （在提供同理倾听时，有时不会说出口）
感受		
	2. 对于我所观察到的东西，我有何感受（情绪或感觉而非思想）： "我感到……"	2. 对于你所观察到的东西，你有何感受（情绪或感觉而非思想）： "你感到……"
需要		
	3. 我的什么需要或价值观（而非偏好或特定行为）导致我产生那些感受： "……因为我需要/重视……"	3. 你的什么需要或价值观（而非偏好或特定行为）导致你产生那些感受： "……因为你需要/重视……"
	明确提出能使我的生活丰富多彩的请求，而不是要求	抱有同理心接收什么会使你的生活丰富多彩，而不会解读为要求
请求		
	4. 我会采取的具体行动： "你是否愿意……"	4. 你会采取的具体行动： "你是否愿意……" （在同理倾听时，有时不会说出口）

资料来源：马歇尔·卢森堡。关于马歇尔·卢森堡或非暴力沟通中心的更多信息，请访问 www.CNVC.org。

附录　超越善与恶：创造一个非暴力的世界（马歇尔·卢森堡访谈）

我第一次见到马歇尔·卢森堡，是在一家地方报纸派我去报道他的一次非暴力沟通培训研讨会上。当时的我对世界上的不平等感到烦恼，迫切期待发生变化，却无法想象怎样应用沟通技巧解决诸如全球变暖或发展中国家债务等问题。而令我感到惊讶的是，卢森堡倡导的做法能为发生冲突的个人和家庭带来明显效果。

非暴力沟通包含四个步骤：观察在特定情况下发生的事情；确定某人的感受；确定某人的需要；针对某人希望发生的事情提出请求。这听起来很简单，但它不仅仅是一种化解冲突的技巧，还是一种理解人类动机和行为的方式。

卢森堡很小的时候就了解了暴力。他在二十世纪三四十年代的底特律长大，因为是犹太人所以曾经被殴打。他目睹了城里一些最严重的种族骚乱，几天之内就导致四十多人丧生。这些经历促使他学习心理学，就像他说的，他试图理解"发生了什么使我们与自己的慈悲天性断开连接，又是什么使一些人即使在最艰难的环境下也能与他们的慈悲天性保持连接"。

卢森堡于 1961 年在威斯康星大学完成了临床心理学博士学业，随后的工作与少年管教所里的年轻人有关。这段经历促使他得出结论：临床心理学并不能帮助人们变得更慈悲，实际上反而会强化导致暴力的环境，因为心理学会把人分类，导致人们远离彼此。医生们接受的培训是看诊断结果，而不是人类本身。他认为暴力不是心理学中教的那样源于病理，而是源于我们的沟通方式。

人本主义心理治疗学家卡尔·罗杰斯是"求助者中心疗法"的创造者，他早期的理论对卢森堡是有所影响的。卢森堡在和罗杰斯一起工作几年后，开始独立指导别人怎样以非暴力的方式互动。他的方法被称为非暴力沟通。

卢森堡之后不再担任执业心理学家。他承认自己有时也难以坚持使用非暴力沟通，想要采取熟悉的做法或者害怕非暴力沟通带来的风险。但每次他遵循非暴力沟通的原则，都会对结果感到惊喜。有时，这确实拯救了他的生活。

20世纪80年代后期，有一次人们请他把这种方法教给德国的巴勒斯坦难民。他要到德黑萨难民营的一间清真寺去见大约170个穆斯林男人。在进入营地的路上，他看到地上有几个空的催泪瓦斯罐，每一个上面都清楚地标明了"美国制造"。当这些人意识到他们未来的讲师来自美国时，他们很生气。一些人跳出来开始喊："暗杀者！杀人犯！"一个男人面对卢森堡，冲着他的脸大喊："杀害小孩的人！"

虽然卢森堡很想马上离开，但他还是选择把问题集中在这个人的感受上，随后与其进行对话。这一天结束时，那个曾经管卢森堡叫杀人犯的男人邀请他回家共进斋月晚餐。

卢森堡是非暴力沟通非营利性中心（www.cnvc.org）的创始人和主管。他是《非暴力沟通：生活的语言》（*Nonviolent Communication: A Language of Life*）一书作者。他目前正在撰写第三本书，探讨非暴力沟通的社会影响。

卢森堡是个瘦高个儿，讲话温和，但在描述非暴力沟通对他和别人起到的作用时，他整个人会变得神采飞扬。他有三个孩子，如今生活在瑞士的瓦瑟法列诺夫。作为演讲者和教育家，卢森堡的工作量很大，而且遵循严格的日程表。我们访谈那天是他那几个月以来第一次有空。之后他会前往以色列、巴西、斯洛文尼亚、阿根廷、波兰和卢旺达。

基利安：你的方法旨在教导慈悲，但慈悲似乎更像是一种存在方式，而不是一种技巧或技术。真的能教导人们学会吗？

卢森堡：我会说这是人类的一种天性。我们作为一个物种存活下来，依赖于我们认识到自己的幸福和别人的幸福其实是完全一致的。问题在于，我们被教导做出的行为导致我们与这种自然意识断开连接。我们不是要学会怎样心怀慈悲，而是必须舍弃别人教我们的某些东西，返回慈悲之中。

基利安：如果暴力是后天习得的，那是什么时候开始的？这好像始终是人类生存的一部分。

卢森堡：神学家沃尔特·温克认为，大约八千年以来，暴力一直属于社会规范。在神话故事中，这个世界由一位英雄创造出来，正义的男神击败了邪恶的女神。从那时起，我们就有了好人杀死坏人的画面，后来演变成"报复式"正义。这意味着有些人应该受到惩罚，有些人应该得到奖励。这种信念已经深深渗入我们的社会。并非所有的文化都受到这种影响，但不幸的是，大多数都是这样。

基利安：你说过报应是最危险的词语，为什么？

卢森堡：这是报复式正义的基础。几千年以来，我们一直在这样的制度下运行，认为做坏事的人是邪恶的。事实上，人类的存在本质上就是邪恶的。按照这种思维方式，人类只进化出少数几个好人，依靠他们管理和控制其他人。既然我们的本性是邪恶的、自私的，你就得通过一种正义的制度来控制别人。在这种制度下，行为良好的人会得到奖励，邪恶的人会受到折磨。为了让这样的制度在人们眼中是公平的，人们必须相信双方都得到了他们应得的报应。

我以前住在美国得克萨斯州，在那里，当有人被执行死刑时，当地大学的一些浸礼教徒学生会在监狱外举办聚会。从扩音器中传来罪犯被杀的消息时，他们会发出响亮的欢呼声——就像在巴勒斯坦的一些地区，他们得知"9·11"恐怖袭击发生后发出了同样的欢呼声。如果你的正义观建立在善与恶的基础上，那么你会认为人们应该为他们所做的事受到报应。这会使暴力成为一种乐趣。

基利安：但你并不反对评判。

卢森堡：我完全赞成评判。我觉得没有评判我们活不了多久。我们评判哪些食物能满足我们的身体需要，哪些行为符合我们的需要。但我会区分造福生活的评判（涉及我们的需要）以及暗含对错的道德评判。

基利安：你呼吁改为采用"修复式正义"，这会有什么区别？

卢森堡：修复式正义基于这样一个问题：我们如何恢复和平？换句话说，我们怎样才能恢复那种人们关心彼此幸福的状态？研究表明，经历了修复式正义的犯罪者更不可能再次出现导致他们入狱的行为。对于受害者来说，恢复和平远比仅仅看到另一个人受到惩罚具疗愈作用。

这种理念正在扩散开来。大约一年前我在英国一个关于修复式正义的国际会议上发表基本方针演讲。我以为只会有约三十人参加。结果在现场，我很高兴地看到超过六百人参加了那次会议。

基利安：修复式正义如何运作？

卢森堡：例如，我曾看到这种做法用于那些被强奸的女性和强奸她们的男性。第一步是让女性表达出她希望攻击者知道的事情。有一位女士受到袭击后几年以来几乎每天都感到痛苦，所以她说出口的话相当残忍："你这个残酷的家伙！我想杀了你！"

然后我要做的是，帮助因犯与他的行为使这位女士内心产生的痛苦建立连接。他一般会想要道歉，但我会告诉他的道歉太廉价、太轻松。我让他重复一遍他听到她说了什么，让他考虑她的生活受到怎样的影响。如果他无法重复，我会扮演他的角色。我告诉她，我听到了隐藏在所有那些尖叫呐喊背后的痛苦。我会让他看到，浮现在表面的是愤怒，但在那下面藏着她对自己的生活不能恢复原状的绝望。然后我让他重复我所说的话。这可能需要尝试三次、四次或五次，但最终他会听到另一个人的想法。这时，也就是受害者获得同理倾听的时候，你可以看到疗愈开始发挥作用。

我让那个男人告诉我他内心是怎么想的以及他有何感受。一般来说，他还是想要道歉。他会说："我是个卑鄙的人。我很肮脏。"我再次让他深入挖掘。对于这些男人来说，这很可怕。他们不习惯面对感受，更不用说体验使另一个人感到如此痛苦的恐惧是什么样子。

在我们进行前两个步骤时，受害者往往会尖叫："你怎么能这样做？"她迫切地想要理解是什么导致另一个人做出这种事。不幸的是，我遇到的大多数受害者从一开始就有好心人鼓励她们原谅袭击者。那些人解释说，强奸犯肯定受到痛苦的煎熬，很可能有着悲惨的童年经历。他们想让受害者试着原谅对方，但这没什么帮助。没有经过其他步骤就直接原谅，只是做表面工作，反而会压抑痛苦。

但如果这位女士获得一定的同理倾听，她会想知道那个男人犯案时是怎么想的。我帮助罪犯回到犯案那一刻，确定他当时有何感受，是什么需要促使他做出这种行为。

最后一步是询问受害者是否还希望罪犯做些什么，以恢复和平状态。例如，她可能希望对方赔偿医疗费，或者可能想得到情感方面的补偿。但一旦双方都抱有同理心，他们会以惊人的速度开始关心彼此的幸福。

基利安：什么样的需要会导致一个人去强奸另一个人？

卢森堡：当然，这与性无关。有些人不知道怎样才能得到温柔体贴，他们往往会把这与性关系混淆。几乎在每一个案例中，强奸犯自己也是某种性侵犯或身体虐待的受害者，他们希望别人能理解，作为这种被动、软弱的角色，感受有多么可怕。他们需要同理倾听。为了获得同理倾听，他们使用了一种扭曲的方式：把类似的痛苦强加给别人。但这是一种共同需要。所有人都有着同样的需要。值得庆幸的是，我们大多数人满足这种需要的方式不会为别人和我们自己带来伤害。

基利安：西方社会长期相信，必须限制和拒绝需要，但你的建议恰恰相反，你认为需要必须得到认可和满足。

卢森堡：我得说，我们一直教育人们错误地表达自己的需要。我们不是教育人们意识到自己的需要，而是教育他们不要沉迷于用来满足需要的无效策略。消费主义导致人们认为自己的需要可以通过拥有某种产品来满足。我们教育人们，复仇是一种需要，而事实上这是一种有缺陷的策略。报复性正义本身就是一种糟糕的策略，再加上竞争的信念，人们会认为只有当别人付出代价时我们的需要才能得到满足。不仅如此，我们还认为取得胜利、击败别人是英勇的、快乐的。

所以，区分需要和策略是非常重要的，我们必须让人们认识到，让别人付出代价才能满足你的需要的任何策略，并不能满足你的全部需要。因为你的行为方式伤害了别人，最终也会伤害你自己。哲学家埃尔伯特·哈伯德（Elbert Hubbard）曾经说过："我们不是因为自己的罪恶受到惩罚，而是罪恶本身会惩罚我们。"

不管我的工作是面对哥伦比亚波哥大的吸毒者，还是美国的酗酒者，或者是监狱里的性犯罪者，我总是首先明确地告诉他们，我到这里来不是想阻止他们正在做的事情。"别人已经试过，"我说，"你自己很可能也试过，但这没用。"我会告诉他们，我是来帮助他们搞明白这种行为满足了什么需要。一旦我认清他们的需要是什么，我就能指导他们找到更有效、代价更小的方法来满足这些需要。

基利安：非暴力沟通似乎主要专注于感受，那么事物的逻辑分析方面呢？它在非暴力沟通中是否占一席之地？

卢森堡：非暴力沟通关注的是我们内心的东西，以及怎样使生活更美好。存在于内心的是我们的需要，我指的是共同需要，所有生物都存在的需要。我们的感受只是表现出需要的状况。如果我们的需要得到满足，我们感到高兴；如果我们的需要没有得到满足，我们感到痛苦。

这里并不拒绝分析。我们只是要区分这是造福生活的分析，还是与生活格格不入的分析。如果我对你说："我和我的孩子之间的关系令我感到非常痛苦。我真的希望他能保持健康，但我却看到他不好好吃饭，还抽烟。"然后你可能会问："你认为他为什么这么做？"你会鼓励我分析这种情况，找出他的需要。

只有当分析不能和造福生活的目标建立连接时，它才会成为问题。例如，如果我对你说，"我觉得乔治·布什是个残酷的人。"我们可以花不少时间讨论这个问题，也许这是一次有趣的讨论，但这并不能与生活建立连接。然而我们不会意识到这一点，因为也许我们两个人都不曾经历过与生活建立连接的对话。我们已经习惯了在分析的层面上谈话，我们度过需要无法得到满足的一生，甚至根本不曾认识到这一点。喜剧演员巴迪·哈克特（Buddy Hackett）曾经说，直到他加入军队，他才发现吃完饭不一定会出现胃灼热。他习惯了他母亲的烹调方法，胃灼热已经成为他的一种生活方式。在美国中产阶级的教育文化中，我认为断开连接也成了一种生活方式。如果人们不知道如何直接处理自己的需要，他们往往会通过智力讨论间接处理。因此，谈话与生活之间不存在连接。

基利安：但如果我们都同意布什是个残酷的人，至少我们在价值观的层次建立了连接。

卢森堡：这样可以满足一些需要，肯定会比我反对或忽视你说的话能满足更多的需要。但想象一下，如果我们学会倾听藏在语言和想法背后的东西，并在那个层面建立连接，谈话会变成什么样子？非暴力沟通培训的核心是，所有的道德评判，无论是正面的还是负面的，都是需要的悲剧性表达。批评、分析和侮辱是从未满足的需要的悲剧性表达，赞美和表扬则是得到满足的需要的悲剧性表达。

那我们为什么要局限于这种死气沉沉、暴力对抗的语言？为什么不能学习怎样进入真正生活的层面？非暴力沟通并不是透过玫瑰色的滤镜看待这个世界。如果我们能与人们内心的东西建立连接，会比仅仅听他们说出想法更接近真相。

基利安：你怎样通过感受的语言来讨论世界形势？

卢森堡：一些熟练应用非暴力沟通的人可能会说："当我看到布什都做了什么来保护我们时，我吓得要死。那完全不会使我觉得更安全。"不同意这一点的人可能会说："好吧，我和你一样希望能保证安全，但我更害怕什么都不做。"我们已经不只是在谈论乔治·布什，而是讨论存在于我们两个人内心的感受。

基利安：而且更接近于思考解决方案？

卢森堡：是的，因为我们承认我们两个人都有同样的需要，我们的分歧只在于策略的层面。记住，所有人都有同样的需要。如果我们的意识专注于自己内心的东西，我们绝不会认为眼前出现的是外星人。别人可能通过不同的策略满足他们的需要，但他们并不是外星人。

基利安：如今在美国，有些人很难听进去这个。在一次"9·11"恐怖袭击纪念活动中，我听到一名警察说他只想"报复"。

卢森堡：我们培训中有一项规则是：教导之前先同理。我不会指望曾经受过伤的人能听到我说了什么，除非他们感到我完全理解了他们的痛苦有多深。一旦他们感受到我的同理心，我就会提出我的担忧，我们的报复计划并不会让我们更安全。

基利安：你一直以来都是一位非暴力革命者吗？

卢森堡：很多年以来我都算不上，我吓到的人比我帮助的人更多。当我在美国对抗种族主义时，我必须承认，我不仅仅是指责几个人"那么说是种族主义！"我非常愤怒地说出这句话，因为我在心里没把另一个人当人看。我没有看到我想要的任何变化。

美国艾奥瓦州的赫拉（HERA）女权主义团体帮了我。她们问我："你是否感到困扰，觉得自己的工作是反抗暴力，而不是造福生活？"我意识到，我试图让人们看到他们周围一片混乱，告诉别人他们也成为这种情况的助因。但这样做只会带来更多的抵抗和敌意。赫拉帮助我超越这个层次，让我不仅仅是不去评判别人，也进一步找到令生活丰富多彩、更加美好的事物。

基利安：你批评临床心理学专注于病理学。你为任何心理医生或其他心理健康从业者进行过非暴力沟通培训吗？

卢森堡：有很多，但我培训的大多数人不是医生或治疗师。我同意神学家马丁·布伯（Martin Buber）的观点，你不能像心理医生那样做心理治疗。人们只有与另一个人建立真实的连接，才能从痛苦中痊愈。如果一个人认为自己作为心理治疗师要诊断别人，那么我不认为他能与患者建立真实的连接。如果患者认为自己是来这里接受治疗的病人，那他首先就已经假设了他自己是有问题的，这样反而会妨碍疗愈。所以，没错，我会指导心理医生，但我主要还是指导普通人，因为我们所有人都能参与进来，与别人建立真实的连接，通过这种真实的连接实现疗愈。

基利安：似乎所有的宗教传统都以一定的同理心和慈悲为基础——基督流血的心和圣弗朗西斯的生命是基督教中的两个例子。然而暴力恐怖行为也会以宗教的名义出现。

卢森堡：社会心理学家米尔顿·罗卡奇（Milton Rokeach）针对七大宗教中的宗教从业者进行了研究。他观察那些认真信仰宗教的人，并把他们和同一人口群体中完全没有宗教信仰的人进行比较。他想知道哪个群体更有慈悲心。结果是：非宗教群体更有慈悲心。但罗卡奇警告读者要慎重理解他的研究，因为每个宗教群体中都有两类截然不同的人：一个主流群体和一个神秘的少数群体。如果你只看那个神秘的群体，你会发现他们比一般人更有慈悲心。

在主流宗教中，你必须做出牺牲，通过很多不同的过程证实你的神圣性，而神秘的少数群体认为慈悲和同理心是人类天性的一部分。我们就是这种神圣的能量，他们说，这不是我们必须达到的目标。我们只需意识到这一点、记住这一点。不幸的是，这些信徒只占少数，而且经常受到他们自己宗教内部宗教激进主义者的迫害。斯里兰卡的耶稣会牧师克里斯·拉金德拉姆（Chris Rajendrum）和布隆迪的西蒙（Simon）大主教这两个人每天都冒着生命危险致力让交战双方会面沟通。他们认为基督的信息不是劝告自己顺从或者超脱俗世，而是证实我们就是这种慈悲的能量。跟我合作的一名穆斯林纳菲兹·阿萨莱兹（Nafez Assailez）说，他见到任何人以伊斯兰教的名义杀人都会感到痛苦。那对他来说根本无法想象。

　　基利安：我们是邪恶的，必须变成圣洁的，这种理念暗示了道德评判。

　　卢森堡：哦，惊人的评判！罗卡奇称那个评判性的团体为传道者。对他们来说，目标是得到上天堂的奖励。所以你遵循宗教教旨不是因为你觉察自己的神圣性并使之内在化，以慈悲的方式与别人建立连接，而是因为这些事情是"正确的"。如果你这样做，你将得到奖励；如果你不这样做，你将受到惩罚。

　　基利安：那些少数群体中的人，他们体验过神圣性的存在，并且在自己和别人身上识别出神圣性的存在？

　　卢森堡：没错。往往正是他们邀请我去指导非暴力沟通，因为他们看到我的培训有助于令人们恢复那种意识。

基利安：你写过关于"统治文化"的内容，那和"救世主义"是一样的吗？

卢森堡：我读过沃尔特·温克（Walter Wink）的作品，尤其是读完他的《行使权力》一书之后，我开始使用"统治文化"这个术语。他的理念是，我们生活在少数人控制多数人的组织结构中。看看美国的家庭构造是什么样子：父母总是宣称自己知道什么是对的，制定规则是为了大家的利益。看看我们的学校，看看我们的工作场所，看看我们的政府、我们的宗教，在所有层次上，都存在把自己的意志强加给别人，还号称这是为了所有人幸福的当权者。他们使用惩罚和奖励作为基本策略以得到他们想要的东西。那就是我所说的统治文化。

基利安：看来，各种运动和机构刚开始时具有变革性，但最终会形成统治制度。

卢森堡：是的，人们想要传达怎样回到生活本身的美好的信息，但他们的交谈对象在统治下生活了这么久，只会以支持统治制度的方式解释这些信息。我在以色列时，团队里一名成员是个东正教拉比。一天晚上，用过安息日晚餐后，我在他家里读一本圣经，给他念了圣经中的几段内容。我读出大概这样一段话："亲爱的上帝，赋予我们的力量，让我们挖出敌人的眼睛。"我说："大卫，说真的，在这样一段话里你怎么能发现美好的东西？"他说："哦，马歇尔，如果你只听到表面的东西，那当然是丑陋的。你要做的是试着听到那条信息背后的内容。"

于是我坐在那里思考这些段落，思考如果讲话者知道怎么使用感受和需要的术语，他会怎么说。结果很惊人，因为如果你能感觉到讲话者的感受和需要，那些表面上看来很丑陋的东西会变得完全不同。我认为那一段作者其实是在说："亲爱的上帝，那些人可能伤害我们，请保护我们不受伤害，让我们有办法确保不会发生这种情况。"

基利安：你曾说过，在不同形式的暴力中，包括身体、心理和制度上的暴力，身体暴力的破坏性最小。为什么？

卢森堡：身体暴力始终是一个次级结果。我曾经跟监狱里犯过暴力罪行的在押人员谈过，他们说："他活该。那家伙是个混蛋。"他们的这种想法令我感到害怕，他们不把受害者当人看，声称那些人就应该承受痛苦。一个人枪杀另一个人的事实也使我很害怕，但是我更害怕的是导致这种情况的想法，因为它深深地植根于大部分人类心中。

例如，当我和以色列警察合作时，他们会问："如果有人已经要朝你开枪，该怎么办？"我说："让我们来看看最后五次有人朝你开枪的情况。在这五种情况下，你抵达现场时，另一个人已经开枪了吗？"不，没有一次是这样。在每一种情况下，在开枪之前进行了至少三次口头沟通吗？警察为我重述了当时的对话，在他们重述了双方的第一次对话之后，我已经可以预言会出现暴力。

基利安：但你也说过，有时候武力是必要的。死刑包括在内吗？

卢森堡：不，在我们实施修复式正义时，我希望罪犯在这个过程完成之前都待在监狱里。为了不把他们放回街头，如有必要我会使用任何形式的武力。但我不认为监狱是个惩罚性的地方。我把这里视为在我们完成必要的修复工作之前，关押危险人物的地方。我的工作对象包括一些非常可怕的家伙，甚至连环杀手。但如果我牢记这一点，忘记某些人危害极大且无法改变的精神病学观点，我就会看到进展。

有一次，我在瑞典的工作与囚犯有关。监狱管理员告诉我有个家伙杀了五个人，也许更多。"你马上就会认识他，"管理员说，"那是个残酷的家伙。"我走进房间，他是个大块头男人，胳膊上满是文身。第一天，他只是盯着我看，一言不发。第二天，他仍然只是盯着我看。我对管理员越来越恼火：他到底为什么要把这个精神变态者放在我的小组里？我已经开始回到临床诊断的思维。

到了第三天早晨，我的一名同事说："马歇尔，我注意到你还没有跟他说话。"我意识到自己没有接近那个可怕的囚犯，因为一想到要对他敞开心扉，我就怕得要死。于是我进去对那个杀手说："我听说过你被关进监狱是因为干了什么，你每天坐在那里盯着我看，什么也不说，我感到害怕。我想知道你怎么了。"

而他说："你想听什么？"他开始说话了。

如果我只是坐在那里诊断别人，认为他们无法理解，我就真的无法理解他们。但如果我付出时间和精力，并且愿意冒点风险，就总是会有收获。根据某个人受到的伤害，可能需要花费三年、四年或五年时间，每天投入能量直至恢复和平。而在大多数制度中不存在这样安排的可能性。如果我们所处的位置无法为某个人提供他做出改变需要的东西，那么我的第二选择是把那个人关进监狱。但我不会杀死任何人。

基利安：如果他们做出可怕的行为，我们不需要让他们承受严重后果吗？在一些人看来，仅仅做出赔偿似乎判得太轻。

卢森堡：嗯，这取决于我们想要的是什么。根据我们的惩戒制度，如果两个人犯下同样的暴力罪行，一个进了监狱，另一个不管出于什么原因逍遥法外，那么进过监狱的人继续犯下暴力行为的可能性要高得多。上次我前往美国华盛顿州双河监狱，有个年轻人已经三次对儿童进行性骚扰。显然，试图通过惩罚改变他的行为是没有用的，我们目前的制度不起作用。与此形成对比的是，在美国明尼苏达州和加拿大进行的研究表明，如果经历了修复式正义的过程，犯罪者再次做出暴力行为的可能性要小得多。

就像我说的，囚犯们只想道歉，他们太熟悉这种事要怎么做了。但如果我强行要求他们真正看到自己的行为对另一个人造成了多么大的痛苦，如果我要求罪犯进入自己的内心，告诉我他们做出那种事的时候有何感受，对他们来说，这是一次非常可怕的经历。很多人会说："求你了，揍我吧，杀了我吧，但别逼我这么做。"

基利安：你提到保护性使用武力。你是否认为罢工或联合抵制属于保护性使用武力？

卢森堡：是的。有个人花了很多时间研究这方面的问题，他就是吉恩·夏普（Gene Sharp）。他针对这个主题撰写了一本著作，他在网上也有一篇很棒的文章，名为《非暴力力量的168种应用》。他指出，在整个人类历史中，非暴力一直被用来预防暴力、提供保护，而非做出惩罚。

我曾在美国旧金山与一群少数民族的父母合作，他们对孩子学校里的校长感到非常担忧。他们说他要摧毁学生的精神。于是我培训父母如何与校长沟通。他们想试着跟他谈谈，但他却说："从这里滚出去。没有谁能告诉我怎样管理我的学校。"接下来我跟他们解释了保护性使用武力的概念，其中一个人想出了罢课的主意：他们会让孩子们不去上学，并且布置标语牌让所有人知道这位校长是个什么样的人。我告诉他们，这是在保护性使用武力中混合了惩罚性武力：听起来就像他们希望惩罚这个人。我说，保护性使用武力唯一能起到作用的方法就是，他们要清楚地表明自己的目的是保护孩子们，而不是说校长的坏话或者不把他当人看。我建议标语牌上要说明他们的需要："我们希望沟通。我们想让我们的孩子上学。"

这次罢课很成功，虽然与我们想象的方式不同：学校董事会听说了校长做的一些事情后，解雇了他。

基利安：当示威、罢工和集会出现在媒体上时往往显得很有攻击性。

卢森堡：是的，我们看到在一些反全球化示威中，抗议者越过了界线。有些人为了说明大公司多么可怕，假借保护性使用武力的名义做出一些非常暴力的行为。

可以通过两点区分真正的非暴力行为和暴力行为。首先，以非暴力的观点看，不存在敌人。你完全看不到敌人，你的想法明确集中于保护自己的需要。其次，你的目的不是让另一方承受痛苦。

基利安：看来美国政府很难区分这两方面，美国政府一直宣称战争是为了满足美国人对安全的需要，让美国人听起来可以接受，同时却采取攻击性行动。

卢森堡：嗯，我们确实需要保护我们自己。但你是对的，其中还掺杂着很多其他问题。如果人们接受的是报复式正义的教育，他们最想看到的就是某个人承受痛苦。如果我们最终还是使用了武力，大多数时候已经通过各种不同的谈判方式试图阻止。如果我们多年以来一直倾听阿拉伯世界传达给我们的信息（毫无疑问，也应该是这样），情况将与现在大为不同。这不是什么新出现的情况。他们以各种方式反复表达出这种痛苦，而我们没有抱有任何同理心或理解来回应。如果我们听不到人们的痛苦，这种痛苦就会一直不断出现，导致同理倾听甚至更难实现。

现在，当我这么说的时候，人们常常认为我是为"9·11"恐怖袭击辩解。当然并不是这样。我是说，真正的答案是我们应该思考怎样阻止这种事情发生。

基利安：有些美国人认为轰炸伊拉克是保护性使用武力。

卢森堡：我会问他们："你的目标是什么？是保护吗？是否存在某种从未尝试过的谈判方式，比任何使用武力的方式更能保护我们？"我们唯一的选择是以截然不同的方式进行沟通。我们现在的情况是，没有军队能阻止恐怖分子在我们的河流中下毒或者污染空气。我们现在的情况是，最好的保护就是与我们最害怕的人沟通。别的办法都不起作用。

注释

1. Wink, Walter. *The Powers That Be* (New York: Three Rivers, 1999), p. 44.

2. Ibid., 42.

3. Eisler, Rianne. *The Chalice and the Blade* (New York: HarperOne, 1988), p. 73.

4. Rifkin, Jeremy. *The Empathic Civilization* (New York: Tarcher, 2009), pp. 8–9.

5. Eisler, p. 192.

6. http://www.google.com/search?hl=en&defl=en&q=define:empat hy&sa=X&ei=lOu9TLfQGYb0tgOc9dHIDA&sqi=2&ved=0CBU QkAE.

7. Piatigorsky, Gregor. *Cellist* (New York: Doubleday, 1965). http://www.cello.org/heaven/cellist/index.htm.

8. Williamson, Marianne. *A Return to Love* (New York: Harper Paperbacks, 1992), p. 190.

9. Kashtan, Inbal. *Parenting From Your Heart* (Encinitas, CA: PuddleDancer Press, 2004), p. 40.

参考书目

Bryson, Kelly B. *Don't Be Nice, Be Real: Balancing Passion for Self with Compassion for Others*. Santa Rosa, CA: Elite Books, 2004.

Carkhuff, Robert R. *The Art of Helping*. 7th ed. Amherst, MA: Human Resource Development Press, 1993.

Eisler, Riane. *The Chalice and the Blade: Our History, Our Future*. San Francisco: HarperSanFrancisco, 1988.

Foucault, Michel. *Discipline and Punish: The Birth of the Prison*. New York: Random House, 1975.

Frankl, Viktor. *Man's Search for Meaning: An Introduction to Logotherapy*. New York: Washington Square Press, 1969.

Gendlin, Eugene. *Focusing*. New York: Bantam Books, 1981.

Kohn, Alfie. *Punished by Rewards: The Trouble with Gold Stars, Incentive Plans, A's, Praise and Other Bribes*. New York: Houghton Mifflin Company, 1995.

Lerner, Michael. *Spirit Matters*. Charlottesville: Hampton Roads Publishing Company, 2002.

Leu, Lucy. *Nonviolent Communication Companion Workbook: A Practical Guide for Individual, Group or Classroom Study*. Encinitas, CA: PuddleDancer Press, 2003.

Maslow, Abraham. *Toward a Psychology of Being*. New York: John Wiley & Sons, 1999.

Wink, Walter. *The Powers That Be: Theology for a New Millennium*. New York: Random House, 1998.